JN114097

セルフスタディ
を実践する

教師教育者による研究と専門性開発のために

齋藤 眞宏・大坂 遊・渡邉 巧・草原 和博
〈編著〉

学文社

巻　頭　言

ジョン・ロックラン卿
モナシュ大学名誉教授・特別教授
モナシュ大学教育学部
オーストラリア

　2004 年に出版された *The Handbook of Self-study of Teaching and Teacher Education* では，セルフスタディの歴史と社会的背景についての章から始まっている。セルフスタディは省察的実践や教師としての実践研究，アクションリサーチといった研究方法論から発展してきた。しかしセルフスタディには，それらの研究方法論とは大きく異なる特徴がある。セルフスタディの研究者は圧倒的に教師教育者が多い。もちろん彼らは他分野の研究も行っている。ただ教師教育研究を斬新かつ興味深いものにしたいだけではなく，自身の教育実践もまた意味のあるものにしたいという強い思いをもっている。そのような願いが集束した結果としてセルフスタディは学術研究の世界にその地位を築いたのだ。教師教育者の教えること，そして教えることを学ぶということについての研究だけではなく，より広い意味で教師教育の実践の質を上げたいという共通の願いがその背景には存在したのだ。第 2 版として 2020 年に出版された *The Handbook of Self-study of Teaching and Teacher Education*（Kitchen et al., 2020）では，セルフスタディはその多様な理論や実践が整理されてきていると同時に，その意味や意義を適切かつ洗練してきていることがよくわかる。

　セルフスタディは少なくともこの 30 年間で学術界においてよく認識されてきた研究方法論である。セルフスタディは教師教育の中心を担っている教師教育者の研究と実践によってより発展していくし，また大いに注目され続けるであろう。教師教育者の専門性の発展と，公教育の担い手である教師の養成は，まさにセルフスタディが貢献できる分野である。セルフスタディに関わる教師教育者の知と専門性が教員養成の学術的発展において重要である。もし少しでも

セルフスタディの学術文献に目を通していただければ，この私の言葉の意味が
わかるに違いない。

　2017年に私は幸運にも日本に招かれ，日本の教師教育をより発展させたいと
願う教育者と交流する機会があった。彼らのセルフスタディについてさらに学
びたいという思いは，多くの日本の教師教育者がセルフスタディを行うきっか
けとなった。自身の専門性の発展とともに日本の教員養成にプラスの意味で影
響を与えたいという熱意と願いは非常に明快だ。本書はそのような教師教育者
の素晴らしい仕事の一例であり，誇りに思えるものである。

　本書の4名の編著者は，自身の実践を研究するという困難な挑戦を受け入れ
た研究者集団をまとめ上げた。本書に収められた論文は，いずれもそれぞれの
教育実践の誠実な探究の結果である。それはセルフスタディの国際的な同僚性
を反映させたものでもある。自身が所属する教員養成プログラムと自らの実践
について真剣に探究しようとしている教師教育者にとって，本書はセルフスタ
ディが魅力的でありかつ学ぶことが多いということを示している。

　本書では各章を通じて教師教育者にとってのセルフスタディの魅力が豊かに
示されている。執筆者らはセルフスタディという研究方法論を通じて（大学ある
いは学校における）教師教育者の専門性，さらには教えることと教えることを学
ぶことについての知がより発展するとともに，それらが実践において思慮深く
活用されていることがわかるであろう。

　教師教育者が次世代の教師の職能発展に重要な役割を果たすことは言うまで
もない。そして教職を履修している学生たちの専門家としての学びと職能発展
は，教師教育者の知識と実践を高めたいという思いを通じて初めて成し遂げら
れるものであろう。もちろんそれは決して容易ではない。自己の実践を研究す
ること，それを公的な環境のもとで吟味や批判の対象にすること，そしてそれ
を物事の変化の中心に積極的に据えようとすることは，決して安易な仕事では
ない。

　本書の編著者や各論文の著者らは自らの実践を研究し，そこからの学びを教
師や教師教育者，教職課程を履修している学生たちと共有したことについて，
日本国内だけではなく国際的に評価されるべきであろう。なぜセルフスタディ

という研究方法論が生まれ，そして発展してきたのかということを改めて思い起こさせるものだからだ。

　今後の日本におけるセルフスタディの発展は，本書の執筆者をはじめとする先駆者の功であることは疑いない。彼らはセルフスタディを一つの機会として捉え，それを活用し，教えること，そして教えることを学ぶことをより高めることを目標にした実践のコミュニティを創設したのだから。

（翻訳　齋藤眞宏）

【引用文献】

Loughran, J. J.（2004）. A history and context of self-study of teaching and teacher education practices. In J. J. Loughran, M. L. Hamilton, V. K. LaBoskey & T. Russell（Eds.）, *International handbook of self-study of teaching and teacher education practices*（pp.7–39）. New York: Springer.

Kitchen, J., Berry, A., Bullock, S.M., Crowe, A.R., Taylor, M., Guðjónsdóttir, H., & Thomas, L.（2020）. *2nd International handbook of self-study of teaching and teacher education*. Singapore: Springer.

刊行によせて

武田信子
一般社団法人ジェイス代表理事

あらゆる研究領域の中でも，とりわけ対人援助職の関与する研究分野においては，研究と実践，実践と研究を架橋すること，研究の成果として生まれる理論と実践を往還させることが重要になる。例えば，医学や，看護学，心理学，福祉学等の分野においては，患者やクライエントの身体や心の状態を事例の事実から研究し，そこから見出したことを理論として，それを新たな事例に応用していくことが必須である。

しかし，教育や教師教育においては，研究と実践，あるいは理論と実践が乖離していることがしばしばあり，日本においても，それらが決してその距離を近づけることなく大人しく並んでいたり，むしろ研究者と実践家が反目すらしていたりするような状況が長く続いてきた。曰く，「実践家は這い回る経験主義に陥る」「研究は実践に役立たない」「理論は机上の空論である」「現場教員に研究論文の執筆は必ずしも必要ない」という具合である。そして「理論と実践の往還はどうもうまく行かない」と言われてきた。

医療において，患者やクライエントは，介入によって良くならなければならない。しかし，学校における集団教育において，その介入行為は複雑で，一度に扱われる対象の人数も多いため成果が見えにくく，しばしば教育効果よりも「学び手の生まれながらの素質」「学び手のやる気」が結果の解釈の際に重視されてきた。同じ教え方をしても成果が上がらないのだから，それは本人のせいだとみなされ，ともすると学習者側が叱られてきたのである。医療においても，依存症患者や精神病患者に対してしばしば「患者が治らないのは本人のせいだ」などと言われてきたが（それがおかしな言説であることはすでに見破られている），そうでもなければ，患者が良くならなかったら治療する側が「藪医者」とされ

た。しかし，学校教員はなかなか「藪教師」とは言われない。学びは全人的なもので，学校や教室のみで起きることではなく，生徒の学びに対する教師の責任は問いにくいのだ。

　そのような状況下で，今から四半世紀前に，教育学の分野でも「なぜ教育がうまくいかないのか」「なぜ学びが生じないのか」を，教育する側の問題として問いかけ，丁寧にリフレクションし，研究として成立させようという人たちが世界各国に現れ，つながった。実践と研究を結び付け，実践と理論を往還させようというムーブメントが起きた。それは，研究を実践より高尚なものであり厳格なものであると考えたい研究者たちとの闘いの後で，研究者たちから「研究のレベルに到達した」と認められ，セルフスタディという「学問」分野となった。新しい学問領域が堂々と学会に登場したのである。

　翻って日本ではどうだろう。今もなお，教育における実践と研究，実践と理論には距離がある。間に谷があって，橋が架かっていない。それをつなぐことができているのは一握りの人たちだけである。日本には優れた教育実践があるが，実践家の記録は，研究者によって客観的に研究されなければならないとされ，当の本人が実践研究として書いたものが研究として認められることは，個体史研究などごく一部にしか過ぎない。しかし，優れた一事例は，現場の後継者たちに役立つ。あるいは，うまく行かなかった事例からも私たちは学べる。実践から生まれる問いを，透明性，一貫性，客観性を保ちつつ，研究にしていく方法があるのならば，学んでみたいと思わないだろうか。

　日本において，広島大学を中心とした実践家たちが，学びと研究のコミュニティを構成して動いた。研究のできる実践家たちが，その研究を実践と結びつけて広く人口に膾炙するために，自らが当事者となって，実験台となる決意をして，研究を始めた。本書はその記念すべき実践記録であり，研究の軌跡である。日本における最初のセルフスタディ本を上梓した本書の著者たちに心からの賛辞を送りたい。そしてその本で学ぼうとしている読者の皆さんにエールを送りたい。

　教育の山が，教師教育の山が，動かされようとしている。

　セルフスタディのスタートに関与した者として，『教師教育学』『専門職とし

ての教師教育者』『J. ロックランに学ぶ教師教育とセルフスタディ』『現役教師のためのセルフスタディ入門』を順に日本に紹介してきた者として，その想いを受け継いでくださった本書の出版は，感無量としか言いようがない。

2024 年 1 月 6 日

目　次

序章
ある教師教育者の物語
——いま教師教育者の専門性開発をなぜ問うか——

草原和博

1 なぜ教師教育者の専門性開発なのか

　筆者の研究者人生は，本書の副題にある「教師教育者による研究と専門性開発」の必要を切実に感じる人生であった。

　研究者としてのキャリアをスタートさせた頃の私自身の研究テーマは，米国の地理カリキュラムの歴史と構造を解明することだった。このテーマと隣接領域に限っては，ある程度知っている・語ることができると思いあがっていたのが，大学院博士課程の後期に在籍していた頃のことだった。

　縁あって博士課程後期の2年が終わった時に，兵庫教育大学に助手のポストを得た。自由な研究環境を与えていただいた4年間だった。私にとっての主たる教育業務は，1コマの「社会科教材研究」と大学院生のお世話だった。同大学院には，各都道府県から派遣された現職教員が多数在籍し，研鑽を重ねていた。授業の話を始めたら止まらない先生方ばかりであった。そういう方々が，ゼミの前後にチュータリングを求めてくる。この授業をどのように分析したらいいでしょう。分析はこれでいいですか。このような目標の授業はどのように作ればいいでしょう。こういう問いが私に対して矢継ぎ早に向けられた。私が1人で授業を分析し開発することはできる。しかし実践経験豊かな教師の問題意識を丁寧にくみ取り，語りを導き，実践と経験に敬意を払いつつ省察を促し，自己の権力性を意識しながら研究・開発の視点を示唆し，一方で修了後の実務に向けてエンパワーするのは，至難の業だった。大学院を中退したばかりの私にとって，実践経験と人生年齢を自分よりも長くする現職修士課程院生に向き

あう教育活動は，過去に制度的にも理論的にも学んだことのない経験だった。
日々がチャレンジングな経験だった。

　助手生活を終えて鳴門教育大学に赴任した。8年間の間に多数の学部や大学
院の授業を担当することになったが，もっとも苦労したのは「初等社会」とい
う科目だった。筆者は，中等教育の社会科については研究も実践も経験があっ
たが，初等はいずれの経験もなかった。初年度に採用した方法は，古いノート
を引っ張り出してくることだった。恩師の講義で作成したノートを読み直し，
初等教育の内容を抽出し，再構成してシラバスを作った。年齢的な若さはそれ
自体が武器で学生との距離は近かったが，この科目ではその武器はさほど機能
しなかった。毎回の授業ごとに出席する学生は減っていった。学習の機会から
逃走させてしまった負い目は，私のキャリアで長く堪えた。学生の生活環境，
学習文脈・大学文化の異なるところに，異なる場・異なる時代に確立されたカ
リキュラムを適用してもうまくいかないのは当然の帰結だったが，実際には
やってしまった私がいた。そこからカリキュラム改造の格闘が始まった。目の
前の学生に私自身の学術的基盤を活かして，どのような姿勢と能力を養うこと
ができるか，このことを考え，実践し，日々・毎年，改良を続ける過程が始まっ
た。もちろんこの手の問題を無視して仕事を続けてもよかったが，教育でスト
レスをため込むと研究にも波及する。問題解決は避けられない。授業改善と省
察的実践を求める教育学研究者としての矜持もあった。同校在籍最後のカリ
キュラムは，赴任当初の原型を留めるものではなかった。

　8年の鳴門生活を終えて，広島大学に異動した。母校という意味では古巣だが，
大学を取り巻く情勢はもちろん，カリキュラムも学生文化も変化していた。筆
者の教育業務は大きく拡張した。第1は，教職高度化プログラムと称される教
職大学院の前身プログラムで，連携協力校と附属校と大学教員をつないでアク
ションリサーチを指導し，定期的にメンタリングを行うのが主任務だった。教
師を志望する修士学生に，教科指導の専門性と教育現場の課題解決力を育み，
同時に関係者の連携関係を高めることを鼎立させる試みには，悩みが尽きな

かった。第2に，これまで以上に教育現場との関わりと研修指導の機会が増え
たことである。年1回かぎりの官製研修もあれば，定期的に開催される地区単
位の授業研究もある。社会科に特化した広域的な研修もあれば，学校ベースで
教科横断的に開催される継続的な研究会もある。「伐ってほしい」「教えてほし
い」という指導・助言文化にささやかに抵抗しつつ，「今のやり方ではいけな
いのですか」「どうしてそうしたのですか」と問いかけ，「こんなやりかたもあ
りますよ」「一緒につくっていきましょう」とエンパワーし続ける作法は，大学
院時代の講座・教室の流儀と，研究者としての知見を基盤にした試行錯誤の産
物だった。さらにそこに，第3の，博士課程後期の研究者養成が任務に加わった。
博士課程の大学院生は将来教育学部に就職する可能性が高いので，必然的に教
師教育者としての研究者という地位が付与されることになる。彼ら彼女らと
「大学で教えるとはどういうことか」を一緒に考えるプレFD（大学教員を目指す
大学院生やポスドクのための職能開発活動）は，教科教育学を専門とする「研究者
としての教師教育者」としての私の生き方を問い直すことと同義となった。

- 自分が教えたことのない分野・領域の教師を育てる
- 自分よりも教職経験も生活経験も長い教師を育てる
- 教育に携わる多様なステークホルダーをつなげる
- 協働的に学び合う教師と組織を支援する
- 教師を育てる教師＝研究者を育てる

　時系列に並べると，このような教師教育者としての葛藤や課題が連続的に生
起してきた。このような教育活動は，大半の研究者にとっては普段の研究者生
活に埋め込まれた日常業務なのだろう。しかし，私の場合はそうならなかった。
この成人を対象とした教育は，これまで研究してきた初等・中等教育のカリ
キュラムの論理だけでは説明しえない異次元のテーマに見えたからである。「私
はどうしたらいいのだろうか」「教育学の研究者としてこの課題を解決したい」
と思案するようになった。幸い同様の問題意識をもつ研究者，大学院生が，周
りに少なくないことも見えてきた。私は徐々にこのテーマに引き付けられ，実

務としてこなすだけでなく，研究対象にもしたいと考えるようになった。

　本書の副題「教師教育者による研究と専門性開発のために」は，筆者の実践と研究のなれの果てをあらわした言葉でもある。

2　なぜセルフスタディか

　教師を育てる専門職・研究者の専門性を調査すると，欧州の成果が多かった。これは，教師教育の高度化が連動していると解される。

　教育実習を学校現場に長く委ねる英国やオランダのようなところでは，学校ベースの教師教育者（実習の受入・指導教員）の教師を育てる能力や資格が問われた。専門学校（師範学校）での教員養成を大学水準に切り替えたオランダでは，大学教員としての教師教育者の専門性が問われたし，教員養成を大学院レベルで標準化したノルウェーでは，研究者としての教師教育者の専門性が問われることとなった。

　端的に言うと，欧州において教師を育てる専門職者の社会的，学術的な地位は，低く押しとどめられていた。1980年代から1990年代にかけて教師教育者の地位が政策的に移行される過程で，当事者は，自らの専門性を証明する必要に迫られた。その過程で確立されたのが self-study である。教員養成は大学で行うことではないし，アカデミアが担うべき仕事でもない。こういう批判にこたえるべく，教師教育実践の困難さや葛藤を，その背景や解決策を実証的に解明するとともに，教師教育者の営みが特殊で専門的な知識・能力を要することを対外的に主張するのに使われたのが，self-study だった。何よりも教師教育を行う自己を対象化し，自己と対話する self-study は，教師教育者にとっては他の研究方法論よりも職業的レリバンスが高く，切実感に応えるものだった。

　すなわち，第一次教師（教える教師）が第二次教師（教えることを教える教師）へ移行するのに，self-study は格好の研究方法論だった。さらに教師教育に従事する教師教育者が自分にこそできる研究に従事し，課題を解決したり，論文を出版したり，政策を批判・提言をしたり，それに基づいて学位を得たりする教師教育者が増えることで，self-study は認知度を上げた。

　欧州のself-studyを把握することが，教師教育の研究と専門性開発の基盤を探るカギとなる。筆者らはこのような着想を得て，2010年代後半から本格的に文献調査や研究交流を始めた。招聘できた研究者は，以下の方々である。

- ・2016年度　　アリシア・クロウ（アメリカ・ケント州立大学），
　　　　　　　ミイケ・ルーネンベルク（オランダ・アムステルダム自由大学）
- ・2017年度　　ジョン・ロックラン（オーストラリア・モナシュ大学）
- ・2018年度　　アンニャ・スウェネン（オランダ・アムステルダム自由大学），
　　　　　　　カリ・スミス（ノルウェー・ノルウェー科学技術大学）
- ・2019年度　　ハフディス・グズヨーンズドッティル（アイスランド・アイスランド大学），エッダ・オスカールスドッティル（特別支援・インクルーシブ教育欧州機構）

　彼ら彼女らとの交流でわかったことは，self-studyは，教師から教師教育者への移行者の独占物ではなくなっていたことである。大学の教職課程や教育実習等の指導にたずさわる研究者の間に広まるとともに，教育実習生や初等中等学校の教員にも拡張してきている事実を目の当たりにした。専門学術雑誌（*Studying Teacher Education*）や国際的な研究ハンドブック（*International Handbook of Self-Study of Teaching and Teacher Education Practices*）が発刊・更新され，AERA（アメリカ教育学会）には専門部会（S-STEP SIG: Self-Study of Teacher Education Practices Special Interest Group）が設置され，self-studyは教育学研究の方法論として認知されてきているとのアピールを受けた。このような対話を通して，20世紀から21世紀にかけて，self-studyは，実務家教員のために編みだされた教師教育実践研究のアプローチから，教師および教師教育者のアイデンティティや実践的緊張・葛藤（tension）を解明する研究方法論へと，深化・展開を遂げていることが確認できた。

　本書は，このような学術交流の成果を経て発刊されるものである。書名を「セルフスタディを実践する」としたのは，本書が日本の研究者にとって，self-studyに触れ，self-studyに関心を抱くきっかけとなってほしい，ひいてはselfstudy をやってみたいと思う読者が増えてほしいとの意図が込められている。

　省察力の高い子どもを育てたいのであれば，教師自身が自らの実践を省察する姿勢を示すことが必要であり，その姿勢の意義・価値を共有するには，教師教育者自身が普段から自らの実践を省察し考察しようとする研究姿勢を開示することが欠かせない。self-study の世界的な拡大は，この同型性（congruency）を教師教育の実践・研究の基盤にするべきという思想への共感が広まった帰結なのかもしれない。読者には，本書の各章を手がかりに「セルフスタディを実践する」意味や価値を見出していただきたい。

第**1**部

教師教育者の専門性開発としての
セルフスタディ

第1章
教師教育者とセルフスタディ

齋藤眞宏・大坂　遊・渡邉　巧・草原和博

1　セルフスタディはいかに確立されてきたか

　教師教育者の「教えることを教える」という職務は葛藤や困難に満ちている。それを協働で研究しながら乗り越えることを意図したセルフスタディは，1990年代より，アメリカ，オーストラリア，英国やニュージーランドなど主に英語圏で誕生・発展した。そして教師教育が社会的に定着していたオランダやノルウェーなどの西欧諸国に広がった。それでは国際水準では，どのような研究がセルフスタディとして評価され，発表されてきたのだろうか。

　セルフスタディの国際的な学術誌である*Studying Teacher Education*, vol.17, No.1.（2021年）に収録されている6本の論文の研究テーマを紹介する。

① 瞑想教育を専門とする教師教育者が，セルフスタディに関する学術的文献を読んで気づいた自己について（Ergas & Ritter, 2021）。
② 新型コロナウィルス禍のオンライン学習を通した教師希望の学生たちと，教師教育者としての私たちはどのような経験をしたのか（Kim, Wee, & Meacham, 2021）。
③ オンラインによるケア倫理授業において，学生とケアの関係性を確立していくうえで教師教育者である私が抱いていた「当たり前」についての考察（Rabin, 2021）。
④ 大学院のオンラインプログラムにおいて，どのような科目的特徴が，学生たちの社会的公正やインクルージョンに対する意識を高めたのか。そして教師

教育者としての私たちに，社会公正とインクルージョンについての専門職としての自律的発展が何をもたらしたのか，さらにどのようにそのプログラムを改善していけるのか (Donovan, Green, Besser & Gonzalez, 2021)。

⑤ 私は，意欲的に学びかつすべての講義で良い成績を取っている教職学生である。しかし一部の科目や特定の教授からは真剣に学ぶ気がしない。なぜなのか (Finlayson, Whiting, & Cutiri, 2021)。

⑥ 学生たちの学校時代の辛い経験についての詩を読んで，教師教育者の私は何を学んだのか。いかにして表面的な理解を超えて学生たちの生きられた経験 (lived experiences) に出会ったのか (Pithouse-Morgan, 2021)。

　いずれの論文も，雑誌の特性上，教師教育者 (⑤のみ教職志望学生が，教師教育者をクリティカルフレンドに迎えて行った研究である) を主体としたセルフスタディになっている。自らの教師教育実践の改善を目標に入れつつも，それぞれ教師教育者または教師志望者の判断基準を明らかにし，それを教育的，社会的文脈の中から捉え直そうとしていることがわかる。例えば，①では瞑想という自己と向き合う教育を推進する教師教育者の自己認識が，②ではコロナ禍における教師教育者と学生の経験が，③ではケアを通して当たり前を問い直すことを推奨する教師教育者自らが内面化している「当たり前」感が，④では社会的公正やインクルージョンを教える教師教育者にとっての社会的公正やインクルージョンに関する規準の変容が，⑤では教員志望者という学習者の声から見えてくる良い教師教育 (者) の指導スタンスが，そして，⑥では教員志望者の詩から得られた教師教育者の学びが，それぞれ問われている。

　③④⑤の研究テーマからは，自己理解に留まらない，教員養成という教育システムの在り方自体の見直しや，教師教育者を暗黙の裡に支配している文化・規範を可視化し，それを批判的に考察することまでが目的になっていることがわかるだろう。

　このようなセルフスタディの蓄積は一朝一夕に出来上がったわけではない。約 30 年の議論を経て，セルフスタディなるものの合意が確立されてきた。セルフスタディを支える基本的な考え方をかいつまんで見ていこう。

　セルフスタディの出発点を，元理科教師で，セルフスタディの黎明期を支え

たロックランは以下のように語る。

　　教師教育者がセルフスタディを行う根源的な動機はよりよい授業実践をし
　　たいという願いであり，同時に教職学生が実習や教員になった時によりよ
　　い実践をして欲しいという願いである。　　　　　　　（Loughran, 2004, p.10)

　ロックランは，教師教育者の実践をより良いものにしたいという願いと同時
に，目の前の教職学生たちだけでなく，教職学生たちが将来教えることになる
子どもに対しても責任をもつ必要があることを指摘する。日本も含めて世界各
国でも教員養成は多くが高等教育機関で行われている。セルフスタディとは，
教師を志望する学生と将来彼ら彼女らが関わる子どもたちへの願いを基盤にし
た高等教育における実践研究である。これがセルフスタディの一つの特徴とな
る。ゆえに，自らの教師教育実践を改善したい（すべき）と信ずる教師教育者の
実践的で倫理的な願いを起点とする。
　では何を研究すればいいのか。セルフスタディであるから，自己を研究の対
象にすることはこれまで繰り返し言及してきた通りである。問題は，自己をど
のように捉えるかであり，その視点は以下のように説明される。

　　セルフスタディとは自分とは何者かの研究であり，自分の行動の研究であ
　　り，自分の認識や思考についての研究である。同時に「自己以外」の研究
　　でもある。自叙伝的であり，歴史的であり，文化的かつ政治的であり，そ
　　の人の人生に肉薄するが，それ以上でもある。セルフスタディは読んだ文
　　献，経験，知人や考察した内容に対して慎重かつ深い考察を行うことも必
　　要とする。これらが教師教育者としての実践とどのようにつながっている
　　のか探求するのである。　　　　　（Hamilton & Pinnegar, 1998, p. 236)

　Hamilton と Pinnegar（1998）は，教師教育者の実践を支えるさまざまな理由・
条件を，自伝的に，あるいは政治的，経済的，文化的，社会的な文脈を踏まえ
て説明することを求める。さらにエビデンスも欠かせない。何かしらの文献や

経験を根拠にして説明することが期待されている。

　この点は，セルフスタディが，教師教育者が自らのアカデミックな基盤を証明する学術的研究として確立してきたこととも関係する。セルフスタディは，日記でもないし，レポートや自叙伝の類いでもない。Samaras（2011）は，セルフスタディが満たすべき条件を，以下の5つの「着目すべき構成要素（foci）」にまとめた。

- 個人の状況に根ざした探究
- クリティカルかつ協働的な探究
- 学習の改善
- 透明性のある体系的な研究プロセス
- 知識の生成と発信

　セルフスタディは，セルフスタディであるので自らの個人的な問題関心や実践文脈を原点にする。しかし，それは間主観的で批判的な研究でなければならない。セルフスタディ研究者は，クリティカルフレンドと言われる問題意識を共有する他者と，自己の実践とその背景について，お互いの長所や経験，専門知識，さらには教師・教師教育者としての使命感やアイデンティティを原動力にしながら，ともに語り合い，学び合いながら探究を深め，自らの実践の改善の糸口を見つけていく。

　なお，クリティカルフレンドは日本語で直訳すれば批判的友人となる。しかし批判的というよりは，実践者を尊重し，その課題意識に共感的な存在ともいえるだろう。同時に相違点をも重視し，視野や考えを互いに深め広げる姿勢が求められる。

　このようなクリティカルフレンドの視点と存在を媒介にして，データを読み，データの三角測量を推進し，解釈と成果の信頼性，妥当性を高めていく。セルフを主体に進めるがゆえに，このような自己対象化を図る学術的な手続きは，研究を成立させるための最低条件となる。

　最後にセルフスタディは，学術研究であることの帰結として，知識の生成が

到達点となる。例えば，金・弘胤 (2018) は，専門分野を異にする大学院生の授業開発の研究から，附属中学校という個別かつ状況依存的な場であるものの，社会科教育学と歴史学の専門家の「衝突と和解」(金・弘胤, 2018, p.22) が教育者・研究者としての成長を生み出すと結論づけた。これは「小文字の理論」(Korthagen, 2001, p.26) といえるであろう。

　このように，個人の実践の改善だけがセルフスタディの目的なのではない。個人の実践から学校や大学，そして社会の課題や問題点を見通すことにもつながる。上の例でいうと，教員養成において研究者の学問分野に固執するべきか，あるいは教員養成カリキュラムはもっと学際的な視野をもつ機会を意図的につくるべきではないか，もっと教科教育と教科専門が連携する可能性を模索するべきではないか，という問題提起をも含んでいる。

　このようにセルフスタディ研究は，学校や大学，社会に内在する規範・ルールをしっかり見据え，その課題とそれを解消していくための知を生成するものである。ゆえにその成果は，個人やクリティカルフレンド間で秘匿するものではなく，論文や研究報告等を通じて社会に発信されるべきものである。学術共同体はもちろん，社会の共有財産である。またこの知を生成し，発信していく過程こそが，教師教育者にとって重要な省察の過程でもあろう。そして成果を発信した後には，他の教師教育者や学校教師，教職学生，教育委員会をはじめとするステークホルダーの反応を意識しながら，さらにその課題を深く掘り下げたり，新しい研究対象に広げたりしながら，セルフスタディを連続的に発展させていくことになる。

2　セルフスタディをいかに進めるか

　セルフスタディの論文は，いわゆる実証的・経験的研究と重なるところが多い。

　ただし，先述の通り，あくまでも「個人の状況に根ざした探究」であって，自己が実践していく過程で出会う葛藤やジレンマなどの，やむにやまれぬ，自己の在り方に深くかかわり，自己の生き方を左右するような「レリバンス」のあるテーマこそが研究対象に相応しい。

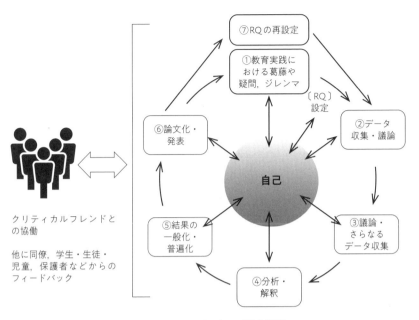

図1.1　セルフスタディの研究過程

(出所) 齋藤 (2021) p.155を改変。

　そのため必ずしも問題が先に存在するわけではない。「何となく気になっていること」を言葉で表現していく過程で，問いが立ち上がってくることがある。また「そもそもこれは問題なのか」という問いもある。実践を積み重ね，不安や疑念を抱き，研究仲間や同僚と，場合によっては学生と時間をかけて議論する。その過程で研究課題が浮かび上がってくる。このような過程を，セルフスタディは大事にする。

　したがって，セルフスタディは，以下の研究過程を辿ることが想定される。あくまでモデルケースであり，実際には多様な段階があり，行きつ戻りつすることもあるが，基本的には**図1.1**のような過程をたどることになるだろう。

① 研究テーマの発見：自分自身の実践における葛藤や困難，ジレンマ，苛立ち，
　何だか釈然としないことなどから研究テーマを見出す。そのうえでRQを設

定する。繰り返しになるが，ここがセルフスタディの大きな特徴である。

② データ収集・議論：①で見出した研究テーマやリサーチ・クエスチョン（以下，RQと記す）に基づいて，実践ノートやフィールドノーツ，アンケート，インタビュー，録画や録音など，主には質的なデータを中心に収集を行う。量的なデータも補助的に取り入れることも考えられる（①および②の段階が「準備段階」である）。

③ 議論・さらなるデータ収集：クリティカルフレンドとの協働的な議論をもとに，さらに追加的なデータ収集を行う。

④ 分析・解釈：③について，クリティカルフレンドと考察を行い，その事象を分析・解釈して整理していく。

⑤ 一般化・普遍化：クリティカルフレンドと研究結果の一般化を行う。また成果の社会的文脈を踏まえた意味づけ・意義づけを行う。さらに問題提起や政策提言を構想する（③〜⑤は「実行段階」となる）。

⑥ 研究発表と論文化：研究成果をまとめて研究報告し，論文化する。なお，投稿先として適切な雑誌を選定する。投稿先に応じた論文の書き方を検討する。

⑦ 研究課題の再設定：研究成果によっては研究課題を再設定する。もし再設定しない場合は，当初の課題や成果から派生的・発展的に成立する新たな課題を見つけて，さらに研究を進める（⑥と⑦は「省察段階」である）。

　繰り返しになるが，①から⑦のすべての過程において，自己との対話は必要不可欠である。このような段階を踏まえスパイラルに研究を進めていく過程が，教えることについての知を深め，広げることにつながる。なお，セルフスタディは間主観性を大事にする。したがってすべての段階・過程においてクリティカルフレンドとの議論は不可欠となる。また必要に応じてクリティカルフレンド以外の他者からフィードバックを得ることも考えられるだろう。

　次章以降で取り上げるセルフスタディは，上述のような過程を経て得られた暫定的な研究成果である。過度に定式化するべきではないが，おおよそこのような過程が想定できる。なお，すべて原則として共同研究として執筆されているのは，セルフスタディという研究方法論が要請するところでもある。

【引用・参考文献】

金鐘成・弘胤佑 (2018)「社会科教育学と歴史学におけるコラボレーションの意義と可能性— 2 人の大学院生による授業改善のセルフ・スタディー」『日本教科教育学会誌』第40巻第4号, 13-24。

齋藤眞宏 (2021)「教師教育におけるセルフスタディ：日本の学校教育におけるその意味の考察」『旭川大学経済学部紀要』第79・80合併号, 147-163。

Donovan, L., Green, T.D., Besser, E., & Gonzalez, E. (2021). The whole is greater than the sum of the parts: A self-study of equity and inclusion in online teacher education. *Studying Teacher Education, 17*(1). https://doi.org/10.1080/17425964.2021.1897975

Ergas, O., & Ritter, J.K. (2021). Expanding the place of self in self-study through an autoethnography of discontents. *Studying Teacher Education, 17*(1). https://doi.org/10.1080/17425964.2020.1836486

Finlayson, E., Whiting, E.F., & Cutri, R.M.(2021). 'Will this build me or break me?': The embodied emotional work of a teacher candidate. *Studying Teacher Education, 17*(1). https://doi.org/10.1080/17425964.2021.1878350

Hamilton, M. L., & Pinnegar, S. (1998). Introduction: Reconceptualizing teaching practice. In M.L. Hamilton, *Reconceptualizing teaching practice: Self-study in teacher education*(pp.1-4). London: Falmer Press.

Kim, J., Wee, S.J., & Meacham, S., (2021). What is missing in our teacher education practices: A collaborative self-study of teacher educators with children during the covid-19 pandemic. *Studying Teacher Education, 17*(1). https://doi.org/10.1080/17425964.2021.1895102

Korthagen, F. A. J., with Kessels, J., Koster, B., Lagerwerf, B., & Wubbels, T. (2001). *Linking practice and theory: The pedagogy of realistic teacher education*. Routledge.（武田信子 (監訳), 今泉友理・鈴木悠太・山辺恵理子 (訳) (2010)『教師教育学 理論と実践をつなぐリアリスティック・アプローチ』学文社）。

Loughran, J. J.(2004). A history and context of self-study of teaching and teacher education practices. In J. J. Loughran, M. L. Hamilton, V. K. LaBoskey, & T. Russell (Eds.), *International handbook of self-study of teaching and teacher education practices*(pp.7-39). New York: Springer.

Pithouse-Morgan, K. (2021). Opening a poetic container: Educative learning from a painful poetry performance. *Studying Teacher Education, 17*(1). https://doi.org/10.1080/17425964.2020.1852919

Rabin, C. (2021). Care ethics in online teaching. *Studying Teacher Education, 17*(1). https://doi.org/10.1080/17425964.2021.1902801

Samaras, A. P. (2011). *Self-study teacher research: Improving your practice through collaborative inquiry*. Thausand Oaks, CA: Sage.（武田信子 (監訳). (2024).『現役教師のためのセルフスタディ入門』学文社）

第2章
欧州におけるセルフスタディの動向
―― 日本とアイスランドのハイブリッド教育者が
志向するセルフスタディ ――

西田めぐみ

1 はじめに：ヨーロッパの風に吹かれて

　私が住む地球の北の果てアイスランドにはいつも風が吹き，天気が常に変わっていく。6月の風は少し湿り気を帯び，新緑の芳香を含んだ爽やかな風が吹く7月を経て，8月初旬になって風はやっと夏らしい潮の香りを運んでくれる。夏の白夜の期間は短く，9月に入ると暗く長い冬が唐突にやってくる。空にオーロラが舞う日は心も躍るものの，現実は厚い雲に覆われて隠れてしまうことが多い。私は現地幼稚園で働きながら，セルフスタディ研究を通じて自分の実践や移民教育者としての在り方を模索しているが，アイスランドの天気の不安定さは，まるで移民した当時のかつての私の心のようだ。

　ヨーロッパでのセルフスタディはオランダ，アイスランド，アイルランド，イングランドなどで積極的に実践されている。その現状は2020年に出版された『セルフスタディ教師教育国際ハンドブック　第2版』(Kitchen et al., 2020, 以下ハンドブックと省略) で見る限り，北米やオセアニアなどで広がるセルフスタディの勢いには到底追いつかない。しかしマイペースながらも，それぞれの国の文脈に合ったユニークな実践が着実に広がっているのがヨーロッパらしさかもしれない。

　本章では，上記ハンドブックで紹介されているヨーロッパにおけるセルフスタディの現状を基に，アイスランドという特異な文脈の中で探究する私の移民教育者としてのセルフスタディを簡潔に紹介する。そこから浮かびあがる気づきを基に，ヨーロッパから吹く風が今後の日本に運んでいく影響を議論したい。

2　ヨーロッパのセルフスタディ

　1992 年アメリカ教育学会 (AERA) でセルフスタディにつながる議論が起こったとき，オランダの教師教育者フレッド・コルトハーヘンはまさにその議論の中心にいた。彼の提唱するリフレクションの概念が，セルフスタディを学問として理解し，Self-Study of Teacher Education Practices (S-STEP) という実践研究方法論として教師教育者たちに受け入れられる際の突破口のひとつとなったのである。それから同じオランダのミーケ・ルーネンベルクはコルトハーヘンとともに英語圏以外の国におけるセルフスタディを通じた専門性開発に関する研究を行い，ヨーロッパにおけるセルフスタディ実践のリーダーシップをとっている。

　ハンドブック執筆準備が進む 2017 年当時，ヨーロッパには 51 の国があり，現在でも 100 以上の言語が話されている。隣国同士でも独自の言語や文化が存在するため，その様子はまるでパッチワークのようだとルーネンベルクは比喩し，それぞれの違いを認識したうえでのセルフスタディの展開の必要性を訴えている (Lunenberg et al., 2020)。実際，言語の視点でみると，同じヨーロッパでも英語を公用語とするイングランドやアイルランドの研究者と，独自の言語をもち英語を外国語とするオランダやアイスランドの研究者の挑戦は少し異なるかもしれない。例えば英語圏だと「self-study」という言葉と概念をそのまま持ち込むことができる (Thomas & Guðjónsdóttir, 2020)。しかし英語を含む外国語を原則用いないアイスランドだと，現存する言語を駆使した独自の呼称 (starfstengd sjálfsrýni：専門職の自己探究) ができた。そこから異国の概念であるセルフスタディを元来の意味を失わないよう細心の注意を払いながらも，アイスランドの文脈で理解するために議論を重ねていくのである (Kristinsdóttir et al., 2020)。オランダでも同様の経緯があったことをルーネンベルクが指摘している (Lunenberg et al., 2020)。その議論の土壌を育むためのコミュニティづくりは，4 つの国での共通課題である。

　なお，本章で紹介するハンドブックにおけるヨーロッパ 4 カ国の現状はルーネンベルクら (Lunenberg et al., 2020)，アイスランドについてはそれに加えてク

リスティンスドッティルら（Kristinsdóttir et al., 2020）を参照した。

（1）イングランドの例：実践研究者コミュニティとしてのエンパワメント

　大学に在籍する教師教育者は研究活動が必須とされるものの，英語圏でありながらも，アイスランドやオランダと比べても教師のセルフスタディの広がりは穏やかで，40年以上前に実践者のコミュニティが構築されたアクションリサーチに比べるとまだまだ知られていないのが現状である。しかし実践者研究としてのアクションリサーチはセルフスタディとも手法的につながる部分もあり，生きた教育理論（Living educational theory）の提唱で知られるジャック・ホワイトヘッドを中心に発展している。

　イングランドでのセルフスタディの広がりは，現地で隔年開催されるセルフスタディの国際学会であるキャッスルカンファレンス（Castle Conference）を抜きには語れない。国内の教師や教師教育者たちが参加しやすく，世界から集まる研究者とのつながりも育まれ，コミュニティ発展への大きな刺激となっている。

　現在の課題は，セルフスタディを軸とした研究費を得るには未だ理論的基盤の弱さが指摘され，学問としての理解も低いことである。そのためにも，キャッスルカンファレンスの存在をイングランド国内で認知されるようにし，国際のみならず国内でのつながりを強め，研究者のコミュニティとして力をつけていかねばならない。

（2）アイルランドの例：スポーツペダゴーグたちによるコミュニティづくり

　2020年のハンドブック出版時，アイルランドにおけるセルフスタディ実践例は2件のみの報告であったことから窺えるように，他の国と比べてもセルフスタディは発展途上にある。しかし，コミュニティ作りという点においては，リムリック大学で体育教育を専門とする経験値が異なる教師教育者たちが自らのスタンスをスポーツペダゴーグと位置づけ，対象年齢層に囚われないスポーツ活動の普及やウェルネス，体育教師の育成など，スポーツや健康分野に関連した興味深い実践を行っている。

　彼らのセルフスタディプロジェクトは学内にとどまらず，他機関や国内外の仲間たちとの連携を試みている。プロジェクトの内容はセルフスタディを通じて行う同僚たちへのアイデンティティ模索への支援であったり，コミュニティとして同僚と支え合うための研究であったり，クリティカルフレンドに関する研究などである。これらすべてがセルフスタディを広げていくうえで必要なコミュニティづくりや連携を強めるための研究であると同時に，大学の体育教師教育プログラム強化への大きな支えとなっている。

(3) オランダの例：プロジェクトから発展したコミュニティの輪

　オランダにおけるセルフスタディはルーネンベルクらが2007年に開始した教師教育者向けのプロジェクトから発展し，参加者たちの専門性開発支援を目的にセルフスタディを研究方法論として紹介している。小規模グループでのミーティングを重ね，また個別支援も行った。方法論への信頼性や一般化への疑問，個人の開示への不安などがあったものの，そこから生まれたセルフスタディ・コミュニティの数々が，開始から10年の間に各々のセルフスタディプロジェクトを繰り広げ，初期の疑問や不安を払拭していった。

　セルフスタディ・コミュニティを発展させていくうえで，主に英語文献の一語一語を，オランダの教師教育者の実践から生まれた問いとつなげて理解していくことは必須であった。その際に，英語教育を専門とする教師教育者たちとの協働が欠かせなかった。キャッスルカンファレンスで同じような経験をしていたオランダ以外の教師教育者との出会いも，国際的な協働セルフスタディを始めるきっかけとなった。

　オランダには教師教育という考え方は根付いているものの，研究という部分では未だ課題を抱えている。教師教育者たちは他国に違わず研究への時間が割きにくいということもあるが，教えるという行為に重きが置かれていることもある。しかし，ここ最近の動きで教師を目指す学生はその最終年に研究プロジェクトが必須となることがあり，必然的に教師教育者自身もその学術的支援をきっかけに研究する力も向上しつつある。それは教師教育者としての幅を広げ，研究者としての新しいアイデンティティを，セルフスタディを通じて模索

する機会にもなっていくことだろう。

(4) アイスランドの例：ヒエラルキーのないコミュニティ

　アイスランドでもアクションリサーチは早くから実践されていたものの，セルフスタディが研究や学問として認知されるには，他の国々同様に議論を重ねるための時間を要した。そこで AERA における S-STEP コミュニティの中心メンバーであるハフディス・グズヨーンズドッティルがセルフスタディをアイスランドで根付かせるべく取り組んだのは，対話を育むコミュニティづくりだった。それは Lave と Wenger（1991）による正統的周辺参加を理論枠にしている。さまざまな経験や背景をもつ大学教員や大学院生たちがそれぞれの実践について話し合い，尊重しながら支え合えるコミュニティを築いてきた。ハンドブックではアイスランドらしい一例が紹介されている。

　5人のセルフスタディ実践者が各々料理一品を持ち寄って集まった。料理を作る過程や，出来上がった料理そのものが，そのまま各々のセルフスタディを表す「比喩」であった。彼女たちはそれらを題材に2時間ほど語りあったのである。例えば，グズヨーンズドッティルは手作りチョコレートを持参した。そしてこれまで40年かけて自分好みのチョコレートレシピを作ってきた過程を，自らのセルフスタディに照らし合わせた。彼女のレシピは家族に受け継がれ，より美味しいものになっている。セルフスタディも，次世代の研究者に受け継がれ，さらに実践が積まれていくのだ。同時に彼女は，手づくりのパンを持参して新しいことへの挑戦もやめないという意思を表現した。

　この集いで浮かんだ課題が，今後のセルフスタディへの動機づけとなった。

3　想像力と創造力に挑戦する私の実践
——日本とアイスランド，ハイブリッドが生み出したもの

　ヨーロッパ，特にアイスランドのコミュニティで育まれた日本人である私のセルフスタディは，まさに想像力と創造力への挑戦といえる。2014年現地幼稚園で働き始めた頃の私は，子どもを「まとめ」「教える」という日本人教師として無意識のうちに染みついた価値観の押し付けによる実践で大失敗した。子

どもの個性や人権を尊重する国では，教師の仕事は子どもが自由な遊びを通じて自らの力で学んでいく環境づくりである。その意味を心では全く理解できていなかったがゆえに，教師としての矜持と現実の間でパニックを起こしてしまったのである。

　混乱し，全く仕事が手につかなくなった私は，セルフスタディに出会った。当時は幼児教育の経験値も乏しく，自力での現状打破に苦労した。そこで一つひとつの出来事を整理し，ふりかえり，冷静に分析していく過程で，日々の実践に正しい答えはないということに気がついた。そこで想像力を駆使して自分の実践という「海」を渡るために私がもつ理論的知識や経験，日本人としての文化的資源を使って「舟」をつくり，私は自由に漕ぐ「漕ぎ手」にならねばならないという比喩を使った物語を作るに至った。それは日本とアイスランドとの間に生きるハイブリッドな教師としての新しい自分が生み出す知識を表現し，理解を深める手段となった。学びへの答えはひとつではなく，自分でみつけるものだと自らが経験し，幼児教育者としての実践への自信にもつながったのである。

4　未来を創造できる意志をもった風
——クリティカルフレンドとしての自分

　私は今もアイスランドから日本におけるセルフスタディ発展を支援している。アイスランドでのセルフスタディは私の実践に強い影響を与えているものの，ヨーロッパの風は日本にまではまだ十分に届いていない。しかしコロナ禍でズーム会議が浸透した今だからこそ，日本語でセルフスタディに取り組む実践者たちと積極的な議論を深める機会が増えている。

　日本も実はパッチワーク状態で，各地域や学校，教室一つをとっても独自の文化が存在する。これまでヨーロッパの風を受けてきた私自身が，これからは日本の教育現場に風として吹いていきたい。それは第三者の視点から意見し，支えていくクリティカルフレンドとして日々葛藤する現場の教師たちと語り合い，協働していくことを意味する。もちろん，それは荒々しい爪痕を残す台風でなく，さまざまな風土に適したセルフスタディを育むコミュニティをつくる

ための，未来を創造できる意志をもった風なのである。

【引用・参考文献】

ロックラン，J. 監修・原著，武田信子監修・解説，小田郁予編集代表，齋藤眞宏・佐々木弘記編集（2019）『J. ロックラン に学ぶ教師教育とセルフスタディ― 教師を教育する人のために―』学文社。

Kitchen, J., Berry, A., Bullock, S. M., Crowe, A. R., Taylor, M., Guðjónsdóttir, H., & Thomas, L. (Eds.). (2020). *2nd International handbook of self-study of teaching and teacher education practices*. Singapore: Springer.

Kristinsdóttir, J. V., Jónsdóttir, S. R., Gísladóttir, K. R., Óskarsdóttir, E., & Guðjónsdóttir, H. (2020). Cultivating self-study: Developing a discourse to better understand a particular culture. In J. Kitchen, A. Berry, S. M. Bullock, A. R. Crowe, M. Taylor, H. Guðjónsdóttir & L. Thomas (Eds.), *2nd International handbook of self-study of teaching and teacher education* (pp.1419-1437). Singapore: Springer.

Lave, J., & Wenger, E. (1998). *Situated learning: Legitimate Peripheral Participation*. Cambridge: Cambridge University Press.

Lunenberg, M., MacPhall, A., White, E., Jervis, J., O'Sullivan, M., & Guðjónsdóttir, H. (2020). Self-study methodology: An emerging approach for practitioner research in Europe. In J. Kitchen, A. Berry, S. M. Bullock, A. R. Crowe, M. Taylor, H. Guðjónsdóttir & L. Thomas (Eds.), *2nd International handbook of self-study of teaching and teacher education* (pp.1373-1401). Singapore: Springer.

Thomas, L., & Guðjónsdóttir, H. (2020). Self-study across languages and cultures. In J. Kitchen, A. Berry, S. M. Bullock, A. R. Crowe, M. Taylor, H. Guðjónsdóttir & L. Thomas (Eds.), *2nd International handbook of self-study of teaching and teacher education* (pp.1325-1337). Singapore: Springer.

第3章　特別寄稿
南アフリカ共和国におけるセルフスタディ
Self-Study of Teaching and Teacher Education Practices in South Africa[1]

Kathleen Pithouse-Morgan[2], Khulekani Luthuli, Ntokozo Mkhize-Mthembu, S'phiwe Madondo, and Nontuthuko Phewa

1　セルフスタディについて

　セルフスタディの方法論は，1990年代初頭にアメリカ教育学会（AERA）の Self-Study of Teacher Education Practices（S-STEP）分科会を設立した教師教育者のグループによる画期的な研究から生まれました（Samaras & Freese, 2009）。それ以来，セルフスタディのコミュニティは発展し続けています（Kitchen, 2020）。

　セルフスタディ研究をするということは，教師教育者，教師，その他の専門家が，クリティカルかつ創造的に自分自身を見つめ直し，実践を再考することです。それは他者貢献でもあります（Samaras & Pithouse-Morgan, 2020）。この方法論では，自己を開示し，リフレクションとリフレキシヴィティ（Reflexivity：文脈に即した対応力），仲間同士のクリティカルな問いかけ，透明性のあるデータ分析とプロセス，その場の課題の解決や改善を目的とした事例研究などが中核的特徴になります。それらは専門職としての学びや知の獲得，知の生成につながります（LaBoskey, 2004; Pithouse et al., 2009; Samaras, 2011）。

　セルフスタディの研究者は多様かつ複数の方法を用いて研究を行います（LaBoskey, 2004）。文学をはじめ演劇や音楽，舞台などの公演芸術的手法，美術といったアートに触発された研究方法を用います（Tidwell & Jónsdóttir, 2020）。それぞれの研究者の個性が滲み出る豊かな表現方法が用いられます。例えば絵を描いたり，コラージュや写真，詩，メモリーワーク，物語，演劇などです。これらを用いた研究は，ただ個人の専門的実践を高めるためだけではありません。他者の専門職としての成長とともに，より公正な社会を目指して行われる

ものでもあります (Pithouse-Morgan & Samaras, 2020)。

　メモリーワークとは，セルフスタディ研究者が自身の過去の経験を探るためによく使う手法です (Mitchell et al., 2020)。その目的は，過去をクリティカルにリフレクションすることで学びを得て，明るい未来に向けて良い方向に変化させることにあります。メモリーワークでは，絵を描いたりすることや写真などのビジュアルアートを用いることもあります。

2　私「自身」をはじまりとして

　私 (Kathleen) 自身の教育経験をセルフスタディのレンズを通して解釈するために，まずこれまでの人生について考察したいと思います。私の内面や外面的な部分，過去と未来について探究します。そのように自らに向かい合う緊張感が，自分に焦点を当てた研究では重要です。これは，小説や映画で未解決の葛藤や問題が筋書きとして大切であることと似ています。

　私は英語を母国語とする南アフリカの白人女性です。私が育ったのは 1970 年代から 1980 年代のアパルトヘイト時代です。ほとんどの国民に対して国家が不正かつ抑圧的である時代でした。アパルトヘイト国家は，南アフリカ社会を階層化するために人種の隔離をしました。その中心となっていたのが，少数派の白人に有利で大多数の南アフリカ人に不利となるように作られた人種隔離教育システムでした。

　セルフスタディを通して，白人かつ中流階級，そして学業優良者であるがゆえの学校生活における特権を意識するようになりました。それは私を不安にさせ，また解決できない問題でもありました。根本的に不公平なアパルトヘイト下の教育システムから私は恩恵を受けました。そのことへの違和感に加えて，その人種的に分断された学校の教育的価値感は私を多様なコミュニティで学ぶことを妨げました。そのことにもまた不信感を抱いています (Pithouse, 2005; Pithouse-Morgan, 2021)。

　アパルトヘイトとは，アフリカーンス語で「分断」を意味します。アパルトヘイト政策の「分離教育」とは，南アフリカの生徒・児童を政府の人種分類シ

ステムに従って分離することを意味していました。それによって教育的な階層がすべての子どもたちの学校生活に影響を与えました。白人の学校は，政府からの資金援助が圧倒的に多く，学校設備や教育的資源が充実していました。アフリカ系，カラード系，インド系の学校は，さまざまな面で不利な状況に置かれていました。

　私は小学校時代を白人の公立学校で過ごしました。低学年の頃は，白人以外の子どもたちと分離されることは，個人的にはあまり意味のないことでした。私の社会生活の範囲は，白人の中流階級が住む郊外でした。学校が分けられているという意識はありましたが，他の人種の子どもを知らなかったので，分離を実感することはありませんでした。白人の学校では当たり前のようにある図書館や校庭，プールなどが，ほとんどの学校にはないことも，当時は気づかなかったように思います。

　小学校の高学年から高校にかけて，私はアパルトヘイト教育制度の差別的な慣行についてより多くの情報を得るようになり，批判的になっていきました。学校では南アフリカの近・現代史を教えられることはありませんでした。政治的なディスカッションも厳しく禁じられていました。私のアパルトヘイトに対する知識は家族や友人から得たものでした。

　高校卒業後，私は大学に進学しました。大学では，アパルトヘイト体制下でさまざまな学校に通っていた学生と出会いました。他の人種の学生たちとともに学ぶことで，人種によって分離された学校教育の違いをより深く理解することができました。私がアパルトヘイトによる人種的な教育上の特権の不道徳さと破壊力を理解し始めたのはこの時でした。

　私が大人になり，教師として働き始めたのは，最初の民主的な選挙が行われた 1990 年代初頭のことでした。当時の南アフリカは楽観的で，すべての人にとってより良い未来が手の届くところにあるように見えました。しかし，30 年近く経った今，私は自分がいかに無知だったか，そしてアパルトヘイトと植民地主義がいかに深刻な悪影響を与えていたのかを知りました。私の甘さは，政府が変われば南アフリカの人々の生活体験がすぐに変わると思っていたことです。しかし，不当な植民地・アパルトヘイト体制の歴史的帰結として，南アフ

リカの教育事情は依然として不公平なままです。多くの教師や学習者（生徒あるいは児童を指す，以下同様[3]）たちが，教材や設備の整っていない学校にいるのです。大人数の学習者がいるにもかかわらず教室には十分な広さがなく過密です。そして教育資源も十分ではありません。そのような不公平が一般的なのです。

　最初は中等教育の英語教師として，その後は大学での教師教育者として，27年間にわたって教えてきました。私は，南アフリカをはじめ国際的にセルフスタディを推進している教師教育者です。個人的に，あるいは他の同僚と協力して，セルフスタディについて学び実践することに関心のある大学の教育者，教師，大学院生のコミュニティを支援，指導しています。一部の人たちだけが享受できる教育上の特権に対する違和感と不信感が，すべての人に対するインクルーシブかつ支援的な教育に私を導いたのでしょう。私が教育的正義に関与することは，倫理的責任をもたらします。なぜならば教職を目指す学生たちの教育経験に質的な違いをもたらす教育実践を育むからです。また私の言葉や行動が，学生たちにとってどのように映るのかも心に留めておく必要があります。彼らは教師として，しばしば非常に困難な状況のなか，教育経験を積み重ねています。

　南アフリカでは現在，学校教員になるためのルートが2つあります。それはa）4年間の教育学士号（B.Ed.），b）学士号取得後に受けられる1年間の教員資格コース Postgraduate Certificate in Education（PGCE）です。これらの教師教育プログラムは，大学に設置されています。私は B.Ed. または PGCE において資格を取得した現役教師でありかつ大学院生でもある学生たちの，professional learning（専門職としての学び）に関する研究を担当しています。これは，教師たちが自主的に自己開発を行う学習者として自分自身をよりよく理解し，支援することに重点を置いています。私の学生は，新人教員もベテラン教員も，多様な教育的背景をもち，さまざまな科目を担当しています。また学部を卒業したばかりのフルタイムの学生もいれば，パートタイムで勉強している現役の教師もいます。

　本学の学生とスタッフの大半は，アパルトヘイト時代には，人種的にアフリカ系またはインド系に分類されていました。アフリカ系の学生のほとんどは，母国語としてイシズールー語（クワズールー・ナタール州の主要な先住民言語）を

話しています。ちなみにバイリンガル（イシズールー語／英語）が大学方針です。南アフリカには 11 の公用語があります。11 番目の公用語は英語で，ビジネスや国家の談話で使用される主要な言語ですが，すべての公用語は法的に同等です。私が学生だった頃は，第 2 言語としてアフリカーンス語（アパルトヘイト国家の公用語）が必修でした。イシズールー語は選択できませんでした。それは，人種間の分離を強いるもうひとつの手段だったのです。私は少ししか話せないので，イシズールー語を話す大学院生をティーチングアシスタントとして雇って，イシズールー語を授業に取り入れています。

　ここでは，私が博士課程で指導した現職の教師たちによる，最近のセルフスタディ研究の事例を 4 つ紹介します。彼らの現場の文脈は異なりますが，4 人は相互にクリティカルフレンドとして協力しあい，研究を支え合いました。クリティカルフレンドは，知的にも感情的にも安心して支え合える協働のためのパートナーです。クリティカルフレンドからのフィードバックや意見は，セルフスタディ方法論の核になる部分です。

3　研究者としての教師のセルフスタディ

　ここでは，クレカニ・ルテゥリ，ントコゾ・ムキージ，スフィーウィ・マドンド，ノントゥトゥゴ・ペイワの 4 人の教師が最近博士課程で行った研究を紹介します。南アフリカの教師が，専門的な実践を向上させ，教育的正義に貢献するために，なぜ，どのようにセルフスタディを行っているかを紹介します。

（1）事例 1．新人教師がどのように学習者の学びをサポートできるかについてのメンタリング：ある副校長のセルフスタディ（クレカニ・ルテゥリ）

　クレカニ・ルテゥリのセルフスタディプロジェクトは，学習者（生徒）が自立的に学ぶ姿勢や意欲を，新人教師が支え導くためのメンタリングを改善するために実施されました。彼は，都市部にある多文化の学校でリーダーシッ

新人教師が撮った写真：学習者たちが教室に戻る前に時間を過ごすトイレ周辺の様子

新人教師が撮った写真：（写真のような）教師の目の届かない場所で，学習者は問題行動を起こします。

新人教師が描いた絵：教師の協働は，学習者の学びへの姿勢を前向きにするための資源です。

プを取る，経験豊富な教師です。新人教師を指導したいという彼の思いは，彼自身の教職に就いて間もない頃に適切な支援が不足していた記憶につながっています。そして新人教師が，学習者の学びを社会的に公正で思いやりのある方法で支えることに苦労している様子を見聞きしたことをきっかけにしています。彼は新人教師が遭遇する多くの課題を優しい眼差しで観察し，彼らの苦労を理解していました。教師たちの苦悩が学校でのメンターシップの欠如と関係しているのではないかと考えていた彼は，このセルフスタディプロジェクトでベテラン教師として，また副校長としての彼自身のメンタリングの実践に焦点を当てました。そのため，本研究の目的は，新人教師を適切に指導するために，ど

新人教師が描いた絵：多様な教育方法は学習者の学びへの姿勢を前向きにするために重要です。

のようにしてルテゥリ自身の指導方法を改善することができるかを探ることでした。この目的を達成するために，ルテゥリは学校の新人教師の参加を求めました。

　最初のリサーチクエスチョン「新人教師が学習者の学びをどのようにサポートするかというメンタリングにおいて，私は自分の記憶と経験から何を学んだのだろう？」に答えるために，彼は自身のメンタリングの経験を思い出しました。それは受容的なものもありましたが，否定的なものもありました。この問いを考察することで，彼は，新人教師の学習者の学びへの意欲や姿勢を引き出すためのメンタリングにおいて，自分が果たした役割を評価し，そして将来果たすべき役割に気づくことができました。2つ目の質問「新人教師が学習者の学びの姿勢をどのように支援するかというメンタリングにおいて，私は自分の学校の新人教師たちに関わることから何を学んだのだろう？」に答えるために，彼は4人の新人教師と写真や絵を使って議論しました。これはとても創造的な方法でした。絵を描いたり，写真を撮ったりすることで，新人教師たちが直面する不安や課題を表現し，学習者の学びへの姿勢を支えることについて率直に話し合うことができたからです。

　知識やアイデアを共有し，新人教師が教室で経験した課題や喜びについてフィードバックすることで，ルテゥリは彼らの立場に立って考えました。この

ように新人教師の苦境を理解することで，彼はより良い管理職，メンターへと成長していったのです。また，メンターや副校長としてセルフスタディを行うことで，新人教師を学校に迎え入れた際の成功体験や葛藤を共有することができました。本研究で提示された言語的・視覚的データは，新人教師と管理職の経験について豊かな洞察を与えてくれます。本研究は，教育改革のためにセルフスタディ研究に取り組んだ管理職のユニークで意欲的な事例です。

(2) 事例2. 小学4年生のクラスにおける他者との関わりに対する肯定的な感情の学びの探求：ある教師のセルフスタディ（ントコゾ・ムキージ）

自分史の写真：祖父の庭，私の聖域

　ントコゾ・ムキージは，都市部の小学校の教師です。彼女のセルフスタディプロジェクトでは，自分の経歴と4年生たちの他者との関わりに対する肯定的な感情の学びのつながりについて調べました。彼女は，安心感，思いやり，愛情のある学習環境を作るために，自分の教育実践を改善したいと考えていました。最初のリサーチクエスチョンは「他者との関わりに対する肯定的な感情を持つための学習について，私は自分の経験から何を学ぶことができるだろうか？」でした。彼女は，幼少期と思春期の経験を振り返りました。両親，教師，友人，その他の人々が彼女にもたらした学びについて考えることにしました。彼女は，アーティファクト，写真，絵画，ナラティブなどの個人史研究の方略を用いて，記憶を呼び起こしました。

　ムキージは，2つ目のリサーチ・クエスチョン「私が教える小学4年生の教室を探究することで，他者との関わりに対する肯定的な感情の学びについて何

メモリードローイング：家という名の温もり
の場所

教室で：学習者の視点からの学びのコミュニ
ティの様子

教室の外で：「子どもたちが，一
所懸命木を抱きしめ，木々の感情
と考えを表現しました。」

を学ぶことができるだろうか？」を取り上げました。ムキージは，41 人の学習
者（9 歳から 11 歳の女子 15 人，男子 26 人）とのさまざまな教科の授業中のやり取
りを詳細に描写しました。ムキージはこの授業の様子を，日記や学習者の作品
も含めて，自身の実践開発用ポートフォリオに記録しました。また，校長，保
護者，学習者の許可を得て，授業の様子を録音し，写真を撮影しました。写真
には学習者の顔は写っていません。

　調査の結果，ムキージは，他者との関わりに対する肯定的な感情の学びを以
下の 7 つに整理しました。またそれらは彼女のその後の教育実践に大きな示唆
を与えてくれました。それは以下の通りです。

他者との関わりに対する肯定的な感情の学びは……
1. 自己認識を促進します。
2. 帰属意識を育みます。
3. 安全に成長を育む環境を支えます。

4. 社会的で情緒的な関係を育みます。
5. 困難に打ち勝つ力と前向きな姿勢を育みます。
6. 心の癒しの糧となります。
7. 社会正義に取り組む力を育みます。

　ムキージは，子どもの尊厳と視点を尊重し，子どもが教育活動の重要な貢献者であることを認めて教育実践を行いました。そして教師のセルフスタディにおいて，子どもの声を最前面に位置づけるべきであることを示しました。

(3) 事例 3. 英語のクリエイティブライティングを，イシズールー語を話す 6 年生のクラスで教えるために：子どものポピュラーカルチャーを探る〜ある教師のセルフスタディ（スフィーウィ・マドンド）

　スフィーウィ・マドンドは，イシズールー語圏の半農業地域にある小学校の教師です。この学校では授業では英語を使用しています。しかし，多くの学習者は，語彙不足のため英語に苦戦しています。イシズールー語を母国語とする子どもたちは，努力が足りないのではなく英語力が不足しているために，しばしば低く評価されます。
　マドンドのセルフスタディは，6 年生のクラスで英語のクリエイティブライティングを教えたり学んだりする際に活用する「資源」としての子どもたちのポピュラーカルチャーの探究を目的としています。彼は，子どもたちが最も興味をもつことを，クリエイティブライティングを教える際に活用したいと考えていました。
　マドンド自身が主な研究対象です。他の参加者は彼のクラスの 55 人の学習者 (11 歳から 13 歳の女子 30 人，男子 25 人) でした。マドンドの最初のリサーチクエスチョンは，「自分の子どもの頃の記憶と経験から，子どものポピュラーカルチャーやクリエイティブライティングについて，自分は教師として何を学ぶことができるのだろうか？」です。これを受けて，彼はクリエイティブライティングを教えるために，彼自身の子ども時代のポピュラーカルチャーにまつ

アーティファクト：ラジカセ

メモリードローイング：自分たちが遊ん
だ古いタイヤ

わる経験を思い起こしました。また，彼自身がクリエイティブライティングに
関して受けた指導や学びの経験を探りました。楽しかった経験や記憶に残る教
育的な経験を，セルフスタディの手法のひとつであるメモリードローイング（記
憶の描き起こし）やアーティファクトとしてラジカセを使って思い起こし，語り
ました。

　マドンドの2つ目のリサーチ・クエスチョンは，「イシズールー語を話す6年
生のクラスにおいて，英語のクリエイティブライティングを教えたり学んだり
するためのリソースとして，子どものポピュラーカルチャーを探究することで，
自分は教師として何を学ぶことができるのだろうか？」でした。

　彼は英語，社会科，技術の授業において，子どものポピュラーカルチャーを
活用しました。クリエイティブライティングを教えたり学んだりする際の重要
な「教育資源」としたのです。彼は，創造
性と独創性を引き出すような授業を計画し
ました。クリエイティブライティングの授
業は，音楽の演奏やソーシャルメディアな
ど，遊び心のある楽しい活動を通して行わ
れました。マドンドは，学習者が作成した
クラスワークの例や写真とともに，自らの
実践とその成果について詳細に説明してく
れました。

　マドンドは，より深く考察するために，
アートベースの手法としてコラージュや詩

遊びを通じての学び：（ズールーの
伝統音楽）マスカンディグループに
よる演奏の様子

ソーシャルメディアを使った学び：学習者の複雑な感情を綴った手書きツイッターの投稿

を用いました。この研究により，マドンドは学習者の心の中にあるものを知り
学ぶことができました。彼は，ポピュラーカルチャーが，いかに創造的な文章
を生み出し，子どもたちのモチベーションやインスピレーションにつながるの
かを経験しました。セルフスタディは，自分の教え方を改善するための励みに
なり，力になりました。さらに，この研究では，子どもたちの視点と彼らの知
識の重要性を認識し，子どもたちが教育研究と実践における大切なパートナー
であると提言しています。

（4）事例4．学習環境が十分に整っていない小学校1年生の教室におけるプレ
イフル・ペダゴジー：ある教師のセルフスタディ（ノントゥトゥゴ・ペイワ）

　ノントゥトゥゴ・ペイワは，都市近郊にある
小学校の教師です。この学校に通う子どもたち
は，貧しい家庭に育っています。学校の授業は
イシズールー語で行われ，教師も学習者もイシ
ズールー語を話します。この学校は備品も学習

教材も不十分です。学校の敷地は狭く，校庭もありません。この学校では，遊
びを通じた学習はしません。非常に杓子定規なカリキュラムに従うことが求め
られています。

メモリードローイング：登下校時の遊び
（小さな頃の記憶に基づいて描いた絵）　　　**メモリードローイング：姉妹での遊び**

　ペイワのセルフスタディ研究は，教材や設備が乏しい 1 年生の教室で，教育・学習アプローチとして効果があるとされるプレイフル・ペダゴジーを探究することを目的としています。彼女は，遊びを通じて学ぶアプローチを用いながらも，規定のカリキュラムに合わせる方法を模索しました。主な研究対象は彼女自身で，他の参加者は彼女のクラスの 32 人の子どもたち（6 歳から 8 歳の女子12 人，男子 20 人）でした。

　ペイワの最初のリサーチクエスチョンは，「自分自身の子どもの頃の思い出から，私は教師としてプレイフル・ペダゴジーについて何を学べるのだろうか？」でした。この問いを立てることで，学校の内外で遊んでいた自分の子ども時代をふりかえることができました。そして子どもたちが遊びを通して学ぶことがなぜ重要なのか，そしてプレイフル・ペダゴジーからどのような恩恵を受けることができるのかをより深く理解することができたのです。この研究テーマを考察する過程で，彼女は複数のアーティファクトや絵画を使って，子どもの頃によく遊んだゲームの記憶を呼び起こしました。

　ペイワの 2 つ目の質問は，「環境の整わない 1 年生の教室におけるプレイフル・ペダゴジーを探求することによって，私は教師として何を学ぶことができるのだろうか？」というものでした。この問いに答えるために，彼女はさまざまな授業を（子どもたちの意見を生かしながら）実施しました。その結

遊びを始める前の教室の様子

教室での遊び：学習者たちのケンケン遊び

**教室に取り込んだ遊び：遊びの
コーナーにある学習者たちが
「学校ごっこ」で使った遊び道具**

果，学級活動によって，遊びが教育に与える影響を観察するとともに理解する
ことができました。議論や活動を記録するために，音声を録音したり写真を撮っ
たりしました。彼女はまた，毎回授業をふりかえるために日記を書いていました。
学習者にきちんと向かい合うことで，プレイフル・ペダゴジーを通じて，自分
の教育実践をどのように改善できるかを理解することができたのです。

　ペイワは，自分の実践における意味を考察するために，アートベースの方法
としてのコラージュを用いて分析し省察しました。この研究では，プレイフル・
ペダゴジーの意義について以下の4点にまとめています。

　(1) プレイフル・ペダゴジーは，子どもの成長を促進します。
　(2) プレイフル・ペダゴジーは，人生に対するポジティブな態度を促進します。
　(3) プレイフル・ペダゴジーは，社会的交流を促進します。
　(4) プレイフル・ペダゴジーは，子どもに喜びをもたらします。

　この研究は，学校教師が子どもたちを大切な研究参加者として迎え入れ，そ
の研究過程で子どもたちがより自己認識を深めたことを示しています。これが
セルフスタディの学術的意味の一つでもあります。

4　変革のためのセルフスタディ
── 外へ，そして未来へと目を向ける

　4つの例に示されているように，教師のセルフスタディ研究には価値があります。なぜならば自己がこれまで社会環境や他者からどのような影響を受けてきたのか，そして他者との協働から生まれる教育実践の考察を生むからです。セルフスタディの研究者は，他の人が一緒に学ぶことに興味をもつように，魅力的でわかりやすい方法で自分の研究を公開する必要があります。研究成果は継続的に多面的かつ多角的な観点から議論されます。

　本稿では，南アフリカの研究者教師の事例を紹介しました。セルフスタディに興味をもってくださる教師や教師教育者の皆さんがインスピレーションを得ていただけるのではないかと思っています。これら4つの事例は，教師がセルフスタディを行うことで，社会や学校教育における重要なエクイティ（社会的公正）やケアの問題を探究し，それらの問題を議論するための基盤をどのように構築したかを示しています。また，研究者としての教師が，セルフスタディを通じて，状況に応じた実践者主導の教育的・社会的発展のための大きな力になることを示しています。セルフスタディの成果を発信した教師たちは，自らの研究を共有することで，教育における社会的正義の問題への対応について他の人たちに伝えることができるのです。

　私はアパルトヘイト時代に白人の子どもとして他の人種の子どもたちとは分断されて育ちました。そしてそれが南アフリカの多くの人々の生きたられた経験に対する重大な無知につながっていました。私は（非白人である）博士課程の学生たちのおかげで，その無知についてより強く意識することができました。私と他の南アフリカ人のライフストーリーの語りの相違点や類似点について，認識を深めました。セルフスタディを通じて，学生たちが私の先生になったのです。私は，彼らの経験や洞察に注意深く耳を傾けることに価値を感じています。また，常に学びに対してオープンな姿勢をもつことの大切さも学びました。それはどんなに多くの教育に関わる資格をもっていたとしても，及ばないものです。

注

1) 本稿は異文化間教育学会第3回オンライン研究会「教師教育実践とセルフスタディ－社会変革に向けて」(2021年3月27日) において発表された原稿をもとにしています。原文は英語であり，西田 (アイスランド大学大学院博士課程) と齋藤 (旭川市立大学) が日本語翻訳を担当しました。
2) 本原稿の執筆時は，南アフリカ共和国のクワズールー・ナタール大学大学院教授。現在は英国のノッティンガム大学大学院教授。
　　E-mail: kathleen.pithouse-morgan1@nottingham.ac.uk
3) 南アフリカでは児童・生徒のことをlearnersと呼びます。studentsと呼ばれるのは，大学や専門学校などの高等教育の学生です。アパルトヘイト時代には初等・中等教育の児童・生徒たちはpupilsと呼ばれました。アパルトヘイトが終わり，教育政策がより学習者中心になると，学びに対してより積極的な意味をもつlearnersという呼び方に変わりました。児童・生徒を表す用語の変化は，教師中心から学習者中心の教育への変遷を表しています。

【引用・参考文献】

Kitchen, J. (2020). Self-study in teacher education and beyond. In J. Kitchen, A. Berry, S. M. Bullock, A. R. Crowe, M. Taylor, H. Guðjónsdóttir & L. Thomas(Eds.), *2nd International handbook of self-study of teaching and teacher education practices* (pp.1023-1044). Springer Singapore.　https://doi.org/10.1007/978-981-13-1710-1_34-1

LaBoskey, V. K. (2004). The methodology of self-study and its theoretical underpinnings. In J. J. Loughran, M. L. Hamilton, V. K. LaBoskey & T. Russell(Eds.), *International handbook of self-study of teaching and teacher education practices*(Vol.2, pp.817-869). Kluwer.　https://doi.org/10.1007/978-1-4020-6545-3_21

Luthuli, K. (2021). *Mentoring novice teachers in learner behaviour support: A deputy principal's self-study* [Doctoral dissertation, University of KwaZulu-Natal]. https://ukzn-dspace.ukzn.ac.za/bitstream/handle/10413/20003/Luthuli_Khulekani_2020.pdf?sequence=1&isAllowed=y

Madondo, S. B. (2021). *Exploring children's popular culture as a resource for English creative writing in an isiZulu-speaking Grade 6 class: A teacher's self-study* [Unpublished doctoral dissertation, University of KwaZulu-Natal]. University of KwaZulu-Natal.

Mitchell, C., Pithouse-Morgan, K., & Pillay, D. (2020). Mosaic-ing memory in teacher education and professional learning: Imagining possibilities for collective memory-work. *Other Education: The Journal of Educational Alternatives, 9*(1), 7-30. https://www.othereducation.org/index.php/OE/article/view/252/252

Mkhize, N. S. (2021). *Exploring social and emotional learning in a Grade 4 classroom:*

A teacher's self-study [Doctoral dissertation, University of KwaZulu-Natal]. University of KwaZulu-Natal.

Phewa, N. (2021). *Playful pedagogy in an under-resourced Grade 1 classroom: A teacher's self-study* [Unpublished doctoral dissertation, University of KwaZulu-Natal]. University of KwaZulu-Natal.

Pithouse, K. (2005). Self-study through narrative interpretation: Probing lived experiences of educational privilege. In C. Mitchell, S. Weber & K. O'Reilly-Scanlon (Eds.), *Just who do we think we are? Methodologies for autobiography and self-study in teaching* (pp.206-217). Routledge Falmer. https://doi.org/10.4324/9780203464977_chapter_Eighteen

Pithouse-Morgan, K. (2021). Opening a poetic container: Educative learning from a painful poetry performance. *Studying Teacher Education, 17*(1), 100-117. https://doi.org/10.1080/17425964.2020.1852919

Pithouse, K., Mitchell, C., & Weber, S. (2009). Self-study in teaching and teacher development: A call to action. *Educational Action Research, 17*(1), 43-62. https://doi.org/10.1080/09650790802667444

Pithouse-Morgan, K., & Samaras, A. P. (2020). Methodological inventiveness in writing about self-study research: Inventiveness in service. In J. Kitchen, A. Berry, S. M. Bullock, A. R. Crowe, M. Taylor, H. Guðjónsdóttir & L. Thomas (Eds.), *2nd International handbook of self-study of teaching and teacher education* (pp.427-460). Springer Singapore. https://doi.org/10.1007/978-981-13-1710-1_13-1

Samaras, A. P. (2011). *Self-study teacher research: Improving your practice through collaborative inquiry*. SAGE.

Samaras, A., & Freese, A. (2009). Looking back and looking forward: An historical overview of the self-study school. In C. A. Lassonde, S. Galman & C. Kosnik (Eds.), *Self-study research methodologies for teacher educators* (pp.3-19). Sense Publishers.

Samaras, A. P., & Pithouse-Morgan, K. (2020). Polyvocal self-study in transdisciplinary higher education communities. In J. Kitchen, A. Berry, S. M. Bullock, A. R. Crowe, M. Taylor, H. Guðjónsdóttir & L. Thomas (Eds.), *2nd International handbook of self-study of teaching and teacher education* (pp.1291-1322). Springer Singapore. https://doi.org/10.1007/978-981-13-1710-1_43-1

Tidwell, D. L., & Jónsdóttir, S. R. (2020). Methods and tools of self-study. In J. Kitchen, A. Berry, S. M. Bullock, A. R. Crowe, M. Taylor, H. Guðjónsdóttir & L. Thomas (Eds.), *2nd International handbook of self-study of teaching and teacher education practices* (pp.377-426). Springer Singapore. https://doi.org/10.1007/978-981-13-1710-1_12-1

第2部

大学における教師教育者のセルフスタディ
―― 大学で教師を育てる ――

第4章
教師経験の乏しい教師教育者は
どのように教師を育てることと向き合うのか
—— 初任期にセルフスタディに取り組んだことの意味 ——

大坂　遊・渡邉　巧・岡田了祐・斉藤仁一朗・村井大介

1　はじめに

　本研究では研究方法論としてセルフスタディを採用する。Crowe & Dinkelman (2010) によると，教師教育の文脈におけるセルフスタディは，自らの実践を研究することに専念する教育者や教育研究者のコミュニティそのものであり，同時に研究のジャンルでもあるとされる。セルフスタディの定義は研究者によって多様であるものの，その名の通り自己 (Self) に言及し，自己を対象とした研究であるという点では一致を見る[1]。

　このような研究の特性上，セルフスタディの研究では教師教育者である自分自身の置かれた状況や文脈，直面した葛藤についての記述が欠かせない。そのため，以下で論ずる問題の所在においても，一般的な教師教育者としての困難だけでなく，筆者らの専門領域に固有の困難や，本研究に関わる共同研究プロジェクトを企画した大坂が直面した困難について論じることとする。

2　問題の所在

(1) 一般的な教師教育者としての困難

　高等教育機関における教師教育者である大学教員になるには大きく2つのルートがあると想定される。ひとつは，学校教師としての豊富な経験をもとに，教師 (学校) から教師教育者 (大学) へと移行する実務家教員ルートである。もうひとつは，学校教師としての経験をほとんどあるいは一切もたず，研究者 (大

学院）から教師教育者（大学）へと移行する研究者教員ルートである。

　前者の実務家教員ルートの場合，当事者は教師教育者としてのアイデンティティの確立に課題を抱えたり（たとえば Murray & Male, 2005 など），教師時代の規範や経験則が通用しない実態に戸惑ったり（たとえば大坂他，2020 など）することが知られている。一方，後者の研究者教員のルートをたどってキャリアを歩み始めた教師教育者がどのような困難に直面するのかについての研究の蓄積は，岩田他（2018）や熊井他（2019）といった先駆的な事例をのぞいて限られている。

（2）筆者らの専門領域に固有の困難

　前述の 2 つのルート問題に関連して，本研究の背景となる筆者らの専門領域である教科教育（学），なかでも社会科教育（学）における固有の文脈と困難を 2 点説明しておきたい。

　第一に，教師教育研究への関心の高まりである。2010 年代前半から現在にかけて，当該の領域ではそれまで主流であったカリキュラム研究や授業研究に加えて教師教育の研究が盛んに行われるようになり，教師教育で学位を取得する若手研究者も増加した。その結果，自身の研究内容を大学の教科指導法科目の講義内容へとそのまま応用することが難しくなった。とりわけ，研究者教員ルートでキャリアを歩みはじめた若手大学教員は，「15 回の授業計画を何を拠り所に組み立てるか」に苦慮していることが推測される[2]。

　第二に，研究者教員ルートの若手大学教員の進路が多様化してきたことである。本稿の筆者のうち 3 名（大坂・渡邉・岡田）が学位を取得した広島大学社会科教育研究室に限った状況ではあるものの，2010 年代前半頃までは，学位を取得した研究者は国立大学の教員養成系学部の社会科教室に就職するケースが比較的多かった。しかし，2010 年代後半以降の傾向として，多くの研究室出身者は学位取得後，最初のキャリアを全国各地の私立大学の教職課程からスタートさせる事例が増加した。結果として，初任期の教師教育者が実践を行う「現場」も多様化し，直面する困難や葛藤も多様化したことが推測される。

(3) 大坂という個人が直面した困難

　かつて大坂は，研究者教員ルートで大学教員となったことを自覚し，自身が直面した困難とその克服のあり方をセルフスタディの方法論を参照して探究したことがある（大坂，2019）。大坂は，当時の自身の境遇について，「大学院（研究機関）」から「大学（教育機関）」への移行，あるいは「学生（被教育者）」から「教師教育者（教育者）」への移行をした状態であり，研究実績も現職経験も"語って聞かせる"ような人生経験ももたない若手大学教員，いわば「3ない教員」であると捉えていた。[3)] また，当時の大坂は，自分のように研究者教員ルートでキャリアをスタートさせた初任期の大学教員にとって，他者からの支援なしに教師教育者へと移行することは大きな困難を伴うのではないかという仮説を立てた。

　このような状況を打開すべく，大坂は専門性や経歴等も近い初任期の教師教育者である本稿の筆者たちとともに共同研究プロジェクトを企画することにした。彼らと共通の研究テーマを探る中で，筆者たちはそれぞれに固有の困難に直面しつつも，全員が共通して担当する授業の実践のありかたについて悩んでいることが判明した。そこで，かつて大学院でその一端に触れたことのあるセルフスタディや授業研究（レッスンスタディ），アクション・リサーチなどの実践的研究の方法論を参照しながら，自らの授業実践を題材に自身の専門性開発と研究を同時に展開できる共同研究を実施することとしたのである。

　以上をふまえ，本研究のリサーチクエスチョン（RQ）を3つ設定した。

　RQ①：駆け出しの，若手の教師教育者である「私（たち）」は，どのようにして，自分の置かれた状況で「社会科教師の養成」という課題に取り組んだのか？

　RQ②：駆け出しの，若手の教師教育者である「私（たち）」は，大学における教師教育の取り組みの中で，何を省察し，何に気づき，どのように変容したのか？

　RQ③：駆け出しの，若手の教師教育者である「私（たち）」が行ったセルフスタディを通して得られた，初任期教師教育者の専門性開発に示唆

することは何か？

3　研究の方法：協働的セルフスタディとしての手続き

(1) 方法論としてのセルフスタディ

　セルフスタディは，教師教育者を中心とする専門職の専門性開発の文脈で広く用いられている研究方法論である。それは，個人の状況に根ざした探究，協働的かつクリティカルな探究，学習の改善，透明性のある体系的な研究プロセス，知識の生成と発信を特徴とする (Samaras, 2011, p.10)。また，Crowe & Dinkelman (2010, p.15) によると，教師教育研究として行われるセルフスタディは，研究者，教師，政策立案者といった幅広いコミュニティがアクセスできる学術的な発見や解釈を生み出す。さらに，セルフスタディは，繰り返し自己の実践の省察を促したり，実践の背後にある信念の見直しを要求したりするプロセスが含まれるため，教師や教師教育者自身の理論的根拠の成長 (rationale development) に有益であると指摘されている (Hawley, 2010)。

　以上のように，セルフスタディの目的，協働性，成果の公開を前提とした研究プロセスといった方法論が，本研究の RQ の解明に資するため，本研究においてセルフスタディというアプローチを採用することとした。[4]

(2) リサーチデザインと参加者

　このセルフスタディは，構想段階を含めると，2017年4月から始まり，完了が2018年の3月までの約1年間にわたるプロジェクトであった。研究体制は**図 4.1** の通りである。

　先述したように，本プロジェクトは大坂の個人的な問題意識と人間関係から開始されたものだった。4月以降，大坂と同じく教育学，なかでも社会科教育や教師教育に関心を寄せる他の筆者に協力を仰ぎ，プロジェクトをスタートさせた。プロジェクトの開始時期と並行して，全国社会科教育学会の研究推進プロジェクトに応募・採択されたことで，共同研究が推進しやすくなった。

　また，このタイミングで，筆者らよりも教師教育者として数年程度長いキャ

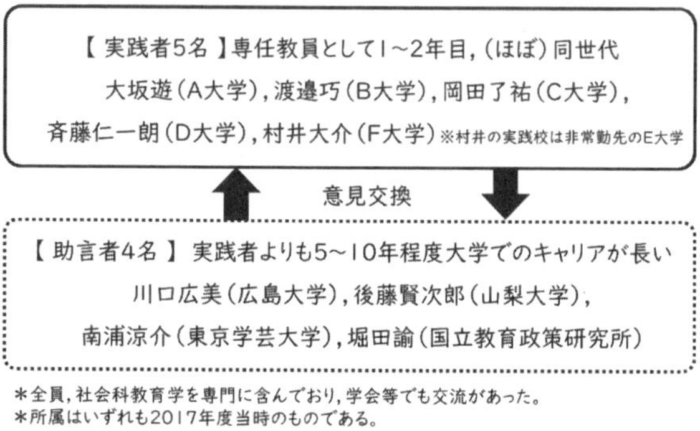

図4.1 共同研究者の組織化：ピア（同世代）とメンター（先輩）

リアを有する"先輩"にあたる大学教員4名に協力を依頼し，メンター（助言者）としてプロジェクトに参画を依頼した。実践者である筆者5名は，専任教員として1～2年目の初任期であり，ほぼ同時期に博士課程に在学しており，年齢的にもほぼ同世代である。一方メンター（助言者）の4名は，大学での教師教育者としてのキャリアが実践者より比較的長い。

（3）セルフスタディ実践の手続き

　教師教育実践としてのセルフスタディは，2017年5月から8月にかけて行われた。収集したデータは，筆者5名の自身の担当する大学の授業科目における実践記録である。筆者5名は，期間中にリアルタイムで進行する実践のメモ，写真，資料等を記録・蓄積していくとともに，実践を5名がそれぞれの方法で分析・省察した。例えば，大坂は毎回の授業実施前に授業の展開や要点，達成させたい目標などを記した「授業実施メモ」を作成して授業に臨み，授業後には実際の授業の展開と反省点の総括などをメモに追記していった。このような記録のうち，受講学生の個人情報等を含まない共有可能なデータのみを，クラウド上にアップロードし，常にお互いが参照できるようにした。

　2017年8月から10月にかけては，定期的に対面もしくはオンライン（Skypeおよび Zoom）で実践の様子や課題を報告し合い，相互に意見交換した。協議時の方針は明文化していなかったものの，①報告者は実践そのものだけでなく，

自分がその実践を行ううえで意識していること（せざるを得ないこと）とその中での意思決定を説明する，②コメント時はポジティブに気づきや学んだこと，自分の実践に活かせそうなことを返す，といった点をとりわけ意識していたと思われる。この姿勢は，授業研究の文化と方法論が援用されている。

(4) 手続きの公開と成果の吟味

　研究方法論としてのセルフスタディは，そのプロセスの中で「知識の生成と発信」(Samaras, 2011, p.10) が要求される。本プロジェクトもそれにならい，プロジェクトの期間中に複数回の学会等での発表を通じて成果の言語化と共有を行い，実践知を作り出すことを試みた。具体的には，全国社会科教育学会の自主企画シンポジウム (2017 年 10 月 30 日)，広島大学教育ヴィジョン研究センターのフォーラム (2018 年 3 月 4 日)，日本教師教育学会研究推進・若手交流支援企画 (2018 年 3 月 18 日) の 3 回である。結果的に，これらの発表・報告を通して，実践の報告，実践の分析，実践の意義づけがなされた。

3　筆者の置かれた文脈

　ここでは，セルフスタディの前提となる，筆者 5 名が 2017 年度当時セルフスタディに参加することとなった文脈を記述する。なお，以下の文章は 2018 年 3 月 4 日に広島大学教育ヴィジョン研究センターが主催した学術フォーラム「教育学研究者と教師教育者のアイデンティティ」において配布された資料を引用・一部改変したものである[5]。記述項目は同じだが，筆者 5 名がそれぞれ自身の状況について執筆したものであるため，記述の分量や筆致には差が生じていることをあらかじめ断っておく。

(1) 大坂をとりまく状況
①着任に至るまでの経緯

　私は学部から社会科教育を専攻し，特に教員養成における社会科教師志望学生の力量形成に関する研究を行ってきた。私の研究を行う動機は，自身の教師

経験の中にある。大学院進学後に非常勤講師として中学校・高等学校の社会系教科を指導する中で，私はそれまで学んできた社会科教育の「理論」と，自らの置かれた状況で行う「実践」との乖離に悩まされた。その経験から，「大学在学中にも，卒業後にも"学ぶ意味がある（あった）"と感じられる，学生の関心に寄りそう社会科教育のあり方」を模索するようになっていた。

　さらに，これまでの研究から，私は「教師志望学生は教員養成カリキュラムにおいて，高校時代までの被教育体験期の授業経験に基づいて無意識に形成された授業イメージの『再評価』と『回帰』が繰り返し行われること」「それらを阻止して新たな教育観や授業理論を受け入れる素地を形成するためには，教職課程初期の段階で，自身とは異なる社会科に対する規範・観念をもつ『異質な他者』との交流が有効であること」という知見を得ていた。そのため，着任後に自身が受けもつ社会科教師志望の学生に対しては，いかにして・どのような「異質な他者」と出会わせるかという構想を思い描いていた。

②着任した大学の状況

　私は2016年度に博士課程を修了後，ただちに私立大学であるA大学経済学部に赴任し，教職課程の授業科目を1年次から4年次まで幅広く担当することとなった。A大学において教職課程を履修する学生は毎年100名近くにのぼるものの，大部分は中学校・高等学校の保健体育科免許取得希望者であり，中学校社会科や高等学校地理歴史科・公民科の免許取得希望者は各学年で10名にも満たない。教職課程の専任教員は大学全体で私を含めて3名のみであり，それぞれの教員が担当する多くの科目の内実は，担当教員の裁量に任されていた。

　私は，社会科に直接関連する科目としては，2年次に開講される中学校社会科教員の科目である「社会科教育法Ⅰ（前期）」および「社会科教育法Ⅱ（後期）」を受けもっていた。いずれも教職志望の経済学部の2年次生2名が履修しており，私がこれらの科目を通年で指導することが前提となっていた。そのため，1年間・30回を通した授業設計が可能であり，また授業日程の変更や授業外の活動なども容易に行うことができる状況であった。

③この授業の履修に至るまでの学生の状況

　この授業を履修する2年次の学生は，卒業要件である一部の専門科目や教養

科目に加えて，「教科に関する科目」と「教職に関する科目」を履修してきた。特に，彼らが1年次に履修した「教育課程論」と「教師論」は，この授業と密接に関連するため，私は授業を構想するうえである程度それらの授業内容を意識していた。さらに，2年次の「教育方法論」は，私が今年度より授業を担当しているため，学生はこの授業と並行して履修することとなる。そのため，私は2つの授業の間の連携やすみ分けをとりわけ強く意識して授業を構想することとなった。

④求められる授業の目標（枠）

　大学や他の教員からこの授業に課せられた目標や課題は存在しないため，自由に授業を計画することが可能であった。ただし，他教員との分担の都合で，私が彼らに社会科教育に直接関連する授業を実施できるのはこの1年間の社会科教育法だけであった。そのため，社会科授業づくりに関する基礎的・実践的な力量だけは，この授業を通して確実に形成しておく必要があると考えていた。

(2) 渡邉をとりまく状況

①着任に至るまでの経緯

　私は学部で歴史学を専攻し，教育学を副専攻した。大学院では社会科教育学を選択し，研究を進めていった。その間に非常勤講師として中学校「社会科」や高等学校「地理歴史科」を担当した。

　教科教育の科目を担当するうえで，影響を受けたと思うことは，2つある。

　第一に，大学院在学中に，ティーチング・アシスタント（TA）を経験したことである。当時の所属大学では，TA制度の改革期にあり，担当教員とのチームティーチング等を行う機会も得た。TAとして参画した講義からは，教材作成の仕方や教授法などを学び取った。講義内容に関しても，影響を受けている。

　第二に，周囲の人々からの示唆である。大学院には，社会科教育学を研究する院生が約30名在籍しており，意見交換や共同研究（教師教育の研究が多い）を行う関係にあった。彼らの個人研究からも知見を得ている。

②着任した大学の状況

　私は，2年間，私立大学であるB大学で専任教員として勤務した。大学院修

了後の初任校である。教職関連では，2年次の「生活科概論」と「社会科概論」を担当した。他の専任教員からアドバイスを受けることも多く，相互授業参観の機会もあり，恵まれた環境にあった。

また，「日本生活科・総合的学習教育学会」に関与するようになったことも，生活科教育の担当者としての自覚を生み出すことにつながっていった。このような経緯で，生活科の研究・教育にウエイトを傾けていった。

③この授業の履修に至るまでの学生の状況

小学校教員免許の取得に必修の科目であり，受講生は，2年次の約80～90名となっている。教員免許の取得は卒業要件となっていないが，多くの学生が履修をしている。

B大学には，教育学の科目が多数開講されており，学生たちは幅広く教育について学ぶ機会をもっている。そのうえ，総合的な学部ゆえに，人文社会諸科学の専門科目を自由に履修できる状況にある。

④求められる授業の目標（枠）

オムニバスで担当しているため，講義の前半と後半で齟齬が生じないように調整を行っている。

(3) 岡田をとりまく状況

①着任に至るまでの経緯

私は，学部時代，歴史学を専攻していた。しかし，卒業の頃には，歴史そのものよりも「人間はどのように歴史を認識するのか」ということに関心が移っていた。同時期，教職課程を受講していたこともあり，教育学を本格的に学びたいと考えていた。そのため，修士課程で教育学に専攻を変えて，上記のことを研究しようと考えた。

その際，教室をフィールドとした調査研究をしたいという思いもあり，その方法論をもつ先生に師事し，修士課程では教育方法学を専攻した。調査とは，発話や記述を手がかりに，歴史（社会科）の授業を受ける子どもの思考を描き出すことを試みるものである。

この調査には，歴史教育の知識が必要だと考え，独学で勉強した。そして，

勉強が進むにつれ，歴史教育だけでなく社会科教育全般に関心の範囲が広がり，「社会科教育学」にはまり込んでいった。そして，もっと専門的に学び，自分の研究の精度を上げたいと考えるようになり，専攻を教科教育学（社会科）に変え，博士課程に進学した。

　博士課程の間，上記のような調査研究によって学位取得を目指す一方，中学校の社会科の非常勤講師として，現場経験を積んだ。また，ティーチング・アシスタントとして社会科の教員養成を学んだ。

　修了後は，助教を経て，現在の勤務校であるC大学に着任した。

②着任した大学の状況

　C大学は，首都圏にある私立の女子大学であり，特に，幼稚園教員と保育士の養成が盛んで，その分野に多くの卒業生を輩出している大学である。

　総体的にみて，素直で真っ直ぐな学生が多い印象である。また，感性が豊かで，ものづくりに長けている学生も多く見られる。

　一方で，「勉強」に対して自己肯定感が低い学生が少なくない。

　この大学での私の主な仕事は2つある。ひとつは，小中高の教員免許に関わる社会系教科教育の科目の担当である。

　2つは，幼稚園教員養成コースの学級担任である。担任をしているため，同コースの学生との関わりが最も多く，それは，私を幼児教育へと目を向けさせる直接の契機となった。

③この授業の履修に至るまでの学生の状況

　紙幅の関係で，本研究で扱う小学校の社会科教育の科目に限定して説明する。これらの科目は，私と実務家教員2名で担当しており，私の担当は，小学校教員養成コース“以外”の小学校教諭免許取得希望者であった。ここでいう“以外”とは，主に，幼稚園教員養成コースと保育士養成コースである。進路の希望に関しては，専門である幼稚園教員や保育士を目指す学生もいれば，小学校教員を目指す学生もおり，また，未定の学生も少なくない等，さまざまである。

④求められる授業の目標（枠）

　特に，学習指導要領を把握することと，学習指導案を書けるようにすることの2つを通して，実習に行けるようにする（実習校に迷惑をかけないようにする）

ことが目指される。

（4）斉藤をとりまく状況
①着任に至るまでの経緯

　私は学部時代と大学院時代に教育学を専攻した。大学院では，米国社会科教育成立史を研究し，米国の社会科教育が，何のために，どのような多様性をもって生まれたのかを研究してきた。所属大学に教科教育に特化したコースが存在しなかったため，大学院時代に「社会科教育学を専門に学んでいる」という意識をあまりもたずに過ごした。もちろん，当時の私は米国社会科教育史を研究していたが，それは，「良き市民」の育成を目指す社会科教育の誕生という，社会現象に面白さを感じたからであった。

　社会科教育法を担当するうえで，当時の経験から影響を受けたと感じる点としては，私が米国社会科教育史を研究する中で，社会科教育が実践される文脈や教師の信念によって，社会科観が多種多様であり得ることを実感した点が挙げられる。この点は，今の私が，学生にも多様な社会科観をもつことを促している点とつながっているように思う。

②着任した大学の状況

　私は，私立大学であるD大学の2年目の常勤教員として，「社会科・公民科教育法Ⅰ・Ⅱ」を担当している。中学・高校などで現職経験のない私にとって，本校が初任校となる。本授業は，中学校社会と高等学校公民科の免許取得のための必要科目であり，大半の履修者はまだ教育実習に行っていない。また，公民科の免許のみを取る履修者にとっては，「社会科・公民科教育法Ⅰ・Ⅱ」が，必修として課される社会科教育に関する唯一の科目となる。

③この授業の履修に至るまでの学生の状況

　授業は，文系のさまざまな学部・学科の3～4年生が入り混じる中で，同一の授業を3クラスで別々の時間に行っている。履修者数は1クラスにつき15人程度である。履修者の意欲は比較的高く，グループワークや課題解決などにも積極的に取り組んでくれる。

④求められる授業の目標（枠）

　基本的に自由な授業設計が許されている。ただ，本授業が，教育実習までの数少ない指導法科目の一つであるため，学習指導案の作成や模擬授業の実施など，一通りの訓練を積ませることが求められている。

（5）村井をとりまく状況

①着任に至るまでの経緯

　私は学部で社会学を専攻し，大学院では社会科教育を専門にしながら社会科教師のライフストーリーを研究してきた。その間に非常勤で高等学校「倫理」を5年間担当した。

　社会科教育法を担当するうえで影響を受けたと思うことは，第一に，「公民科（倫理）指導法」のティーチング・アシスタントを4年程，担当したことである。この授業は，大学の附属高等学校で「倫理」を教えてきた定年直前の教諭が担当していた。学生に「倫理」の授業で使える絵画やYouTube動画を探してくるという実践的な課題を課していたのが印象に残っている。

　第二に，ライフストーリーの研究を契機に，さまざまな教師の研究会活動へ参加し，目標にしたいと思うような教科教育に力を入れてきた自ら学び続ける教師に出会ったことである。教師の研究会が教科の文化を形成するうえで重要な基盤になっていると考えるようになった。

②着任した大学の状況

　2014年から非常勤講師として，国立大学であるE大学人文学部の中等社会系教科の教育職員免許状に関する教科教育法の授業を担当している。2年次の「中等社会科教育法Ⅰ」，「地理歴史科教育法」，3年次の「中等社会科教育法Ⅱ，Ⅲ」の授業を担当してきた。学部の改組に伴い，2018年度からは担当科目が大幅に減る予定である。

③この授業の履修に至るまでの学生の状況

　いずれの授業も教職志望の人文学部の学生15名程が受講している。学生は，普段，歴史学や法学などの人文社会諸科学を専攻している。教職志望の学生のみであるため，意欲は高く，発表や模擬授業の行いやすい人数で，比較的自由

に授業ができる環境にある。

④求められる授業の目標（枠）

　人文学部では教職に関する授業も限られているため，4年次に教育実習に行けるようにすることが求められている。大学の方針で，シラバスには，アクティブ・ラーニングの要素を取り入れることが重視されている。

(6) 小括と補足

　上記の記述に加え，担当していた授業における実践上の目標を加えたものが以下の**表4.1**である。

表4.1　5名の置かれた状況と教育実践上の目標

実践者の状況		教育実践の目標
大坂	立場：1年目の専任教員（私立大学） 研究：教員養成カリキュラム 教育：中等社会系	(1) 被教育体験の相対化 (2) 異質な他者との出会い (3) 被教育体験の省察 (4) 教科観の再構築
渡邉	立場：2年目の専任教員（私立大学） 研究：教員研修カリキュラム 教育：初等生活科，社会科	(1) 授業分析の視点の獲得 (2) 多様な授業の理解 (3) 被教育体験の省察 (4) 教科観の再構築
岡田	立場：2年目の専任教員（私立大学） 研究：学習評価，GTAによる授業分析 教育：幼稚園，初等社会科	(1) 学習指導要領の理解 (2) 学習指導要領の批判的検討 (3) 社会科と幼児教育の関係性の理解
斉藤	立場：2年目の専任教員（私立大学） 研究：米国社会科成立史－カリキュラム 教育：中等社会系	(1) 教科観を構築 (2) 単元の繋がりを意識した授業開発
村井	立場：1年目の専任教員（国立大学） 研究：教師のライフストーリー 教育：中等社会系＊非常勤講師として4年目の実践が対象	(1) 教育観・教科観の構築 (2) 教師の実践習慣をつけること (3) 教員文化に触れること

＊「実践者の状況」「教育実践の目標」は，いずれも2017年度当時のものである。
（出所）2018年3月4日広島大学教育ヴィジョン研究センター主催フォーラムにおける発表スライド[6]より引用，一部改変

4　実践者が感じたセルフスタディの意義

　ここからは，第2節で示した手続きに基づいて実践された，筆者らにとってのセルフスタディの意義を論じる。なお，本章で根拠として用いられている

データは，本研究で行ったセルフスタディで直接的に収集・分析したデータで
はなく，日常的な意見交換を経たのちに学会等で成果を言語化した際の筆者ら
が述べた省察的な感想に基づき整理されたものである。

　2018 年 3 月に筆者らが作成した振り返り記録によれば，協働的なセルフスタ
ディ実践を通して，5 名はさまざまな気づきを得たことが記録されている。こ
こでは，当時の筆者のうち複数名に共通して表れていた気づきや意義について，
5 つの観点について記録を引用（表現は一部修正）しながら説明していく。

(1) 実践の改善に向けたアイデア，ノウハウの獲得

　筆者らは，セルフスタディに取り組んだことで，これまで自身が有していな
かった実践上のアイデアやノウハウを得ることができたことを記述している。

　　　取り入れてみたい内容や活動，考え方，授業の進め方など，研究会のメ
　　ンバーのアイデアにたくさん触れることができた。そして，それが自分の
　　実践に対する見方や考え方を豊かにしていった。　　　　　　　　　　（岡田）

　　　自身が気づかなかった他者の魅力的な授業方略や教材を知ることができ，
　　「自分も取り入れてみたい」と刺激を受けることができた（本来は授業期間
　　中にこれができればよかったと思う）。　　　　　　　　　　　　　　（大坂）

　　　同世代の若手研究者の実践から授業作りに関する実践的な示唆を得た。
　　「このアイデア，明日から使おう」と思えた点は少なくなく，自分としては
　　本当に勉強になった。　　　　　　　　　　　　　　　　　　　　　　（斉藤）

　このように，筆者らはセルフスタディを通して，自身の授業実践を改善する
ための直接的なヒントを得ることができたといえる。

(2) 心情・モチベーションの変化

　筆者らは，セルフスタディに取り組んで起きた心情の変化を，「緊張感」や「モ

チベーション」という言葉を使って表現している。

> 実践に対する一定程度の緊張感をもつようになり，以前よりも準備を入念にするようになった（よりよいものをつくりたいという意識が高まった）。具体的には，授業で扱う内容を如何にすればわかりやすくできるか，この内容を扱う際はどのような学習活動が有効かといったものである。　　（岡田）

> 大前提として，自分の授業資料を共有するという行為自体が，自分の日々の授業準備のためのモチベーションを上げる効果を生んだ。張り合いがあるというと語弊があるかもしれないが，ちゃんとした資料を作らねばというより一層の励みになった。　　　　　　　　　　　　　　　　（斉藤）

また，多くの筆者が，自身の実践に対する不安や葛藤があり，それがセルフスタディを通して解消ないし緩和されたと表現している。例えば岡田は，以下のように記述している。

> 教科の性格，学生の実態，自分のやりたいこと，そして，前年度の教育経験等を踏まえながら，カリキュラムをつくり実施していたのだが，「これでいいのか」「意味があるのか」という不安がついてまわっていた。研究会のメンバーの前で，自分のカリキュラム設計と実施，それに対する学生の学びの様子等を幾度も説明することで，自分の実践がどういうものかということを深く考える機会となった。また，自分の説明に対して，研究会のメンバーによって，各々の観点から意味を与えていただいた。そのような中で，自分の実践に対する不安が払拭されていき，カリキュラムが本当の意味で成立していったのではないかと思う。　　　　　　　　　　（岡田）

このように，筆者らはセルフスタディを通して，実践に取り組む意欲が持続し，自身の置かれた状況をポジティブに捉えることができるようになったといえる。

（3）教師教育実践の省察，メタ認知，相対化

　筆者らは，セルフスタディに取り組んだことで，自分一人で実践に向き合っている中では気づけなかったであろう経験をしたことを記述している。

　　他の先生方の実践を知ることで，自分自身の実践を相対化することができ，他にも授業のやり方があることに気がつくことができた。授業で扱う内容や方法を考えていくうえで，とても参考になった。　　　　　　　　　（村井）

　　共同研究者たちから，実践報告を聞き，さらに意見を交わす中で，私自身の講義を相対化する（メタ的に捉える）機会を得られたように思う。（中略）今回，私は「社会科概論」（教科教育法ではない科目）の目標として4点を設定したが，もし教科教育法ならどのような設定となったのだろうか。そもそも，私は，社会科教師志望学生にどのような資質・能力を身につけて欲しいと考えているのか，それはどの段階（学年）が目安になると考えているのか，と自問する機会にもなった（目標論）。　　　　　　　　　　（渡邉）

　　分析者の一人である堀田氏から「グラフィック・シラバス」という方法論を知ることができたことで，自身の授業を構造的に把握し，自分が15回の授業を通してやろうとしていたことをメタ認知できるようになった。
　　　　　　　　　　　　　　　　　　　　　　　　　　　　　　（大坂）

　このように，セルフスタディを行うことで，筆者らは他者の実践報告を聞いて自身と比較したり，他者からの感想や指摘を受けたり，省察のための具体的な手法を教えてもらったことで，自分自身の実践を省察したり再構築する機会を得たといえる。

（4）教師教育に関する課題・関心の芽生え

　筆者らは，セルフスタディに取り組んだことで，教師教育のあり方について課題をもったり，関心を高めることになったりしたことを記述している。

　　それぞれの勤務校によって状況が大きく異なることがわかり，自分の勤
　務校を相対化しながら，日本の教科教育法の置かれている状況や課題につ
　いて考えることができた。
　　　　　　　　　　　　　　　　　　　　　　　　　　　　　　　　（村井）

　　何のために，誰のために，研究をするのかということを改めて，考え直
　す機会にもなった。研究と教育の結びつけ方には，人それぞれの姿勢があ
　るのだと感じた。国立，私立と一括りには出来ず，大学には多様な状況や
　要請があることを実感した。置かれた状況で奮闘することも研究者には求
　められると感じた。
　　　　　　　　　　　　　　　　　　　　　　　　　　　　　　　　（渡邉）

　　研究会のメンバーがつくった社会科教育法のカリキュラムをみていて，
　それまで自分のつくったカリキュラムには欠落していた観点を見出すこと
　ができた。
　　　　　　　　　　　　　　　　　　　　　　　　　　　　　　　　（岡田）

　このように，セルフスタディを行うことで，筆者らは自身が置かれている状
況における実践上の課題や，教員養成カリキュラムの制度的な課題を認識し，
長期的な視座で教師教育の実践を改善するための手がかりを得ることができた
といえる。

（5）コミュニティ（同僚性）の構築と課題意識の共有

　筆者らは，セルフスタディに取り組んだことで，筆者らの間でのコミュニティ
や同僚性が高まったことを記述している。

　　将来の社会科教師を育てるために，真剣に議論をしたいという尊敬の思
　い，そしてメンバーに対する安心感・信頼感（？）もあったように思う。また，
　いわゆる同期に近いピアだけでなく，メンター的な先輩方が実践者や分析
　者として関わっていたことも大きい。校務に多忙の中（事務員に近い雇用と
　なっている）でも，しっかりと講義をするという意識（教師教育者，研究者）
　を保つことにもつながった。また，私立大学でもあり，学内に同じ分野を

専門にする教員が少ないため，刺激的であった。 （渡邉）

　そもそも，共同研究のコミュニティをつくり，定期的に集まって話をすること自体が励みになった。 （岡田）

　教員養成の授業について誰かと定期的に話すことは，これまではなかった。同世代の研究者と教員養成について同僚性を築き，課題を共有できたことが何よりも大きかった。 （村井）

　このように，筆者らは，セルフスタディを通して，自身の所属校を越えた仲間とつながり，コミュニティや同僚性を育むことができたと感じるようになったといえる。なお，この背景には，筆者らが同じ専門分野をもつ同じ世代であるという意識が通底していることが推測される。

5　示唆：初任期にセルフスタディに取り組んだことの意味

　筆者らはセルフスタディを通して，自らが取り組んでいる教師教育実践（授業）の改善に資する技術的なノウハウやアイデアの獲得という，当初期待していた通りの成果を得ることができた。若手の，あるいは教師経験に乏しい教師教育者にとって，他者の多様な実践を常に参照・模倣できることは，セルフスタディを行ううえでの大きな利点あるいは動機になりうるだろう。

　しかし，本研究を通して，セルフスタディは単なる技術的かつ一時的なメリット以上の大きな意味があることが示唆された。それは具体的には，筆者らのような初任期の教師教育者にとって，セルフスタディを行うことは所属する職場や状況を越えた「つながり」を生み出す効果があることだったといえる。

　そして，この「つながり」を生み出す効果は，少なくとも本研究の筆者5名にとって，以下の3つの意味をもたらした。

　第一に，境遇が近い者同士という「つながり」によって，筆者らは自身の知見や力量，経験の不足からくる不安を緩和し，教師教育実践のモチベーション

を持続させることができた。本研究の筆者 5 名は，自身の職場に類似する境遇の者がいない，あるいは少ない環境で実践に取り組まざるを得ない状況で葛藤していた。筆者らのように，境遇が近い者同士がセルフスタディを実践することは，安心感と適度な緊張感のもとで教師教育の実践を改善し続けることに結びつく可能性がある。

　第二に，専門領域が近い者同士という「つながり」によって，筆者らは自身の教師教育者としてのあり方の省察や再構築につなげることができた。本研究の筆者 5 名は，社会科教育や教師教育という共通のフィールドをもち，それぞれの大学で類似する授業科目を担当していた。そのため，授業の組み立て方や教材の選定基準，学生との接し方といった実践のあらゆる側面を比較・検討することができた。筆者らのように，専門領域や関心が近い教師教育者同士は担当する授業科目も重なることが多い。そのため，専門領域が近い者同士がセルフスタディを行うことは，自身の教師教育の改善だけでなく，自身の教師教育研究の省察や教育観の再構築に結びつく可能性がある。

　第三に，境遇や専門領域が近い者同士が「つながり」をもったことは，筆者らの今後のキャリア形成にもポジティブな効果をもたらした。本研究の筆者 5 名は，同じ社会科教育や教師教育という共通のフィールドをもち，以前からお互いを認知していたものの，学会や研究会などで交流する機会は限られていた。今回のセルフスタディを通して，互いの教師教育実践だけでなく研究関心や課題意識などを共有することができ，その後のさまざまな共同研究へとつながっていった。筆者らのように，教師教育者だけでなく研究者としてのキャリアをスタートさせたばかりの大学教員にとって，セルフスタディは人的ネットワークを拡張させる仕掛けとして機能する可能性がある。

　本研究を通して，初任期の教師教育者が協働的に行うセルフスタディが，短期的な教師教育実践の改善のみならず，中・長期的な専門性開発やキャリア形成にも寄与しうることが示唆された。多くの初任期の教師教育者が，教師教育者としての職責やアイデンティティ，そして実践のあり方に葛藤するとされるなか，「つながり」を生み出すセルフスタディは，これまで以上に推奨されるべきではないだろうか。

謝辞

本章で取り扱った共同研究にメンター（助言者）としてご協力頂いた，川口広美氏（広島大学），後藤賢次郎氏（山梨大学），南浦涼介氏（広島大学，2017年度当時は東京学芸大学），堀田諭氏（埼玉学園大学，2017年度当時は国立教育政策研究所）の4名に深く感謝する。

注

1) 本章執筆時点では，セルフスタディは教師教育者の成長を促す有効な方法であるとして認知されるようになってきた。関心の高まりにあわせて，日本におけるセルフスタディに関する実践報告，学術論文，書籍等の蓄積も徐々に進みつつある（齋藤他，2022）。しかし，実践を行った2017年度当初は，日本におけるセルフスタディの認知度は極めて低かった。ここには，クリティカルフレンドを集め実践の共同体を構築する環境づくりが困難なことが背景にあると推測される。

2) 社会科教育（学）の領域では，研究者の多くが「教科の本質や社会科の目標を規定し，提言すること」「カリキュラムや授業を開発し，改善していく視点や方法を理論化すること」を研究の目標として志向している（草原，2015, p.38）。このことは，研究者の多くが「規範的・原理的研究」や「開発的・実践的研究」，すなわち社会科に固有の授業やカリキュラムのあり方を追究するタイプの研究を中核に据えてきたことの表れであるといえる。一方で，当該の領域では徐々に，教師や子どもを対象とする「実証的・経験的研究」とよばれる比較的規範性を帯びないタイプの研究が増加している。このような研究潮流の変化が，「自身の研究に基づいて教師教育を行う」という性格をもつ教科教育（学）領域の研究者・教師教育者のアイデンティティの変化に影響を与えていることが推測される。

3) 実際には現職経験が全く「ない」わけではなく，大坂の場合は非常勤講師などの経験が2年程度あるため，厳密には現職経験に「乏しい」としたほうが正しい。しかし，当時の大坂を含む筆者らは，主観的に自分たちのことを現職経験に「乏しい」あるいは「ない」と捉えていたのは事実である。その理由はさまざまだが，大坂の場合は，自身が所属する分野でよく見知った先輩たちで，実務経験も豊富で研究業績もあり，研究でも教師教育でも分野をリードする人たちの姿を具体的に見知っていたからである。彼らと比較して，現職経験も研究実績も人生経験も乏しい自分に負い目を感じていた。

4) ロックラン（2017）は，セルフスタディの類型と目的を「個人的な実践としてのセルフスタディ」「協働的な実践としてのセルフスタディ」「組織的な実践としてのセルフスタディ」に分類しているが，本実践は「協働的な実践としてのセルフスタディ」に該当する。ロックラン（2017, p.7）によれば，協働的なセルフスタディは，実践の批判的見方を提供するとともに，参加者はそのような研究を成立させるだけでなく，研究成果の特性を引き出すうえでも重要であるとされる。また，生成されたアイデ

アや理解は，当初の研究の文脈を超えて意味を付与された学びとして形作られる傾
向にあるとされる。
5) 配布資料の正式名称は「若手教師教育者の教育実践とその背景―大学院生はいかに
して教師教育者になるのか【資料編】」であり，本章の筆者5名によって共同制作さ
れたものである。
6) 発表資料のタイトルは「大学院生はいかにして教師教育者になるのか：知識基盤
（Source of knowledge）に注目して」であり，本章の筆者5名およびメンター（助言者）
4名による合同発表で使用されたものである。発表の様子は，下記URLより確認で
きる。https://www.hiroshima-u.ac.jp/ed/news/44335（2022年5月23日閲覧）

【引用・参考文献】

岩田昌太郎・草原和博・川口広美（2018）「教師教育者の成長過程に関する質的研究：
TAの経験はアイデンティティ形成にどのように影響を与えるか」『日本教科教育学
会誌』第41巻1号，日本教科教育学会，35-46。
大坂遊（2019）「駆け出し教師教育者は自らの実践をどのように形作っていくのか：『理
論的根拠』の形成に注目した実践原理の探究」『教育学研究紀要（CD-ROM版）』第
65巻，中国四国教育学会，7-12。
大坂遊・川口広美・草原和博（2020）「どのように現職教師から教師教育者へ移行する
のか：連続的・漸次的に移行した教師教育者に注目して」『学校教育実践学研究』第
26巻，広島大学大学院人間社会科学研究科附属教育実践総合センター，87-94。
草原和博（2015）「社会科教育学研究論文の作り方・書き方」草原和博・溝口和宏・桑
原敏典編著『社会科教育学研究法ハンドブック』明治図書出版，13-45。
熊井将太・森下真実・牧貴愛・尾川満宏（2019）「若手教員として大学の教壇に立つ」
丸山恭司・尾川満宏・森下真実編『教員養成を担う』溪水社，pp.48-75。
齋藤眞宏・大坂遊・渡邉巧・草原和博（2022）「教師教育者の専門性開発としてのself-
study（セルフスタディ）：その理論的背景と日本における受容と再構成」『学校教育
実践学研究』第28巻，広島大学大学院人間社会科学研究科附属教育実践総合セン
ター，105-120。
ロックラン，J.（2017）「Self-study: what does it matter?」『広島大学学習システム促進
研究センター講演会資料』広島大学学習システム促進研究センター，5-12。
Crowe, A. R., & Dinkelman, T. (2010). Self-study and social studies: framing the con-
versation. In A. R. Crowe(Eds.), *Advancing social studies education through self-
study methodology: The power, promise, and use of self-study in social studies edu-
cation*(Vol.10, pp.1-19). Springer Science & Business Media.
Hawley, T. S.(2010). "Self-study methodology as a means toward ongoing rationale
development and refinement". In A. R. Crowe(Eds.), *Advancing social studies edu-
cation through self-study methodology: The power, promise, and use of self-study in*

social studies education(Vol. 10, pp.55-70). Springer Science & Business Media.

Murray, J., & Male, T. (2005). Becoming a teacher educator: Evidence from the field, *Teaching and Teacher Education, 21*(2), 125-142.

Samaras, A. P. (2011). *Self-study teacher research: Improving your practice through collaborative inquiry.* Sage.

【付記】

・本研究は，2017年度全国社会科教育学会研究推進プロジェクト事業「カリキュラム運用の実態解明とその教師教育的意義―批判的同僚集団による相互授業分析を中核として―」の成果の一部である。

・本章は，プロジェクトで取り組んだ2018年までの研究をもとに，筆頭執筆者である大坂が骨子案の作成，ならびに全体の執筆を担当し，全員で内容を協議・推敲したうえで完成させたものである。

第5章
教職大学院・修士課程で現職教員を育てる
── 現職院生に接する教師教育者としての「私」の葛藤と困難 ──

山内敏男・大西慎也

1　はじめに

　大学院レベルの教員養成の意義として,「学校課題に即した学校マネジメント, 教科指導, 生徒指導, 学級経営などについて, 専門的知見に基づく高度の実践的指導力を修得させることにより, 新しい学校づくりの有力な一員となり得る新人教員及び管理職候補者をはじめとするスクールリーダーとなるような現職教員として, 他の教員集団を指導し得る中核的な教員を養成すること」が挙げられている。[1] 2006年には中央教育審議会より高度専門職業人養成としての教員養成に特化した専門職大学院としての枠組みが示されたことから, 従来の修士課程は原則移行が求められ教職大学院が拡充されるに至っている。[2] 筆者（山内）（以下, 山内）が所属する兵庫教育大学（以下, 本学）は, 現職教員のための新構想の大学院の一つとして創設された経緯から, ミッションの第一として「現職教員に対する高度な専門性と実践的指導力の育成」を掲げるなど, とりわけ現職教員に対し教育現場の課題を踏まえた学びの場を提供し, 専門職として高度な専門性と実践的指導力を育成することが期待されている。

　本章で取り上げる授業（以下, 本授業）「社会系教科におけるカリキュラムの変遷とマネジメントの実際」（1年前期開設）では各校の社会系教科におけるカリキュラムの変遷及びデザイン（構想・開発）とその運用, 推進のための体制に関する理論及び方法・技術の習得を授業目標とする。山内は授業の後半5回において社会科教育の諸理論に基づくデザインと運用, 推進を学校現場で進めていく力量形成をめざす部分を担当する。こうした状況において, 山内は次のよう

な葛藤と困難を抱えている。

　第一が学びのニーズを考慮した授業ができない大学教員としての葛藤と困難である。現職院生は「自己の研鑽と学修成果の学校現場への還元を期待する成果として位置付けて，教職大学院へ進学してきている」ことが示唆されている（伊藤ら，2017）。こうした現状を踏まえ山内が懸念したのは，現職院生が一定の教科観以外を学びの対象と見なさない状況に陥ることである。本授業の具体でいえば経験知（実践知）によるこだわりから抜け出せず，カリキュラムのデザイン（構想・開発）とその運用，その推進のために欠かせないと考えられる教育観の多様性が意識されにくいという懸念である。つまり，現職院生の求める研鑽内容が授業内容とマッチしていなかった場合，「自らの自前の印象や仮説を検証する方向に偏った情報収集を行い，反証情報や反証事例には注意が向きにくい」状態に陥り（Snyder & Swann, 1978），授業目標が達成できないのではないかという葛藤と困難である。

　第二は，現職院生には社会科教育観を相対化（あるべき絶対的な教科観ではなく，他の教科観との比較を前提にして考えられること：山内）して欲しいと願う一方で，自身の実践知，研究により得た知見をどのように活かしつつ講義を進めるのか確信をもてていない点等，理論研究が不足する実務家教員としての葛藤と困難である。山内は公立小中学校で 24 年間勤務した後，本学に着任して 5 年目を迎える。着任当初 3 年間は主に授業実践開発コースにおいて授業計画や教材開発，カリキュラムデザインと推進体制といった社会系教科に限らない指導方法・授業開発・教材開発，研究推進・課題解決研究，教員養成・研修などについて系統的に実践に即して学ぶ授業を担当してきた。ゆえに教科の特定の理論を授業で提示することを必要とせず，改めて社会系教科の授業を担当するにあたり，山内自身が社会科教育観を相対化できていないのではないかという不安をもっている。したがって，仮に第一の葛藤と困難がクリアされ，現職院生が多様な社会科観を受け入れたとしても，それを受け入れるだけの自信がもてない状況にある。

　こうした状況をふまえ，本章では，①教職大学院での社会系教科教師の養成に取り組む実践とリフレクションを通して，山内が実践の何にこだわり，何に気づき，どのように変容したのか実態を解明する。②実態の解明により得られ

た成果と課題から，山内が教職大学院の教師教育者として研究で得られた知見，実務家教員としての実践知をどのように組み入れていくのか，授業の在り方，授業への構え，ねらいの妥当性について再考し，解決すべき実践的課題への示唆を得ることを目的とする。

2　研究の方法

　研究を進めていくにあたり，A 授業の構想・問題の確認→B 実践とリフレクション→C 授業観のありようの検証→D 改善を手順としたセルフスタディを行う。このうち，A から D までの各段階において，山内が構想・実践し，筆者（大西）（以下，大西）がクリティカルフレンド（critical friend）として関与する。このうち，B では，実践後山内が授業ごとに省察を行う。授業ごとに省察をする方法として，F. コルトハーヘンによる ALACT モデルを取り入れる（コルトハーヘン，2010）。ALACT モデルとは，①行為（Action），②行為の振り返り（Looking Back on the Action），③本質的な諸相への気づき（Awareness of Essential Aspects），④行為の選択肢の拡大（Creating Alternative Methods of Action），⑤試行（Trial）の各プロセスからなるリフレクションのモデルである。具体的には授業者である山内が自己の視点から①〜④までを授業直後に行い，受講生である院生との間でのズレを見出し，なぜズレたのかを考察・言語化する。⑤については，次時以降の展開の改善とともに，解決すべき実践的課題の分析，検討に生かしていくことを目指す。

　クリティカルフレンドとしての大西は，大学教員であり，社会科教育を専門として，小学校の教員養成に携わっている教師教育者である。本研究での役割のひとつは，山内自身のリフレクションの際の議論の相手である。山内の実践に対して批判的に意見を指摘することにより，山内自身による実践のリフレクション促進につなげる。2 つ目は，山内が省察した内容を聞き取り「教師教育者である山内の実践が，山内の意図したように，院生に対する成果として表れているのか」と「講義の結果に対して山内自身は，どうようにリフレクションするのか」を分析する。

3　実践と分析

(1) 実践上の手続き

　本授業では，目標「社会科教育の諸理論に基づくデザインと運用，推進を学校現場で進めていく力量形成」をめざすために，教科観，授業構成の理論が多様にあること，教科観，授業構成の諸理論を相対化する学びを構想した[3]。具体的には，第一に現職院生が潜在的にもつ授業理論に気づくこと，第二に種々の授業理論の特徴や課題をふまえたうえで，選択・実践できることを意図し，論文レポートの発表と議論により「自己の社会科観を問い直す」ことを目標とした5時間の計画である（**表5.1**）。

表5.1　授業の構成（山内担当分）

第1講　社会系教科教育のマネジメント上必要なことを探索する
(1) 事前アンケート　と議論
(2) 川口広美「『ねがい』を『ねらい』に変えよう」を読解する
　①気づき・考えたことをワークシートに記入
　②項目毎にまとめていく　適宜発言を求め要点を列記する
　　文献：川口広美 (2017)「『ねがい』を『ねらい』に変えよう」『社会科教育』695号, 明治図書, 20-23

第2講　社会科観を問う
(1) 前回のシャトルシートの検討
(2) 見方・考え方の分析を伴う社会科授業論類型
　　文献：豊嶌啓司 (2001)「意思決定の過程を内省し, 認識の社会化をはかる社会科授業」社会系教科教育学研究第13号, 9-19
　　レポート：「社会科諸類型について」コメントする

第3講　歴史を切り口に，理論の多様性と自分の立ち位置を確認する
(1) 前回のレポートの検討
(2) 歴史教育授業論の類型を知る
　　文献：佐藤育美, 桑原敏典 (2006)「現代社会科歴史授業構成論の類型とその特徴」『岡山大学教育実践総合センター紀要』第6号, 1-10
　　レポート：「授業構成論の多様性について」コメントする

第4講　社会参加（参画），体験的活動の研究を検討する
(1) 前回のレポートの検討
(2) 社会参画の在り方を探索する
　　文献：唐木清志（2009）「社会科にサービス・ラーニングを導入する意義―"CiviConnections"
　　における認識と実践の統合を手がかりとして―」『社会科研究』70号，31-40
　　レポート：「子どもへの社会参画のさせ方について」コメントする

第5講　評価についての課題を把握する
(1) 前回のレポートの検討
(2) 評価の在り方を探索する
　　文献：峯明秀（2014）「社会科の学力評価論の批判的検討―学習の事実に基づく授業改善研究
　　の必要性―」『社会科研究』80号，33-44
　　最終レポート：「①社会系教科の教科観・②マネジメントについて」コメントする

　授業の構想に際して，次の点で困難さを感じていた。それは，現職院生の学
びを充実させようとした場合，学卒院生に同じ教材（論文）をもとにした学びを
要求できるかという懸念である。本学の場合，現職院生と同じく授業を受ける
学卒院生は教員養成系の学部出身ではない院生が多い。教科教育に関わる授業
をほとんど受けてきていないことにより，教科観の理解そのものに時間がかか
る。まして，多様な教育観の理解となると特徴や課題を読み取り，その異同を
確認するだけでも困難が伴う。したがって，現職院生との間での学びのギャッ
プ（学卒院生と現職院生での着眼点の差，例えば授業のディテールのこだわりがちな
学卒院生と授業を自己の物差しで見る現職院生との「壁」が生じやすいという不安）
を考えると，現職院生，学卒院生の双方にとって高度な専門性と実践的指導力
を育成できる授業が成り立つのかという授業展開の難しさに直面することが想
定された。当初山内は学卒院生自身が児童・生徒として受けてきた社会系教科
と論文レポートで示された教科観，授業構成の理論とを対比させることにより，
理解の多様性や諸理論の相対化を企図していた。クリティカルフレンドと議論
する中で，論文レポート，現職院生の経験知や社会科観との異同を意図的に取
り上げ，ある見解に対してどう捉えるのかを問う（具体的には授業中発言を求める，
ワークシートへの記述を求める，記述したことをフィードバックする）ことで困難さ
を克服することを確認した。

(2) 実践の状況

　本章では，第1講，第3講，全授業終了後におけるリフレクションとクリティカルフレンドとの対話を事例に，実践及びリフレクションから得られたこだわりや，気づき，変容を明らかにする。

① 第1講の実践とリフレクション

　第1講ではMQを「社会系教科カリキュラム・マネジメントに必要なことは何か」に設定し，事前課題「現時点であなたが考える社会科のねらいは？」に対する回答を出し合う活動を通して社会科授業観が多様であることを改めて知り，社会科教育観の共有化と内省する (学修1)，川口広美「『ねがい』を『ねらい』に変えよう」の読解を通して，ねらいをもつこと，ねらいについて議論することの有用性について検討する (学修2) 時間と位置づけた。リフレクション及びクリティカルフレンドからの指摘は**表5.2**のようであった。

　授業前の目論見では，院生それぞれが所持していると考えられる多様な社会科観を引き出し，対話によって類型化していくことを考えていたものの，実際の対話では子どもの主体性の拡充，望ましい教師の技術や授業展開，教師の姿勢といった望ましい社会科授業の方法，授業観であった。これは，授業中に発した問いが「社会科授業において大切にしていることは何か？」であり，教科観を問う問いではなかったことに起因するズレである。クリティカルフレンドとの対話で山内が「むしろこの意図せざるズレは今後の授業に生かせるのではないか。(受講生の省察の状態より) 院生の属性，経験年数差，環境差，出身 (学部) 差　それぞれに社会科授業観 (本来のねらいならば社会科教育観) にあることがわかっていつつ，それをまとめようと思う。」と意見を述べたのに対し，大西は「そもそも一つのゴールでよいか。授業者が思っている (あるべき) 院生観と院生の実際とがズレ，『兵庫教育大学の院生は……』という固定観念があるのではないか。」と指摘し，授業で院生が目指す目標 (ゴール) は多様であってもよいのではないかと提案した。

表5.2 第1講のリフレクションとクリティカルフレンドからの指摘（抜粋）

Do（何を行ったか）
・社会科の授業において大切にしていることは何かを問い，Microsoft Whiteboardに付箋記入させ，分類，受講生に類型化させようとしたものの，アプリが固まって思うように類型化，議論ができなかった。
・「『ねがい』を『ねらい』に変えよう」を読解させ気づいたこと考えたことを発表させ，社会科における「カリキュラム・マネジメント」についてあまり考えられていないこと，ねらいについての議論が重要なことを伝えた。
・次回の予告，論文レポートの報告者を決め，課題提出を依頼した。

Think（何を考えていたか）
・社会科観が多様であることの可視化を試みようとしたもののまとめられなかった。今回の授業では類型化は授業者が行い，次回の授業でまとめ直したものを提示し，多様性について想起させる手立てにしようと考えた。
　　次回は多様性を絞り込むのではなく，学校のカリキュラムとしていかに包摂，尊重しつつねらいをすり合わせていくかについて議論を深めていきたいと考えた。
・川口氏の主張を読み取ってほしいと考えた。要約になってしまった。
・次回は，フィードバックから授業観の多様性がカリキュラム・マネジメントを阻害する可能性について言及したい。

Feel（何を感じていたか）
・受講生に待たせていることを考えると余計に焦った。
・授業観が多様すぎて収拾できない。議論になっていない。社会科観をまとめられず，がっかりした。
・川口論文は要約になってしまっても仕方がない。しかし，そもそも論文の記述と，受講生の暗黙知は一致しないのではないかとひらめいた。

Want（何を望んでいたか）
・他者の社会科観についてのコメントがほしいと考えたものの，意見交流できなかったので，まずはワークシート，課題のフィードバックを通して，自己の社会科観について再考してほしいと願った。
・本当は気づき，考えたことを意見交流するはずだったのにできなかった。

クリティカルフレンドからの指摘

・授業者は多様性を期待しつつ多様であること自体を一つのゴールとして設
　定しているのではないか。そもそも一つのゴールでよいか。授業者が思って
　いる（あるべき）院生観と院生の実際とがズレ，「兵庫教育大学の院生は
　……」という固定観念があるのではないか。既に社会科観をもっている受講
　生もいれば，社会科は何を目指すべきなのか見当もつかない受講生がいる中
　で，到達するゴールも多様なのではないか。時に方向目標でもって，受講生
　それぞれ進度が違いながらも一定の目標を目指していくということも必要で
　はないか。
・個々（の文脈）に応じたゲートキーパー育成という視点から考えれば，今回
　の授業で各受講生が多様であることに気づけたという意義は大きい。この現
　状をどう活用するか，考えたいところ。可視化して議論してもらう（モヤモ
　ヤするかもしれないけど）ことが大学院の役割ではないか。
・現職とストレートが一定いるバランスは持ち味になる。そのことは，院生そ
　れぞれの属性のバックグラウンドからどう考え社会科観を構築していくのか，
　授業者はそれを支援するのか，調整するか，そのことが多様な属性の観点か
　ら考えられるのが教職大学院の強み，立ち位置であることを意味するのでは
　ないか。

　授業者山内は，授業において授業観，教科観の多様性を引き出すことを標榜
しつつ，実際には一種の「型」にまとめてしまおうとするこだわりがあること
が明らかとなった。改善策として，次時に「望ましいと考える授業の方法，授
業観をなぜ取り入れるのか」を問い，教科観の言語化を支援するにとどめる方
針を立てた。

② 第3講の実践とリフレクション

　第3講は第2講のリフレクションとして「意思決定までを行う授業は，なぜ
優れているといえるのか」を問い，対話する（学修1），歴史的分野を事例に学
習の諸類型を対比させながらそれぞれのメリット，デメリットについて考察す
る（学修2）ことを通して，歴史を学ぶ意味（社会科を学ぶ意味）の脱構築を図り
たいと構想した。

　授業後，リフレクション及びクリティカルフレンドからの指摘（**表5.3**）では，
授業者山内が社会科教育観を問うているのに対し，議論の中心は歴史学習に意

表5.3　第3講のリフレクションとクリティカルフレンドからの指摘（抜粋）

Do（何を行ったか）

・学修1では社会科として議論する活動をいれるか否か等々，どこまでを射程にいれて授業を構想するか，意思決定の基準については発達段階によって変わること，授業を変えていく方法について議論を促そうとした。

・学修2では「現代社会科歴史授業構成論の類型とその特徴」の報告を受けて，①「歴史を学ぶ価値」＋意思（志）決定はどうするか，②「トゥールミン」はどう使われているか，使う余地はあるのか，③子どもたちに議論にどう取り込んでいったらいいのかを問うた。

Think（何を考えていたか）

・学修2で想定される論点として①トゥールミン図式について，利用法，留意点，②社会形成には討論が必要なことについて，③歴史学習における討論・議論の扱いが取り上げられるよう，チャットでコントロールしようと考えた（即興的に）。チャットは板書の代わりになると思った。

Feel（何を感じていたか）

・学修2で想定した論点②③が扱われるのはねらい通り。しかし，類型のうち，説明を原理とする歴史教育については，ほとんど議論になっていないことにがっかりした。

Want（何を望んでいたか）

・学修1では議論の中心は歴史学習に意思決定をどこまで加味していくかに向けられており，豊嶌氏が提案する方法にも目を向けてほしかった。授業者が社会科教育観を問うているのに対し，受講者は意思決定の程度に関心があるようだ。

・学修2はおよそ想定通りの議論であった。もう少し類型別の特筆と課題に迫りたかった。焦点化は難しい。評価についての言及もあればよかった。最後のコメントで触れたかったができなかった。

クリティカルフレンドからの指摘

・そもそも社会科が好きで社会系教科マネジメントコースに入学したであろう院生にとって，すでに授業観（教科観）を携えてきているため，他の授業観をなかなか受け入れられないのではないか。

・授業者から理論の押しつけをしないという粟谷氏の主張（「附属学校教員が自己の実習指導を分析する意味」『広島大学大学院教育学研究科紀要第二部，文化教育開発関連領域』66，2017年，pp.67-74）と重なる。価値観や携えてきているものを尊重し，寄り添い，どう気づかせるかに力点を置いた授業にする必要があるのではないか。

思決定をどこまで加味していくかに向けられていたというズレが析出された。やはりこの授業においても，この 1 時間の成果（答え）を求めようとしていることが示唆される。この点について大西は，多様な授業観への気づきを得て欲しいと願う授業者に対して，多様なことそれ自体が受け入れにくい受講者，授業観の強固さとの間でのズレは，裏を返せば，院生なりにゲートキーピングしていることを指摘した。対して，山内は対話を整理し，柔軟に対応することが求められていること（省察から受講生の反応を見ながらコメントや指示を変化させている）に気づいた。この指摘と気づきから，先行研究で栗谷氏が論じている「強制と指導を見極める」こと，つまり院生の見解を排除せず，かといって言うがままにしない，抑えるところは抑える，情報を与えるところは与えることに通じることであり，個の主張，見解のみにとどまらせないこと，現職院生には特に指導のタイミングが重要であることが示唆された。

③ **授業終了後におけるリフレクション**

　授業終了後に授業者山内とクリティカルフレンド大西との間で本章の目的の第一，実践の何にこだわり，何に気づき，どのように変容したのかについて対話を行った。

　山内が授業当初抱えていた実務家教員としての葛藤は，現職院生が一定の教科観以外を学びの対象と見なさない状況に陥ることへの不安，山内自身理論研究が不足していることへの不安であった。うち前者の社会科観について，授業前，最終授業後での記述を比較すると，5 名の現職院生のうち 4 名が教科として育成したい資質能力（例えば，見方の獲得，自己の価値観形成，未来の構想を主とした社会科観から合理性を伴った未来予測，意思決定までを包含した社会科観への変容），カリキュラムレベルでの授業構成の重要性に着目することの両点において視点を拡張させていた。残る 1 名については，授業前は「読解力」「情報リテラシー」「批判的思考力」の育成としていたのに対し，授業終了後は社会科固有の資質能力育成への懐疑的見方を示し，教科横断的な問題の作成が必要であると主張するに至っていた。

　社会科観の記述内容をふまえ，大西からは「授業実践を重ね，学ぶ動機を高めて本学に入学した現職院生に対して，社会科観の多様性を示すにとどめるこ

とは妥当だったか」「授業では教科観を問い続けさせるきっかけを作ることが重要ではないか」との指摘が示された。この指摘への回答を探る中で，次のこだわりと気づきが明らかとなった。第一は授業者自身が設定したねらいは（是が非でも）達成させることに対するこだわりである。1時間の授業で成果を得ようとするあまり，焦点化を図る，学校教育現場における現状や傾向を解説しようとしていた。第二は教科観の相対化は他の社会科観へ出会わせ，つまり多様な先行研究，論文を読み取らせることだけで得られるのではなく，自己の社会科観と対比させ，何がどう異なるのかズレを発見させること，すなわちこれまでの社会科観にゆらぎをもたせることが必要なのではないかという気づきである。対話において気づきを吐露した山内は「ゆらぎをもたせるためには，先行研究，論文をもとに，他の院生との議論も必要であろう。捉え方の違いを引き出すのが授業者としての立ち位置なのではないか」と新たな役割を述べ，大西は「社会科観がゆらいだその後の自己選択が院生の学びの中心となる授業構成が必要ではないか」と指摘した。

4　クリティカルフレンドによる分析

　大西は，山内による実践にあたり，事前1回，実践中3回，事後2回と計6回にわたって対話を行った。さらに，山内による講義を履修した現職院生へのインタビューを行った。以下は，対話やインタビューの概要とその分析結果である。分析視点は，研究の方法で述べたように「解決すべき実践的課題どのようなものであるか」とした。

(1) 山内との事前の対話

　山内に講義前に対話した。山内からは，講義に対するねらいについて語られた。多様な学生（全国からのさまざまな校種の現職院生，学卒院生）が履修しており，それぞれの学びを充実させ，期待に応えることに対する困難さについて語られていた。クリティカルフレンドである大西は，山内の語りに対し，多様な学生はそれぞれが異なった立場であることを活かし，ディスカッションを行うなど

の手立てについて意見を述べた。山内は，このやり取りにより，毎時間フィードバックすることの大切さを改めて考えていた。

(2) 山内との実践中の対話

　実践中には，第1講，第3講，講義終了時の3回にわたって対話した。この対話は，いずれも山内の求めに大西が応じる形で，オンラインで行った。

　第1講，第3講後の対話では，山内からは講義のねらいと結果の差について語られた。山内自身が意図していた結果とはならなかったという文脈であった。山内自身が抱えている「実践知や研究により得た知見をどのように活かしつつ講義を進めるのか確信をもてていない点等，理論研究が不足する実務家教員としての葛藤と困難」が表出していると感じた。そのため，クリティカルフレンドである大西は，**表5.2**，**表5.3**に示されたような具体的な意見を述べた。講義終了時の対話では，山内が講義の目標に縛られていたのではないかという指摘をした。

(3) 現職院生へのインタビュー

　大西は，山内による講義後に本研究のクリティカルフレンドとして，講義履修者である現職院生にインタビューを実施した。インタビュー対象者は33歳の男性の小学校所属の現職院生である。インタビュー対象者が，講義の事前事後に回答した社会科観は次のとおりである。

表5.4　現職院生の講義前後の社会科観（抜粋）（下線大西）

社会科観（1時間目）	社会科観（5時間目）
わたしは社会科のねらいは「世の中を見る目」を育てることだと考える。地理・歴史・経済・哲学のように多様な学問の上に成り立っている社会科では，様々な視点で物事を見る力を持つことが可能である。	社会科のねらいの1点目は「社会がわかる」ことである。多角的な視点から思考できる力と，社会を見るために使える概念的知識を多く獲得することが，「社会がわかる」ことだと考える。2つ目は，「社会参画力」を育てることである。前期の社会系の講義の中では，どの講義でも，3次に社会参画をどのように取り入れるのかについて触れる機会があった。その形は様々であるが，今の社会科に求められているねらいにはこの社会参画力をつけることがあると考える。

　表 5.4 から，社会科観が広がっていることがわかる。特に「社会参画力」についての意識が高まっている。インタビューでは，大学院入学後に「社会科の成立みたいなところを改めて学ぶ中で，初期社会科が今やらなあかんことに近いな」とカリキュラムについて考えるようになったことについて語っている。さらに「山内先生の講義の中で，多くの先生方の論文を読んで，カリキュラムとか，社会的合意形成能力などの論文を，みんなで読んで考えていくことで，僕の中でだんだんつながってきて。」と多様な社会科に対する考え方に触れることで，多様な社会観を受け入れていることがわかる。また，「まだ，自分の中で論としては固まっていない」と語りつつ，「今，どのように社会に入っていくのかが求められていると思うので，そこについて考えたい。その授業のためにも，それまでに子どもにどんな考えをもたせるかだと思うので，両方考えていきたい。最終的には，子どもたちに社会参画させたいと思うので。」と述べている。授業者のねらいであった社会科観が相対化されていることがわかる。さらに，「社会科では認識を深めなければならないと言っていた高校の先生が，社会に参加することも必要かなと言うようになっていましたね。」と自己の社会科観を相対化させている高等学校所属の現職院生がいることも語られていた。

　ここまで述べられていることから，現職院生は自身の社会科観を有し，その経験知に拘ることにより社会科観を相対化することは難しいのではないかという，山内が当初抱いていた考えは，杞憂であったと考えられる。

　さらに，インタビュー対象者は，「今院生に，高校・中学・小学校と全部現職がいるんですけど，みんな背景が違うから，もっている社会科観はすごい違うなという気がしていて，違う社会科観を聴けるのは刺激になるし，中高の現実を知ると，小学校で社会と関わるようなことをしておけば，中高でも活きてくるだろうなと。高校での主権者教育にもつながっていくのかな。」と述べている。このことは，現職教員が派遣される教職大学院のメリットであろう。多様な社会科観を受容し，自己の社会科観を相対化できているのは，このような環境によるところも大きいことが示唆された。

(4) 山内への事後の対話

　大西は, 現職院生へのインタビュー結果を山内に伝えた。その話をふまえた議論の中で, 山内と大西が共有したのが, 理論研究が不足している実務家教員としての不安である。そのことによる葛藤が, 無意識に教師教育者である山内自身が講義の結果に拘ることにつながっていることに, 山内自身が気づくことができた。

(5) 分析結果から

　実践中の山内との対話からも明らかなように, 山内は, 院生が講義の中で, 多様な考え方を受容しているか, 自身の社会科観を相対化しているかどうかが不安であった。しかし, 現職院生は, それぞれが多様な社会科観を受け入れ, 自己の社会科観を相対化していることが明らかになった。この差は, 山内が多様な社会科観を受容し, 自身の社会科観を相対化することを目的としつつも, その実態として一つの回答を求めていたことによると考えられる。それは,「実践知や研究により得た知見をどのように活かしつつ講義を進めるのか確信をもてていない点等, 理論研究が不足する実務家教員としての葛藤と困難」を自身が抱えていたことによるものであると考えられる。山内は, 教師教育者は, 院生に対して, 研究により得た知見を伝達することもできる必要があると考えていた。しかし, 自身が実務家教員であることによる理論研究が不足しているのではという不安があり, 院生が経験知に拘りをみせた際にどのように対応したらよいのか, うまく導くことができるのかということに不安を感じていたのだと考えられる。しかし, 実態はそうではなく, 院生は, 多様な社会科観を受容し, かつ自身の社会科観を相対化していた。つまり, 山内の講義のねらいは, 達成されているといえよう。クリティカルフレンドとの対話を通して, 山内は自身が無意識に縛られていた行動に気づくことができた様子であった。それは, 院生が有する多様な社会科観を受容するのは教師教育者であり, そのことにより自身の社会科観を相対化させるのも教師教育者であるということである。さらに, 教師教育者と大学院生がともに学び続けていくことの意味に思いが至るようになっていた。

　しかし，この講義自体が教師教育者の意図したとおりに，達成されたとは言い難い。特に，教職大学院の環境により，院生が学びを深めていたことに気づいていなかった点である。当然，山内は，教職大学院に多様な学生（全国からのさまざまな校種の現職院生，学卒院生等）が集まっていることは理解しており，兵庫教育大学大学院のミッションとも関連づけられることは理解している。しかし，あまりにも自明のことであるために，意図的な働きかけができていたとは言い難い。実際，山内との対話では，環境についてのメリットは，語られることはなかった。院生へのインタビューにより気づくことができたのが実際である。院生は，ともに学ぶ校種の異なる現職院生との対話を通して，多様な社会科観を受容し，自己の社会科観を相対化することにつながっていた。このような院生のインタビュー結果を山内に伝えると，講義の中で意図的に環境を活かすことに思いが至っていなかったことが語られた。多様な学生のつながりを教師教育者である大学教員が意識しておくことが，重要であることへの気づきとなっていた。

5　得られた示唆と展望

　教職大学院において現職教員を対象とした教師教育に携わる実務家教員山内がクリティカルフレンド大西を交えてセルフスタディを行い，自らの実践的課題として気づくことができたのは次の2点である。
　第一は授業において院生が目指す目標の多様性を担保することである。講義の目標に縛られない柔軟な対応，具体的には一講義で答えを収束させようとせず，2年間の学修を見据えた授業の構想が必要となろう。講義による関わりに限定しない，教師教育者と現職院生，学卒院生のそれぞれが相互に対話できる意図的な働きかけ，例えば対話を促す言葉がけや場面の設定，言語化への支援を行うべきである。
　第二は見解の受け入れと指導のバランスの見極めである。この点についてはすでに粟谷好子が教育実習生を対象としたセルフスタディにおいて明らかにしている点である（粟谷，2017）。この指摘を教職大学院における教師教育に置き

換えると，院生とりわけ現職院生は自己の教科観がより意識化されやすいことをふまえ，事前に目標や規準を示したうえで，授業に際して理論や実践の特質や課題については提示，説明できるようにしておく。そのうえで，院生が自己の教科観や授業観，こだわりにゆらぎをもたせることができるような支援，例えば対話によって得た知見と自己の教科観（授業観も該当するであろう）とを対比させ，ズレへの気づきを誘発させることが必要である。そして，教師教育者自身も教科観，授業観を批判的に問い続けるスタンスで院生に向き合うことが求められよう。

　なお，両点にかかわる留意点として，教師教育者，特に実務家教員は院生に対して理論や実践を闇雲に提示すること，院生に対して拙さや不十分さの指摘をしやすい立場であることに自戒することを挙げる。この点は現職院生と学卒院生との関係にも当てはまる。院生それぞれが相互作用を促進していけるような支援が必要である。

注

1) 教員の資質能力向上に係る当面の改善方策の実施に向けた協力者会議「大学院段階の教員養成の改革と充実等について（報告）」，2013年。　https://www.mext.go.jp/b_menu/shingi/chousa/shotou/093/houkoku/attach/1340445.htm（2020年8月31日最終確認）
2) 中央教育審議会「今後の教員養成・免許制度の在り方について（答申）」，2006年。2020年現在，鳥取県を除く46都道府県，54大学に設置されている。
3) 授業の構想にあたっては，渡部竜也「授業力向上研修プログラムに関する研究（2）―中学校現職教員対象指導マニュアルの開発を通して―発表資料（一部修正）谷田部玲生研究代表『社会系教科における現職教員の授業力向上プログラム作成のための研究』国立教育政策研究所教育課程研究センター基礎研究部，2009年，pp.329-359を参考にした。

【引用・参考文献】

栗谷好子（2017）「附属学校教員が自己の実習指導を分析する意味―実習指導の改善をめざして―」『広島大学大学院教育学研究科紀要 第二部』66号，67-74。
伊藤博之・森山潤・大西義則・奥村好美・黒岩督・米田豊・長澤憲保・永田智子・松本伸示・溝邊和成・宮田佳緒里・山内敏男・吉田和志・吉水裕也（2017）「教職大学

院における　院生同士の学び合いに関する意識実態の把握―コース専門科目のカリキュラム改善のために―」『兵庫教育大学研究紀要』第51巻, 101-108。

上條晴夫 (2014)「新人教師は自らの授業をどのように体験しているか?（その1）教師教育のための仮説づくり」『東北福祉大学研究紀要』38巻, 145-163。

コルトハーヘン, F. 著, 武田信子監訳 (2010)『教師教育学―理論と実践をつなぐリアリスティック・アプローチ―』学文社。

Snyder,M., & Swann,W.B.,Jr.(1978). "Hypothesis-testing processes in social interaction," *Journal of Personality and Social Psychology, 36*(11), 1202-1212.

第6章

伝統的な教師・学生の権威的関係への挑戦と葛藤
── 多文化教育を教える教師教育者になっていくということ ──

内田千春・齋藤眞宏

1　はじまり～悩みが多い授業

　「多文化共生保育・教育」は，所属先の卒業必修科目であり，保育士資格と幼稚園教諭免許の必修授業でもある。多文化共生を勤務先の養成課程が特徴の一つとして打ち出し，日本の教員養成教育・保育者養成教育で諸外国と比較してあまり扱われていない分野であり養成校でこの科目を必修としている大学は数少ない (三重大学，2019)。またこの分野は，教員・保育者が「自信がない」と答える割合が他国よりも高い (国立教育政策研究所，2020) ことがわかっている。

　私 (内田) は，オハイオ州立大学大学院でいくつかの批判的教育学，カリキュラム論，研究方法等に関するさまざまな授業の中で多文化教育，異文化間教育に関連する内容を学んできた。それは，教員養成教育を行う教師教育者授業を通して，自分が徐々に変わり，考えを深めた体験から次のことを大切にして授業をしようとしてきた。

　＊異なる文化に対する自分を，相対化してとらえる力

　＊変わり続ける力

である。

　批判的教育学の考え方に基づいた教員養成教育者養成をオハイオ州立大学で受けてきた。そのため，マイノリティの子どもたちや保護者に適応的変化を求めるのではなく，マジョリティ側の日本人自身の意識改革が必要である (松尾 2020) と考えている。しかし，学生は正しい指導の仕方やあり方を知りたいと望み，知識が多いはずの教員の知識を得るのが授業の目的だと考える。『教員』

という立場であること自体が，私を権威のあるマジョリティ側に押し上げ，学生との平等ではない関係の中で意識改革を"協同"で試みるという授業の目標自体に矛盾を感じていた。

　そこで，多文化共生教育・保育に伴う養成教育のジレンマを捉え，「学生とかかわる場」でおきていることを探求するためにセルフスタディに取り組むことにした。

2　セルフスタディの概略

リサーチャー（実践者）とクリティカルフレンド（CF）の関係：クリティカルフレンド（CF）である齋藤は，社会的正義や公正性，内なるマイノリティ性への共通の関心があることから，学会発表で内田と同じセッションになることが多く交流を重ねてきた。二人の共通点として，現場経験後に機会があって教員養成者になったこと，理論と実践をつなぐ授業のあり方について考えてきたこと，自分の実践のうまくいかなかったことの中に意味があると考えていること，等がある。現場経験の学校種は異なる。

授業：「多文化共生保育・教育」（半期15回，1クラス50名が2コース），2020年9月〜2021年1月に実施。リフレクションには，2019年度の授業実践の内容も含まれる。

対話の期間：2020年3月〜2021年6月までの15回。1回1〜2時間をZoomによるオンラインで実施した。対話中および後にその時重要だと思われた点を記録し，さらにZoomを用いた録画・録音記録によって記録を補完した。

分析：対話の経緯を振り返るために**表6.1**を作成した。対話のテーマが同じと思われる回を一つの行にまとめ，その時期に語られていたテーマを，リサーチャーが記録から抽出した。抽出したテーマは，CFとセルフスタディの中で検討した。2022年2月以降の研究報告や本報告をまとめるプロセスもセルフスタ

表6.1　セルフスタディの対話の経過と対話のテーマ

回	日	対話のテーマ
0	2020/3	プロジェクトの確認
1	4/9	養成者として探究すべき課題　多文化教師教育，多文化教育
2	5/28	学び手に対する自分の感情に向き合う　『実践者の価値観』
3	6/18	何にひっかかっているのか，何について対話すべきか
4	7/22	
5	8/17	自分のペダゴジーを説明してみる　『実践者の願い』『文化の相対
6	9/17	化』
7	10/8	もう一度学生の『声』から考える
8	12/21	セルフスタディを始めた後の授業の分析
9	2021/1/5	変わらない自分　『権威性』と『公平な関係』
10	1/21	信念は繰り返し確認される（セルフTEMによる分析を試みる）
11	2/18	プロセスを振返る
12	2/24	（シンポジウムや学会発表のためのまとめ）
13	3/4	
14	4/23	養成教育者としてのアイデンティティと理念のメタファー
15	6/8	多文化保育・教育を教える矛盾や対立と共に生きる

ディと分析のプロセスである。

3　対話のテーマと分析—リサーチャーの視点から

(1) セルフスタディで探究すべき課題（対話0〜1）

　この研究に取り組むことになったときから，リサーチャー（内田，以下私と表記する）は多文化教師教育や多文化教育にかかわる授業をとりあげたいと思った。なぜなら，同じテーマや理念の授業をオハイオ大学で担当した時とは異なる難しさを感じていたからである。

　CF（以下齋藤）との対話では，悩みのポイントや授業分析の視点を考えるために，まずどのような授業づくりをどのような意図や理想の元に行っているかを説明した。さらに，なぜ多文化教師教育が重要だと考えているのか齋藤から問われた。

　その問いへの応答として，私は授業内容で重要な要素を**図6.1**のように整理

した。その際，多様性に対する感受性，公正性への志向を育てたいという意図を何度も発言していた。この3要素に関連して，過去の他大学での授業と，対象授業の比較もしている。過去の授業とは，オハイオ大学のDiversity in Early Childhood Education（DECE）と，並行履修する実践観察のField Experience of Diversity in Early Childhood Educationであった。アメリカの大学で同様の演習・講義を担当したときは，自分がマイノリティの立場であり，またクラスサイズは20名程度であった。それだけに自分と同じ文化圏の人が多い場で，また1クラス50名を2コースという条件下でどういう授業が可能なのか，どのような授業を学生は必要としているのかを考察した。

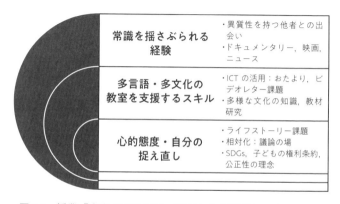

図6.1　授業「多文化共生保育・教育」の3要素（2020年5月作成）

　要素1の『常識を揺さぶられる経験』について考えたとき，DECEの授業であればフィールドワークの中で異質性をもつ他者と出会うことができ，学内でも多様性を経験できるイベントが多く，教員が日常的な文脈で異文化と接触する機会をつくることが可能だった。しかし，違いが水面下に隠れている日本の大学では，個人として異文化に直接かかわる経験を用意することが難しく，映像教材やゲスト・スピーカーとの出会いに留まっている。

　こうした授業構成が十分ではないと感じる状況を齋藤と共有する中で，学生の授業後の変化や課題の達成の状況に満足できず葛藤が焦点化された。

（2）「教員」としての自分の感情に向き合う（対話2〜4）

　対象の授業，多文化保育・教育では，固定観念になっている可能性のある個人の信念を揺さぶりマジョリティとマイノリティの権威関係に迫ろうとする内容を授業に組み込んでいた。それは実践者の価値観を伝えるものであり，授業というシステムの中で，教師が多文化教育という概念を提示した途端に学生からは「正しいもの」として扱われ始めた。

　加えて TA を担当しているゼミ学生から，「（昨年の授業で）他の子が外国人児童への配慮をしなくてよいのじゃないかと言ってきたときに自分がどう言い返せばよかったのかわからなかった」という回顧談を聞いたことから，「多文化共生が大事だと心から思えない学生に，どう授業の課題や問題意識を共有するか」（2020 年 8 月，9 月）という，大きな壁を感じるようになっていた。この授業が卒業必修の授業であるため，そもそも興味関心が薄い場合や義務的に参加している場合があるという課題を再認識した。

　思いや願いが強いと，気がつけなくなっていた当たり前のことに CF との対話があって初めて気がついたのである。公平性が保障された応答的な授業コミュニティを目指しながらも，社会正義のために個人の信念を変えようとする授業という場がもつ矛盾と向き合うことになった。そこで，学生の考え方や文化を理解するために，レポートの内容分析を行うことにした。2019 年度の授業で学生が提出したレポートを読み返し（2020 年 3 月と 8 月），実践者として何を感じ考えたのかをメモしておき，齋藤と対話することで整理を試みた。

　ライフ・ストーリー課題では中間報告として，自分の文化を象徴するものを紹介したり，レポートの一部をシェアするワークを行ったりしている。そのとき，「学生たちはお互いに同じことがあると盛り上がったり，安心したといった振り返りを書いてくる」（2020/5/28）のが気になるが，その時にすべてのグループに介入はできていない。最終レポートは，教員に向けてのみ作成し提出された。

　多くの学生は，**図6.2** のような共通したパターンがあり，授業を通して発見はあったと感じていた。しかし授業者として期待する「学生に身につけてほしい異文化に対する態度」である B のように変化したと感じられたレポートは少

> A.　自分に影響を与えたものの特定
> 　と，今の自分の確認
> 　　高校の部活動
> 　　夢中になっている趣味
> 　　友人関係の特徴　等

> B.　自分の価値観の俯瞰・相対化
> 　　マイノリティ性の発見
> 　　マイノリティ性の発見
> 　　自分の変化の自覚
> 　　社会の影響，家族との葛藤　等

図6.2　2019 ～ 2020年度の授業で提出された学生のレポートの傾向

なかった。

　私が授業者としてもっている願いや意図は，学生自身の価値観を確認してそこからスタートして変容していくことである。ところが，こうした願いや意図は，教師という存在がもつ権力性により「強制的なもの」となる。学生は，教師の願いこそが求めるべき答えとして捉えてしまう。さらに，教師がそのプロセス，つまり課題の取り組み方を「学生に任せる」態度をとると，学生にとっては曖昧な指示にうつりフラストレーションが高くなる。対して，教師の側は「なぜわからないのか」という感情を実際に抱くことも多くなり，学生の感じている権力関係を結果的に補強している。同様の体験を齋藤も語り，この研究の問題意識として教師－学生の権力関係が焦点化された。

　図6.2の分類も，授業者である私の願いの反映である。私はBのようなレポートを期待している。しかし，学生がAの内容からBへの飛躍を遂げるために私ができることが少ないと感じ，改善したい点として語っていた。

（3）　私のペダゴジー（対話5 ～ 7）

　現在研究者であり大学教員でもある自分の基盤は保育者として身につけてきた理念や実践経験に基づいている。学び手である乳幼児期の子どもは，大人から与えられたものを受けて育つ受動的な存在ではなく，自ら周囲の環境に興味関心をもち，関わり試しながら新しいことを吸収したり知識を修正したりしていく。だから，乳幼児期には「環境を通した保育」（厚生労働省，2017; 文部科学省，2017; 内閣府，2017）が必然的に求められる。そのとき，その集団への所属感や安心感がないと，周囲のものや人とのかかわりは生まれない。同時にそうしたかかわりを通して築かれる身近な大人すなわち保育者との信頼関係が基盤にな

る。

　また自分が勤務した園では，子どもたちは自分で定めた目標にむけて，また目標を修正しながら活動する時間を大事にしていた。活動の中で子どもの考えはさまざまなメディア，ツールによって表現される。大人はその表現を肯定的に捉えて，安心して自分の考えを試したり互いに伝え合ったりする機会を大事にする。試したり挑戦したりする中から，新たなことに気づき考えを更新していくのが学習だと考えてきた。

　セルフスタディを通して，それは大学の授業にも通じるのではないか，自分のペダゴジーはこの大学での授業でどのくらい実現されているのかを考える必要があると考えるようになった。

　保育のペダゴジーと大学の授業でのペダゴジーはどの程度異なるべきか。違いは自分の妥協なのか判断なのか。ともに学びあう相手として教員が存在するのであれば，学生に求めていることを，自分にも求めていかなければならないのではないか。そこで改めて，自分もその時のライフ・ストーリーを学生と共有するように 2021 年度の授業から変更した。

(4)　授業というシステムの中の権威性と公平な関係（対話8〜10）

　齋藤との対話から次のようなことも発見できた。実はBのような内容を書いた学生たちは，授業以前に重要な経験をしており授業を通してその経験に新たな意味づけを加えていたのではないかという点である。

　つまり変革をもたらす経験はすでに存在し，授業はその意味を模索する機会を提供しているとも考えられる。「教師だって簡単には変わらない」（2020年12月　齋藤）という前提をもち，教師自身が個人的経験に学問的理論を介して意味づけして理解を深めている。小さな部分的変化の累積がある時点で変容につながった個人的経験によって実践者のペダゴジーが形成されていることは，その後に 2020 年9月〜 2021 年2月の対話でも以下のように繰り返し現れた。

　　15回の授業が終わるまでに「実践者が願う」成果に到達させようとするのは理不尽なのかもしれない。将来いつか気づく機会となる重要な経験に

会ったときに，気づけるための種まきになるような知識や刺激を用意する
しかできないのじゃないか。　　　　　　　　　　　（2020 年 12 月 21 日　内田）

　私たち教師の側もこれまでの個人的な経験を教育学の理論を介して意味
づけしてきたのではないか。だから譲れない。学生たちもまた，狭かった
り稚拙だったりするかもしれないけれどその生きられた経験のなかから譲
れないものがあるのではないか。したがってその譲れないものに合わせな
がら部分的な小さな変化を認めていく……。　　　（2021 年 1 月 21 日　齋藤）

　学生の状況を表現する言葉として「譲れない」ということばは，齋藤の
学生さんの雰囲気だとぴったりくるように思うが，うちの学生たちは，対立
していることを意識するところからが課題かもしれない。対立を語ることが
できるようになるのが，うちの学生の課題のよう。　（2021 年 1 月 21 日　内田）

（5）　育てたいのは変わり続ける力（対話 8 〜 10）（対話 11 〜 15）

　譲れなさ，というキーワードから，自分たちが譲れないことは何かを通して，
それぞれのペダゴジーを考える対話が生まれた。「内田さんは経験したことを
考察して小さくてもなんらかの変革が起きた学生に反応していると思う（2021
年 1 月 21 日　齋藤）」との指摘を受けて，改めて評価する立場が持つ権威性を含
めて考察することになった。変革を要求するのであれば，変革が起きる条件に
ついて考える必要があるのではないか，理不尽な要求をしているのではないか
とも考えた。齋藤と私は，これまでのどこかで，自分の内にあるマイノリティ
性に気づき，批判的に自分と周囲を相対化することが偏見や差別を防ぐ教育に
つながると考えている。なぜこのように考えるようになったのか。
　その頃 Trajectory Equifinality Model（複線経路・等至性モデル，以下 TEM と
記す）（安田，2019）の研修を受けたことに影響を受けて，TEM による分析を試
みた。流れていく時間の中にあった分岐点を探り，私はどのようにして今のよ
うに考えるようになったのか，なぜ自分は変われたのかを探ることにした。こ
こでは，結果の TEM 図ではなくセルフ TEM に繰り返し現れたパターンにつ

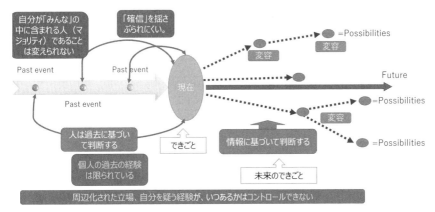

図6.3　セルフ TEM から得られた周辺化される経験と気づきのパターン

いて，また TEM が持つ特性そのものによって理解が深まった変化のありよう
について**図 6.3** に示す。

　自分は現在に生きるとき，今出会っている出来事や経験を自分の過去をまな
ざし，過去の意味づけをし直しながら生きている。過去を変えることはできな
い以上，過去に基づいて判断する私は，そんなに簡単に自分を変えることがで
きるものではない。同じ経験について，人生のどの時点から振り返るかによっ
て，その経験がもつ意味が変わり変革を引き起こすものに変化することがある。
未来の見方，異なる他者の視点という別の選択肢，可能性を示唆するような外
からの影響があると新たな情報に基づいたこれまでなかった可能性が出てくる
のではないか。

　理論モデルを提示しようとすると単純化されてしまうが，このようなことが
常に起きていたわけでもない。自分がマジョリティであるときには，マジョリ
ティ側であることさえ意識化されないのが一般的な傾向である（松尾，2020）。
自分がもっていたマイノリティ性や権威性，社会に埋め込まれた権威関係に気
づくのは簡単ではない（物部・内田，2015）。

　私の場合は，多くの分岐点の間に，**表6.2**にあるような分析的対話の機会を
得て過去の分岐点と過去の選択の意味を考える機会があった。さまざまな出来
事との偶然の経験や出会いは，自分が周辺化されたりこれまでの自分の価値観

を疑ったりする機会はそれ自体変革，変化を促すものではあったが，それが各々にいつ訪れるかはコントロールできるものではない。また私の場合，他者の視点や批判的教育学の理論と出会えたことで初めて，自分の子ども時代の周辺性や抑圧に気がつくことができたのである。新たなの情報や知識を得ることでようやく過去の経験からくる固定観念から少しだけ離れて未来の自分について考えることができた。私は一度に変わったわけではなく，「今やっていることを前にもやったことがある。繰り返してきた。」（2022年2月18日）のである。

表6.2　セルフスタディ，または分析的対話を繰り返した意義

分析的対話の機会	時期	起きたこと	自分にとっての意義
OSUの教師教育者養成教育	30代	異文化間移動。内なるマイノリティ性の発見と，明示的マイノリティとしての経験 理念・ペダゴジーの確認	被抑圧者は抑圧されていることにさえ気づけないことがある。 被抑圧者として「声」「ことば」を得る重要性を体験したことは重要だった。
物部・内田(2016)対話的ナラティブ研究	40代	再移動。明示的なマイノリティ性を失った後の教師教育者としての立ち位置を模索 なぜ多文化教師教育をしようとするのか	権威性を手にした自分の立ち位置について考える。 自己開示には痛みが伴う。信頼関係や安心感が必要。 判断保留という消極的に思える選択の有効性を知った。
今回のセルフスタディ	50代	状況の変化。立ち位置の変化。多文化保育・教育を伝えようとする，授業をするという行為のもつ権威性と，公平性の教育を。	学生それぞれの文化と出会う教師教育者としての自分の再発見。ペダゴジーの言語化。「待つ」ペダゴジー。

　このように，私は小さな変化の積み重ねによって自分が変わってきたと自覚した。この時，改めて学生に変化や意識の変革を期待し願う授業目標の設定自体が，権威的で高圧的な要求だと気づいた。あるいは薄れていた認識を再確認したのかもしれない。わずか3ヶ月間で，100人すべての学生がある程度自己開示し自己変革に向かう一歩が踏み出せるようにしようという考え方自体の傲慢さに気づかされたのである。学生が私の価値観に合わせることになってしまい，学生それぞれの文化や価値観を否定しかねない危険性さえあった。

　この授業で私が目指すべきことは，将来学生たちが自分を揺さぶる経験に出会った時に，過去の自分を問い直す機会が生まれるかもしれない，その『可能性』を残すために，心の中の地盤を耕して種を蒔いておく，あるいは種を渡しておくことなのではないか。その時が来て十分な水や太陽があって初めてその種は芽を出すかもしれない。その「いつか」を授業期間に限定しないアプローチを齋藤との対話では「待つ」ペダゴジーと呼んだ。ただ，このアプローチは，授業の達成目標をかかげながらも同時にその目標を諦めている。そのため，15コマで完結させなければならない大学教育の仕組みとの間に齟齬が生じており，その矛盾も引き受けていかなければならない。

4　セルフスタディという旅は自分をどこに連れてきたのか？（対話13〜15）

（1）CFから見たこのセルフスタディのプロセスへの考察
── 齋藤の視点から

　実践者である内田は，教師教育者としても研究者としても私の先輩であり，もちろん実績もある。CFとして私が十分に役割を果たせるのか，正直不安であった。ただ内田も私も異文化間教育，そして教師教育を研究分野としており，実践をよりよくするための研究に関心をもっていた。そのような共通の関心を生かして，本研究を教師教育においてどのように意味あるものにしていけるのかということについては楽しみでもあった。

　内田の語りの中には「変わる」という言葉が頻出する。ちなみに異文化間教育においては，教育者／支援者／研究者が学習者一人ひとりの自己形成や人間形成を，異文化間能力という概念的枠組みを用いて「促す」形成的かつ構築主義的側面がある（松尾・森茂・工藤，2018，p.12）。実際に内田の担当する「多文化共生保育・教育」ではさまざまな子どもに関わる知識の習得や教材研究を通して，学生たちが自己や「常識」の捉え直しを行い，自ら変容していく実践が行われている。そこで葛藤が生じる。学生たちは簡単には変わらないからである。よく教育実践においては当初の成果が上がらなければ，その目標や意図は問わず教育方法や技術に目が向けられる傾向にある。しかしそもそも自己形成

や人間形成は主体性に根ざすものであり，あくまでも学生たちは「変わる」のであって「変えられる」存在ではない。内田はそこで「教師だって簡単には変わらない」「変われない学生を，なぜ変われない教師が変えようとするのか」と自らに問う。そして学生たちが自ら気づき変わるための「種まき」としての「『待ち』（ケセラセラ）のペダゴジー」を生み出す。本研究の意義はここにある。

　そもそも教育とは「人」が「人」に関わるから成立する。教育哲学者のガート・ビースタは教育実践における二重の「真実」の伝達（double-truth giving）を指摘した（Biesta, 2013, p.50）。教師は授業において自らが大事あるいは重要だと思ったこと（＝第一の伝達）を学習者に伝える。しかしそれを受け入れるか否かは学習者次第（＝第二の伝達）である。どんなに時間をかけて授業準備をしても「確かに」と目を輝かして納得してくれる学習者もいれば，「何，言ってんだよ」と言いたげな学習者もいる。教育実践とは，すべからく教師と学習者がこれまで社会の中で生きてきたうえで蓄積してきた「真実」の「せめぎ合い」だからだ。もちろん技術は必要である。しかしそれだけに矮小化されてはならない。そこには教師と学習者の人間関係が大きく投影されるのだ。

　教師がどんなに学生の考えを深め，広げたい（＝CFとして筆者は，これが内田の「変わる」ということだと理解している）と思っても，それはその学生と教師の関係性の文脈によって左右される。教師にその能力やスキルがあっても，学習者がその教師の言葉に心を動かされなければ，「（専門職としての）賢い判断（wise judgement）」（Biesta, 2013）をする機会さえ与えられない。

　ちなみに昨今の教育改革では教師が最新かつ優れたスキルをもっていれば，学習者は必然的に学ぶかのように論じられている[1)]。しかし学びには児童や生徒，学生との関わりが基盤として存在する。それを無視してしまえば教育改革にはならず，教員への過重な負担を強いることにしかならないであろう。もちろん内田は学生との関わりを大事にしてきたことが，その語りの端々から窺うことができる。しかしそれは内田の個人的努力に負う部分が大きいのではなかろうか。そして内田は大学教員であり，一定の自律性が保障されている立場にある。内田の「『待ち』（ケセラセラ）のペダゴジー」は，昨今の教育改革の動向と絡めて，現在日本の学校教育に足りていないものを示唆している。

(2) リサーチャーとして，このセルフスタディのプロセスを考察する ── 内田の視点から

　セルフスタディを始めた動機として，より学生に合った授業をしたい，多文化に応答的なよりよい教師教育をして学生によい保育者になってほしいという願いがあった。ところが，この研究では，新しいあり方や方法，ブレイクスルーに結び付く手がかりが得られたとはいえない。むしろ，この願い自体のもつ教員としての権威性に気がついたとき，多文化共生保育・教育を教えることと教員であることが矛盾や葛藤につながっていった。

　セルフスタディが，授業者としてのペダゴジー，理念そのものを問うことになった時，自己の歴史，ライフヒストリーを問うことになった。ペダゴジーの問い直しは教師教育者としてのライフヒストリーの中で繰り返して行われるべきものなのかもしれない。実践を検討しながら，それができるのがセルフスタディなのだろう。

　私の教師教育者としての葛藤は，セルフスタディが進むにつれて深まりこそすれ，解決はされていない。しかし，この答えの出ない葛藤こそが，授業をする本質につながるのかもしれない。気づきは必ずしも劇的な新しさをもつものでなくてもよいのではないか。魅力的なストーリーがなければ，授業改善が具体的に起きなければ報告できないわけではない。

　セルフスタディは，静かに授業者を揺さぶり，既存の経験や知識のもつ意味を少しずつ書き換え組み直す。教室というのは，特定の方法が常に有効にはならない複雑な場なのだから，その複雑さそのものを引き受けて考えていくものだろう。そう考えているリサーチャーのセルフスタディらしく，当初の課題が解決したかのようにまとめず，葛藤や矛盾と向き合いながら，次の小さな変化に向けて省察を重ねていこうと思う。

注
1) 奇しくも本稿執筆中の2022年5月11日に，参議院で免許更新制度が廃止される教育職員免許法等の改正案が可決された。文部科学省は教員の質向上を目指すための新たな研修制度の設計を始め，研修記録の作成が義務化されるという。当事者である

教師はもちろん，保護者や地域住民等の関係者もまた，それがただ教師を縛るものではなく，教師と子どもたちの関わりを尊重した制度設計につながっていくのか，当事者性をもって議論の行方を注視すべきであろう。

【引用・参考文献】

内田千春 (2019)「就学前の子どもの複言語発達を支える保育に求められる専門性」異文化間教育学会，第40回大会（明治大学）。

外国人児童生徒等の教育の充実に関する有識者会議 (2020)「外国人児童生徒等の教育の充実について」文部科学省。

厚生労働省 (2017)「保育所保育指針」

国立教育政策研究所編 (2020)『幼児教育・保育の国際比較 質の高い幼児教育・保育に向けて―OECD国際幼児教育・保育従事者調査2018報告書』明石書店。

齋藤眞宏 (2021)「教師教育におけるセルフスタディ：日本の学校教育におけるその意味の考察」『旭川大学経済学部紀要』第78・79合併号，147-163。

齋藤眞宏・大坂遊・渡邉巧 (2020a)「教師教育者が学生に期待する主体性：協働的なセルフスタディを通した批判的考察」日本教師教育学会，第30回大会（明治大学 @Zoom 2020年9月13日）。

齋藤眞宏・大坂遊・渡邉巧 (2020b)「教師教育実践におけるセルフスタディ：その目的と方法論」広島大学教育ヴィジョン研究センター。 https://evri.hiroshima-u.ac.jp/wp-content/uploads/2020/10/729c65ce2a8631c6bb62f17683649b24.pdf

内閣府 (2017)「幼保連携型認定こども園教育・保育要領」

松尾知明・森茂岳雄・工藤和宏 (2018)「異文化間能力を生かす―実践に向けて―」『異文化間教育』第47号，1-15。

松尾知明 (2020)『「移民時代」の多文化共生論』明石書店。

三重大学 (2019)「2019 年度 文部科学省 教員の養成・採用・研修の一体的改革推進事業 実施テーマ：7 先導的な教職科目の在り方に関する研究 外国人児童生徒への理解と指導力を育てる教員養成カリキュラムの検証と再構築 成果報告書」 https://www.mext.go.jp/content/20201020-mxt_kyoikujinzai01-000007916-36.pdf

物部ぐみ子・内田千春 (2015)「自分史の掘り起こしと多文化教師教育者としてのアイデンティティ形成―対話的なナラティブ分析の試み―」異文化間教育学会『第36回大会発表抄録』154-155。

文部科学省 (2017)「幼稚園教育要領」

安田裕子 (2019)「TEA」サトウタツヤ・春日秀朗・神崎真実編『質的研究法マッピング』新曜社，pp.16-22。

Biesta, G. J. J. (2013). *Beautiful risk of education*. Boulder, Co: Paradigm.

Cochran-Smith, M., & Lytle, S. L. (2004). Practitioner inquiry, knowledge, and university culture. In J. J. Loughran, M. L. Hamilton, V. K. LaBoskey & T. Russell (Eds.),

International handbook of self-study of teaching and teacher education practices (pp.601–649). New York: Springer.

Lunenberg, M., MacPhail, A., White, E., Jarvis, J., O'Sullivan, M., Guðjónsdóttir, H. (2019)Self-Study Methodology: An Emerging Approach for Practitioner Research in Europe. In J. Kitchen, A. Berry, H. Guðjónsdóttir, S. Bullock, M. Taylor, A. Crowe(Eds.), *2nd International handbook of self-study of teaching and teacher education*(pp.1-30). Singapore: Springer.

Samaras, A. P.(2011). *Self-study teacher research: Improving your practice through collaborative inquiry*. Thausand Oaks, CA: Sage.

第3部

学校・教員養成機関における教師教育の
セルフスタディ
── 専門講座で教師教育者を育てる ──

第3部　序：専門講座の説明

　第3部では，学校や研修機関で教師教育に従事する教師教育者を対象とした専門性開発を行うための講座（以下，専門講座）がどのようにデザインされるべきなのか，そこにセルフスタディがどのように組み込まれるべきなのか，それによって教師教育者は実際にどのような専門性を開発・向上させることができるのか，について検討する。

　そのためのケーススタディとして，編者らが2021年度に取り組んだ広島大学における専門講座である「【研究編】教師教育者のためのプロフェッショナル・ディベロップメント講座」（以下，PD講座）の事例を紹介する。PD講座は，若手教員や教育実習生の指導・助言及び校内研修等に従事する教師教育者を対象とした約1年間のプログラムである。広島大学の履修証明プログラム（学校教育法施行規則で定められた，体系的な知識・技術等の習得を目指した社会人向け教育プログラムのこと。文部科学省が設置を認可し，各大学が運営・認定する）のひとつとして正式に認可されたものであり，広島大学教育ヴィジョン研究センター（EVRI）が主催する形で実施された。2021年度は職歴，教職経験年数，ジェンダー等に多様な11名の教師教育者が全国から受講し，全員がプログラムを修了した。

　本書の編者のうち草原と大坂は，専門講座の担当者として，講座の企画・運営を担当した。2名は専門講座を実施する目的を，教員養成・教員研修の実践の改善と研究能力の向上，教師教育に関する共同研究の場の提供，研究ネットワーク形成の支援，将来の大学院進学希望者に対する基礎的な知識と方法の提供，の4点に定めて講座のプログラムをデザインした。

　専門講座では約1年間をかけて，3つのプログラムを実施した。

　第一に，草原が主催する教師教育に関する大学院科目を受講とレポート提出である。草原の大学院科目は，教員養成や教員研修のプログラムを開発・実施できる教師教育者の専門性開発を行うことを主眼において開講されている。前期では，教師教育者の専門性開発をめぐる論点・争点を理解するとともに，そ

の基盤となっている思想・原理を考察したり，教職課程や現職研修のカリキュラムの学習者の成長過程や課題を調査するとともに，課題解決を支援する方策について議論する。後期は，教師教育の課題解決に有効な概念・理論を把握するとともに，それを活用してシラバスや指導法，教材・学習環境等をデザインする。PD講座の受講者は，これらの科目を履修し，教師教育者として自らの実践を省察したり，専門性の開発に関して自己分析するレポートを毎回提出することが要求された。

　第二に，PD講座受講者向けのオンライン講習の受講と課題提出である。講習は原則として月1回，計10回実施された。講習の活動内容は概ね下記のとおりである。

・第1回　自己のアイデンティティの省察
　　私の転機，転機の契機を図化しよう
・第2-8回　研究ベースの教師教育研究
　　理論学習…教師教育・成人教育の理論，データ分析方法
　　　　　　　（ALACTモデル，経験学習論，GTA，SCAT等）
　　倫理学習…教育学研究に関わる研究倫理や論文の構成
　　　　　　　（研究不正や剽窃の事例，適切な引用方法等）
　　執筆演習…3グループに分かれて共同研究と論文執筆
・第9-10回「ストーリー」を活用した専門性開発WS
　　欧州諸国が取り組んでいる教師教育者研修や関係者の所論を参照し，教師教育者の葛藤にかかわる自己のナラティブ執筆と他者のナラティブ批評を行う

　第三に，教師教育に関する共同研究に参加し，学術論文を執筆すること。月1回のオンライン講習と連動し，研究関心に応じて3つのグループに分かれて共同研究を推進した。各グループには草原や大坂を含むEVRIのスタッフが支援し，教員・スタッフと受講者が合同で研究の構想，データの収集と分析，考察や示唆の導出，論文の執筆や校正を推進した。

　本第3部において取り上げるのは，上記のうち第三の共同研究と，その成果

として生み出された3つの学術論文である。これらは，教師を対象としたものや教師教育者を対象としたもの，アイデンティティに注目するものや職場環境に注目するものなど，テーマは多岐にわたっている。しかし，いずれの共同研究も，教師教育者である自分たち自身を研究対象として位置づけ，協働的な対話などの手続きを通して自身の教師教育者としてのアイデンティティを模索したり専門性開発を促したりする内容となっており，広義のセルフスタディ研究として位置づけることができる。3つの共同研究を通して，受講者がどのようにセルフスタディを実践し，自らの専門性を開発させたのかについてご覧いただきたい。

（大坂　遊）

第7章
高校教員にとって異動という経験がもつ意味
—— 自己を研究対象にする
セルフスタディを用いた探索的研究 ——

岡村美由規・祝迫直子・前元功太郎・山本佳代子・河原洸亮

1 問題設定

　教員にとって学校は職務を遂行する場であり，専門職者 (professional) として自己研鑽する場でもある。日本では学制発足後の間もない頃から学校において教員が研究する風習があり，以来，授業研究として校内研修の伝統をつくってきた (臼井, 2009；豊田, 2009)。政策においても 2015 年中教審答申において「『教員は学校で育つ』ものであり，同僚の教員とともに支え合いながら」「日常的に学び合う校内研修及び園内研修の充実」や「チームとしての学校」構想が打ち出されるなど (中央教育審議会, 2015, pp.20-21, 下線は筆者)，学校教育の質向上への契機として学校に集う教員の関係性に期待が寄せられていることがわかる。

　教員集団における教員同士の関係性は「同僚性 (collegiality)」や「教員の専門職的関係性 (teachers' professional relationship)」という用語のもと，学校改善や教員の職能開発に影響を与えることが指摘されてきた (福島, 2017, pp.30-33)。しかし現実には，同僚教員と良好な関係性をつくり維持することは常に容易であるとはいえない。その難しさが端的に現れる契機が，教員人事であり勤務校の異動である。

　公立学校のすべての教員にとって転勤を伴う異動は避けて通れないものである。多くの教員は異動によって，それまでの職務経験に基づく感覚とは異なった「違和感」を抱く経験をしたことがあるのではないだろうか。時にそれは解決が困難になるほど複雑化し，ひいては異動が教員キャリアの危機に陥るきっ

かけにもなる（保坂，2010）。そうした，異動をきっかけとして違和感を抱いたり困難な状況に陥るのは，なぜなのか。それは当該教員の性格特性や能力に何らかの不足が認められ適応に失敗するからだろうか。

　高校教員の転勤を伴う異動は，同じ公立学校である小・中学校教員の異動とは異なることが予測される。それは以下に述べる高校の組織的特性に起因するだろう。第一に，高校は，教育課程（全日制・定時制・通信制）および学科（普通科・専門学科〈職業学科・実業学科〉・総合学科）に分かれており，教科指導体制が多様であること。第二に，生徒の学力などといった特性が教育課程や学科によって異なる傾向が大きいこと。第三に，入学する生徒の特性に応じて，進学校（難関大学への進学率が高い），教育困難校（生徒指導に重点が置かれる），進路多様校（さまざまな進路に対応する）等，生徒の進路指導に関する組織的体制が多様であること，である。こうした高校ならではの組織的特性は，同一校内の教員間の関係性構築のあり方も多様にすることが予想される。異動とは，教員間の関係性が変化したり再構築されたりする契機である。すなわち，学校特有の関係性構築のあり方が表面化する契機でもあるだろう。ゆえに高校教員の異動経験を当事者の視点から検討することは，「教員が育つ，チームとしての学校づくり」への示唆に富むと考えられる。

　異動が教員に与える影響に関する先行研究は，正負の影響いずれにせよ，個々の教員への影響に焦点を当てているものが大勢である。異動は「最大の研修である」（小林，2011）とみなされ，同じ教職年数で比較すると異動の経験回数が多い教員の方が自己効力感が高い（川上・妹尾，2011）など，異動経験を通じて獲得，育成される能力の同定がされてきた。一方，負の影響としては，赴任校に馴染めないゆえの苦労や（武智ら，2015；町支，2019），転勤者のメンタルヘルスの悪化が指摘されてきた（保坂，2010；國本・松尾，2016）。その原因として赴任校のもつ「硬直的な文化」「文化の差異」「いびつな人間関係」がある（武智ら，2015）。町支（2019）は中学校教員の初めての異動の場合であるが，異動後に経験した困難として「ステークホルダーの特徴の違いへの対応」「仕事のやり方の違いへの対応」「周囲からの視線に関する難しさ」「信念とのズレに関する難しさ」があることを指摘した。異動者個人への異動の負の影響はいずれも，

赴任校の社会的環境や慣行，人間関係のあり方といった，赴任校特有の学校文化への参入・適応の難しさとして個々人の経験に表れている。

　異動を異動者個人の出来事として扱うのではなく，異動者と異動者を受け入れる赴任校との関係から検討する必要性を示した研究に東海林・小田 (2018)，東海林 (2020) がある。東海林・小田 (2018) は異動者を受け入れる側の学校 (教員及び組織運営体制) からの視点と，異動者からの視点 (本人がもつ心構えやその際必要になる支援) の両方から異動という現象を検討する必要性を提起した。東海林 (2020) では，異動者の変容と学校の変容について異動者の語りから検討している。異動者は赴任当初に違和感を抱くものの，異動後 1 年目は周囲への遠慮から意見を言えず，2 年目になると違和感を忘れてしまう。結果，赴任校の慣行は前年度踏襲のまま変化せず，そうした現状維持の状況に異動者は課題を感じているという。これらの研究は異動者の語りから，赴任校で新たな同僚となる教員との関係性や組織運営体制の現状まで迫っているわけではない。しかし異動経験を複眼的に見ることを提起している点で先駆的で重要である。

　本研究も，異動経験の検討には，異動者からの当事者的視点と赴任校側の視点の両方が必要だと考える。両視点を取り入れることで，異動者がもつ違和感や困難の原因を，異動者本人にのみ帰属させる (自己責任) のではなく，赴任校の学校文化との相互作用の結果 (同僚性) としての理解を促す。このことは異動者の孤立を防ぎ，教員が安心して働ける「教員が育つ，チームとしての学校づくり」に貢献するだろう。

　以上から本研究は，複数回の異動を経験し，かつ異動者を受け入れた経験ももつ現職の高校教員の語りから，異動経験の意味を検討する。

2　方法

(1) 研究の対象

　本研究の対象者は，本稿の筆者でもある現職高校教員の祝迫，前元，山本の 3 名である。3 名は広島大学が主催する 2021 年度履修証明プログラム「教師教育者のためのプロフェッショナル・ディベロプメント講座 (研究編) (以下，PD

講座）」の受講者である。PD 講座は，現職教員や教育実習生への指導・助言並びに研修の企画・運営に従事する教職員（「教師教育者」）を対象に，実践の改善と研究能力の向上を目的として開講された。3名は定義上は上述の教師教育者に該当しないが，10 〜 30 年の教職経験をもち，実質的に校内において若手教員を支援していること，また教師教育者志望であることから，受講が認められた。なお筆者の岡村と河原は講座運営スタッフとして3名の研究指導・支援を行うと同時に，分析者として研究・執筆も行った。

(2) 研究の方法論

　高校教員が当事者として自らの経験を意味づけるという目的のため，本研究ではセルフスタディ（self-study）を用いた。セルフスタディは，欧米諸国にて1980 年代に始まる学校教員の専門性高度化の潮流を背景に誕生した方法論である。学校教員を養成する教職課程担当の大学教員（教師教育者）が，自らの専門性向上と学内における社会的地位の向上（専門職性向上）とを同時に図る戦略として編み出された。具体的には，「教師教育者自身が，自らの教員養成における教育実践を研究対象とし，研究の一部として実践の改善をしつつも，同時に汎用可能な知見を抽出する研究」（Tidwell, Heston & Fitzgerald eds., 2009），もしくはその方法論を指す（岡村，2019, pp.50-51）。

　セルフスタディとして成立するための構成要素を，サマラスは次の5点にまとめている。[1] ①個人がおかれている状況に基づいていること，②批判的かつ協同的に実施されること，③自身の教え方についての自分自身の学びを改善し，自分の学生の学習に与える影響を改善すること，④研究過程が透明で体系的であること，⑤知識を生み出し発信すること（Samaras, 2011, p.10）。本研究では既述した問題関心に合わせ，③の「教え方」を「異動経験」，「自分の学生の学習」を「学校における同僚性構築」に読み替えた。

　この方法で特に重要なのは，②の批判的かつ協同的に研究を実施することであり，その具体が仲間の存在である（クリティカルフレンド）。クリティカルフレンドとは，安心して互いの経験や見解を開示し合い，ものごとへの見解や解釈枠組み，行為について建設的批判（critical）をし合うことができる，研究遂行に

おいて不可欠で (critical)，かつ研究と実践改善を支えてくれる仲間 (friend) である。

　分析対象に自己 (self) を設定する本研究では，他者への自己開示を可能とする安心・安全な場が必要である。そこで研究過程において，筆者たちがクリティカルフレンドとしての関係づくりをできるように工夫した。具体的には，データ収集と分析の両段階において，本研究参加者以外がアクセスできないように実施され，収集されたデータもそのように保管された。またデータ収集および分析においても以下のように工夫した。

(3) データ収集および分析方法

　データは，研究対象者3名による語りであり，2021年8〜9月にかけて5回にわたり収集した。クリティカルフレンド的関係構築にあたっての工夫は以下のとおりである。

　第一の工夫は，データ収集プロセスを3段階に分けたことである。第1段階と第2段階はインシデント・プロセス法を参考にし，第3段階はグループインタビューを用いた（ヴォーンら，1999）。第1段階では，3名が初任校から現任校までの勤務校歴に，各校で印象に残る経験（苦労と良かった経験の両方を含む）を付した一覧表を作成した。第2段階では，作成した一覧表をもとに，経験した出来事（インシデント）の背景について当事者を対象に残りの筆者4名がインタビューした（ここで4事例を得る）。質問項目は，赴任校の基礎情報（地域の背景，課程の種類，教職員数と構成，生徒数と構成，学力層ほか），校内分掌体制，組合活動の状況等である。このインタビューでは，第1段階での一覧表作成時に，当事者が意識的・無意識的に捨象していた事実を把握することで，当事者が遭遇した出来事の相貌を多角的に引き出すことを目的としている。最後の第3段階として，筆者5名で座談会式グループインタビューを行った。すでに各自が遭遇した出来事の事実関係は5名の間で共有されているので，ここでは，出来事を各当事者が当時はどう受け止めたか，具体的に行動したか，今はどう感じているか，など当事者の意味づけ・解釈を開示し共有した。こうしてデータ収集過程において，筆者たちは互いの来歴や経験，ものの考え方などを知っていった。

　本研究が直接に分析したのは，第3段階のグループインタビューのトランスクリプトである。ただし分析においては，第1・第2段階で収集されたデータも適宜参照された。

　第二の工夫は，分析において共同作業を主としたことである。分析は戈木クレイグヒル版グラウンデッド・セオリー・アプローチ（GTA）を参考に行った[2]（戈木クレイグヒル 2006; 2014）。まず，トランスクリプト化した音声データを切片化する（データを意味単位で区切る）。次に切片ごとに意味内容を抽出する（コードをつける）。そして，コードを抽象化し（サブカテゴリー），意味内容で分類した（カテゴリー）。いずれも個人で行った後に共同で確認した。最終的に分析対象の切片は294個となった。

　GTAはある出来事のなかで人がどのように状況を理解し行動したかを語りから読み取ることで，人の相互作用の様態とその変化を記述する方法である（戈木クレイグヒル，2014, pp.33-34）。現象の特徴を説明するのではなく，当事者が出来事のなかでとった行為，解釈，感情に出来事が及ぼした影響など，当事者にとっての出来事の意味を包括的に明らかにする。GTAでは概念同士の関連性を把握できることから，本研究のように，校内で日々過ごす教員が異動する当事者でもあり，異動教員を受け入れる当事者でもあるという両義的な異動経験の意味を多面的，動的に明らかにするのに適切と考える。

　データの共同での分析過程は筆者5名がクリティカルフレンドになる過程でもあった。データ，コード，カテゴリーを何度も往復する中で，それぞれの語りに込められていた主張やインタビュー時には言えなかった思い等が徐々に吐露されていった。それは，語りの背景にあるものを理解する助けになった。研究対象者3名にとっては，過去の経験の意味づけと再意味づけ，現在もっている考え方や行為への影響などを意識化する過程でもあった。岡村と河原は，外部者の立場から見えた語りに込められた意識や意図を対象者3名に質問することで，データの抽象化における多面的・多角的視点の確保に努め，語りの当事者性，個人性，普遍性を引き出すように意識した。

　第3節，第4節の記述は294個の切片を根拠とするものの，第4節の解釈では，分析過程における共同での再解釈を経たものである。

3　結果

　得られた語りのデータを分析した結果が**表7.1**である。先行研究の多くがカテゴリーとして知見を提出しており，本節ではそれらと比較できるように結果を示す。本研究で生成されたのは，8カテゴリー，29サブカテゴリーおよび付随するコードである。ここではとくに，先行研究と比較して今回新たに見出された点を中心に説明する。なお，本稿ではカテゴリーを【　】，サブカテゴリーを『　』，コードを〈　〉で表記する。語りの引用は斜体で示し，文末の（　）で括られた数字はデータの切片番号を示す。一部の語りは個人の特定を防ぎつつ語られた背景が理解できるように，趣旨を損なわない程度に語句の修正をしている。

表7.1　異動経験の意味づけに関するカテゴリー・サブカテゴリー・コード（抜粋）

カテゴリー	サブカテゴリー	コードの例
【違和感・困難・危機の内容】	『定義・内容』	〈違和感:ちょっと違うなと思っていたところ〉〈困難:自分が感じるだけで済んでいたもの〉〈危機:自分の中で収まっていた困難が他人との関係で表出したもの〉
	『ステークホルダーの特徴の違いへの対応に困難を覚えた』	〈前任校とは異なるタイプの生徒と保護者〉
	『仕事のやり方の違いへの対応に困難を覚えた』	〈異動先の生徒指導や進路指導や校務の進め方への違和感と反発〉
	『信念とのズレに関する難しさ』	〈自分のやり方が，学校のやり方と異なる〉〈生徒に寄り添う指導がためになっているかという違和感や疑念〉
	『初めての異動での困難』	〈初任校との教科指導と進路指導の様子が全く異なる〉
【違和感の変化】	『違和感の変化』	〈違和感→不信感:生徒の問題につながった注意をした教員が，生徒指導部の教員から，注意の仕方を注意される〉
	『違和感から麻痺へ』	〈1年目の違和感は麻痺したり薄れたりする〉
【違和感の表明への葛藤】	『違和感表明への葛藤』	〈違和感を表明することでもたらされる危機への不安〉
	『違和感を他者に言うか言わないかの基準』	〈異動者同士では違和感の共有ができることがある〉
	『違和感を表明するタイミング・場』	〈他の教員と対立しても違和感を表明するのは，生徒に関わる事柄のとき〉〈違和感を表明できる場:業績評価面談・人事異動希望調査面談〉
	『違和感表明によるデメリット・実害・反発』	〈意見を出すと主流の教員から反発を受けた〉〈違和感を表明された同僚教員は嫌な気持ちになる〉
	『社会的支援-周囲からの支援を得られること』	〈初任校は「初任者」ということで周囲からの支援があった・受けやすい状況であった〉
	『明示的役割』	〈違和感を感じる要因:担任をもっていたことによる当事者としての思い〉〈当事者として違和感をもっていた校務を担う〉
	『違和感を表明できない』	〈違和感を表明した時に周囲に壁を作られた経験があった〉

【文脈・背景】	『公立高校ならではの特徴（社会的背景）』	〈校種の違いによる教員同士の人間関係や教職員集団の在り方が異なる〉〈実業系高校に異動すると文化の違いに戸惑う〉
	『異動したての感受性（個人的背景）』	〈異動者は違和感をもつが，異動先の教員は違和感を感じていない〉
		〈異動者は自分の違和感が間違っているのかと悩む〉〈赴任したての異動者の違和感はあながち間違っていない〉
	『自分の感じ方・考え方』	〈教員の考え方は経験に依存する〉〈教員としての信念や考え方の基本は初任校・初任期に培われる〉
【学校組織風土】	『同調的風土』	〈教職員集団の中で意見を出しにくい雰囲気がある〉
	『異動者への姿勢』	〈異動後1年が経過すると他教員からの信頼され認知・受容がされやすい〉〈赴任1～2年目の教員が，違和感を表出すると，主流派の教員から反発を受けやすい〉
	『権威主義的』	〈教員経験は，学校への感想や意見を述べる時に，発言に説得力や重みを持たせる〉
	『異動教員による学校改善アクションを促進する要因』	〈違和感は管理職に伝えることで違和感の解消に取り組むきっかけになる〉
	『異動者が赴任先（教員個人・学校）に与える影響』	〈異動者が周りに与える影響は大きい〉
	『学校体制を変える・変わらない』	〈違和感が学校改善のヒントになることもある〉
		〈専門家による助言・進言で学校の指導体制が変化した〉
【異動に関わるデメリット】	『異動後の体調・メンタル面の悪化』	〈異動後のストレスによる体調の悪化〉
	『辞職』	〈困難に直面した教員は辞職を選ぶことがある〉
【違和感を困難にさせないための示唆】	『今後への示唆・提言』	〈違和感は記録したほうがよい〉〈各教員の意見を先入観なしに聞き合える組織になると良い〉〈違和感を表明しても，それが許容される風土や，教員同士の関係性があったら良い〉〈発言することを遠慮している教員が周囲には多くいる，ということを全教職員が意識すると良い〉
	『周囲から異動者への要望』	〈異動者は1年目でも違和感を言ってほしい〉〈異動者の発言は異動先の教員にインパクトをもって受け止められる・与えることに異動者は自覚的になる必要がある〉

（筆者作成）

【違和感・困難・危機の内容】

　本研究では異動経験について，成長物語としてよりは，むしろ苦労物語として語られた。これは異動後の経験を「困難」と意味づけた先行研究と同様の傾向をみせている（保坂，2010；町支，2019）。特に，本研究で生成された『ステークホルダーの特徴の違いへの対応に困難を覚えた』『仕事のやり方の違いへの対応に困難を覚えた』『信念とのズレに関する難しさ』『初めての異動での困難』

といったサブカテゴリーは，先行研究でも指摘されていた困難の具体例として
みなすことができよう。
　一方で，先行研究で「困難」として一括りにされていた経験は，本研究では
より詳細に語られ，「違和感」や「危機」という様相としても意味づけられる
ことが新たに示された（『定義・内容』）。
　それでは，違和感はどのようにもたらされるのか。先行研究と同様，異動者
が従前よりもっていた信念と赴任先の実態とのズレからもたらされることが示
された。たとえば，

　　生徒指導（室）って，普通，生徒がこんな来てわいわいするんじゃなくて，
　　ルール破ったときは厳しく指導するんじゃないんですか（129-1）

との語りは，通常は問題行動を起こした生徒を厳しく指導する場として機能す
る生徒指導室が，生徒の溜まり場となっている実態と，背景にある生徒指導の
あり方に，強い違和感を示したものである。こうした信念と実態のズレは，教
員同士の関係性に少なからず影響を与え，それが高じると違和感であったのが
むしろ困難として異動者に感じられるようになることが示された。それは次の
ような語りに表れた。

　・担当する分掌内での対人関係とかのほうが（生徒との対人関係ということより
　　も），危機とまではいえないかもしれないですけど，仕事をしていくうえで
　　は非常に困難だったかなとは思ったりします（15）
　・教員同士の人間関係が一番苦労する（31）

【違和感の変化】
　本研究が調べた限りでは，違和感等の変化に触れた先行研究は少ない。本研
究で，解消されずに違和感等から別の感覚に変わる場合と，解消されずに次第
に慣れが生じ，麻痺や薄れていく場合，という分岐が生じることが新たに分
かった。前者のように別の感覚に変化する場合（『違和感の変化』）では，

・(生徒を注意したら問題行動が発生したときに) 生徒への注意の仕方に関して，逆に指導した教員が生徒指導部の教員から注意される (130-1)

というように，生徒指導の方針に感じていた違和感が不信感に変わることが見られた。

また後者のように，次第に慣れが生じ，違和感が薄れたり麻痺したりすることも見られた (『違和感から麻痺へ』)。

・1年目の経験っていうのが，次第に思ったこととか考えてたことが，A先生は，薄れるってされてたものがあって，私はそれを麻痺するっていうような言い方をしたものがあったんです (89)

本研究ではどのような要素によって違和感が何に変化するのかという検討は行えなかったが，いずれにせよ，違和感等は異動者の中で変化していくものであることが示された。

【学校組織風土】

東海林・小田 (2018)，東海林 (2020)，三沢ら (2020) が指摘した【学校組織風土】については本研究でも多く語られたカテゴリーである。本研究の対象者は2回以上異動した経験に加え，異動教員を受け入れた経験も有している。自らが異動者として経験をしていたとしても，逆の立場で異動者を迎え入れる側になると，異動者に対していささか厳しい姿勢になることが自覚的に語られた (『異動者への姿勢』)。

・「この学校での経験が短いのに転勤して来たばかりの新参者が何を言っているんだ」という感覚は，結構学校現場って強いのかな (242-2)

異動者を受け入れる赴任校教員からの視点に近い『異動者への姿勢』は，逆

の立場である異動者からは教員間の人間関係の悩みとなって現れる。

- ・「他の学校でこういったやり方もやってますよ」みたいなものが，はなから受け付けられないというか。入ってきた者をその学校での経験年数が浅いところを"下"だと考えれば，なかなか意見が通らないみたいなところが，教員相手のしんどさというか，違和感になっている (47-1)

【文脈・背景】

　異動者が感じる違和感等の背景や文脈についても語られた。そのうち，『公立高校ならではの特徴』は社会的背景として，『異動したての感受性』および『自分の感じ方・考え方』は個人的背景として大別されよう。

　高校は学科，課程，生徒の学力層の違いにより，学校ごとに特徴が大きく異なる。これらのことが『公立高校ならではの特徴』として異動者の違和感等に影響している可能性が示された。

- ・違和感などのもとになっているのは，課程間の違いというか，課程って，全日制とか定時制とかを含めてですけど，課程と学科の文化なんですかね (42-1)

　異動者には，赴任校と前任校までの学校・学級・指導のあり方の違いが際立って感じられる，いわば『異動したての感受性』が鋭敏になる時期があるようだ。

- ・異動の1年目ってつらいですよね (82)
- ・どこ行ってもつらいです (83)

　こうした辛さは赴任校との比較対象に異動者の『自分の感じ方・考え方』があるためだ。その核になる信念は，初任校での経験が大きいのかもしれない。

- ・考え方みたいなところ，やっぱりベースとなるのは最初の学校なのかなっ

て思って。根本的な考え方について大きく変わる部分ってあまりなかった（288-2）

【違和感を困難にさせないための示唆】

　自らの異動経験を互いに共有し話し合った本研究では，同僚教員への配慮や支援についても語られた（『今後への示唆・提言』）。

・学校がちょっとずついい方向に変わっていくのも，新しい先生たちの経験や考えからのものもあるな，と思いました（193-2）
・私たちの研究の中で，私たちが苦しんだことがあるからそれぞれの学校で転勤してきた他の先生方が困らないようにできることもあるかもしれないし（198-1）
・1年目に転勤してきた人の違和感や思いをくんでくれるような（風土づくり・環境づくりの）内容を考えていくべきなのかなって思いました（200）

という，学校改善につなげられる提言が示唆された。また，異動者自身も，

・その自分の発言とか行動っていうようなものがもたらす影響っていうのは自覚的にあってもいいのかなと思ったり（318-2）

という，他者に対して自身の発言がインパクトをもって受け止められることに自覚的になることの必要性が語られた。

4　考察

　前節では現職教員の語りを GTA で分析し，共通傾向を指摘した。本節では，まず分析結果の共同解釈を通じて当事者が自身の異動経験を意味づけ，再構成したストーリーを記述する。そして，それらストーリーをメタ的に考察して知見を得る。

(1) 周囲からの視線

　ここでは，異動先の新たな勤務校で受けた周囲からの視線について，2つの異なるストーリーから，高校教員の職能の捉えが勤務校の組織風土に依存して変わりうることが示されている。

①ストーリー1：異動で一旦「実績がゼロになる」

　高校は，学校によって対象生徒やその指導（生徒・教科・進路指導など），もしくは保護者対応の頻度などに大きな違いがある。指導などが大きく異なる学校間を異動する場合，前任校での経験はすぐには使えず，言わば一旦「実績はゼロ」状態となる。そのうえ，異動先の教員は，異動者がそれまでに「どのような高校で，どのような生徒・教科などの指導や校務分掌を担った経験・実績があるのか」については知らない。にもかかわらず，そうしたことが想像されることなく教員としての経験年数を見ながら，「この（異動先の）学校で求められる生徒・教科などの指導や校務分掌の仕事がどれだけできるのか」という厳しい視線（『異動者への姿勢』）で評価される。これは異動者にとって困難として感じられる。

　例えば教育困難校で勤務し，そこで生徒指導などの実績があったとしても，進学校へ転勤して教科や進路指導に戸惑えば，「経験年数はあるのに進学校での教科や進路指導もわからないのか」という厳しい目で見られる。また進学校から教育困難への異動では，逆のパターンが起こる。これまで積み重ねた実績は評価されず，経験としてもすぐには使えず，実績がゼロになるのだ。

　これは，高校の教員特有の異動の困難を表すものの一つと考えられる。ただし，それは異動後しばらくしての状況であり，周囲からの支援や，これまでの知識や経験を組み換えていけば，次第に対応できるようになってくる。そしてその異動先の学校では他の教員にはない貴重な経験をしている可能性もあり，新たな価値観を異動先の教員に伝えることも可能となる。異動者自身にとっても，異動はこれまで経験したものとは違う，新しい力量を形成する契機となる。この意味においては，「異動は最大の研修である」（小林，2011）となることもできる（しかし常にではない）。

②ストーリー2：異動に伴う値踏み

　初任校から2校目に異動した際，異動者は「1校目で一通りの業務を経験してきた者として『一人前扱い』される」ようになることを，町支（2019）は中学校教員の異動後の困難に関する研究で指摘した。

　実際には，経験年数に関係なく，突然に分掌を動かす主任を任される場合がある。教員は大学（院）を卒業（修了）してすぐに着任する者ばかりではなく，なかには社会人経験を経て入職する者もいる。「あなたはきっとこれからの教員人生で，年齢を見られて，しんどい思いをすることになるよ」。これは異動する際に管理職から贈られた言葉だ。当時はその意味をよく理解できなかった。しかし異動を重ねるにつれて，言葉の意味を理解していった。

　それは，教職年数は浅くとも，実年齢から判断されて責任ある仕事を任されるという意味であった。異動直後の時期は，校内体制や一連の学校の流れがわからない。しかも人間関係を構築する間もないなか，未経験の分掌において主任といった責任ある立場を拝命する。「Task Performance の面においては，10年程度の経験があって初めて仕事に慣れることができるのではないか」（田上ら，2004）との指摘から考えれば，かつての管理職の言葉は，『一人前扱い』以上にしんどい思いをすることになるよ，との意味だったと解釈する。

　小規模かつ教育困難校に赴任した際は，未経験である進路指導部の主事と1年生の担任兼務を拝命した。その時の校長からの視線は〈できて当然（という視線）〉であった。それは『値踏み』されている感覚でもあった。実力もなく，初めての教育困難校勤務であり，異動した高校の進路指導の方法を一から学んでいく身で，主事としての振る舞いはできなかった。進路指導室での人間関係でも悩まされ，時には進路指導部の教員から面と向かって，できていない業務に関する叱責を受けた。『異動後の体調・メンタル面の悪化』となっていった。

　・1年目の進路指導部会を開くとき。そうですよね，よく考えたら。進路指導部会を開くときに手に汗が，光る汗が見えるぐらい手に汗をかいたりしてたんですけど。（中略）なんで進路指導部会を開くときに出るんかなっていうか。やっぱりそれってストレスだったのかなと思ってみたりとか（293-2）

　そのうち，校長から来年度の分掌として教務主任を打診された。またしても未経験の分野であり，長年経験のある教務主任の教員がいるなかでの打診に抵抗を感じた。校長によれば「年齢から言ったら，（現在に教務主任の任についている教員は）後進に道を譲り，あなたがなるのが適任だ」とのことである。つまり，年齢で主任業務適任者と判断されていた。長年教務主任であった教員は翌年異動となった。

　教員経験5年目の進路指導主事，6年目の教務主任。経験がない分野であり，異動したてで何もわからない私が重責を拝命する。そこに教員経験と力量の程度を年齢で判断される辛さがあった。

　教員経験が10年の間に，3校異動した。新しい学校に着任するたび，「前任校では何の主任をされましたか」と質問された。それは私の年齢が高かったためである。十分な実力もなく，異動した学校のことも何もわからない状態で異動初年に主任を命ぜられた。押しつぶされそうな業務量に悩みつつ，周囲への遠慮から業務をお願いすることもできず，独りで業務遂行するしかない日々を送った。周囲にいる教員からの「できるでしょう」という視線のなか，人間関係を構築する余裕もなかったため，助けてくれる人もいなかった。未経験の分野を自分で学びながら遂行していく辛さがあった。

　昨今は教員採用の年齢制限が撤廃され，また教員の平均年齢が低下したため，教職年数や経験の有無に関わらず，主任などを担う例が以前より見られるようになった。教職年数以外の経験を考慮できる学校環境であれば，年齢に関わらない人生経験を学校組織に活用することを模索できるだろうと考えられる。

（2）学校組織の「内」か「外」か

　ここに示すのは，異動者がもつ違和感と学校の組織風土との関係性は時間経過とともに変化することを示した一つのストーリーである（時間経過は丸囲み数字で示した）。

① 「外から来た自分だけがおかしいのか」

　教育困難校へ異動すると，管理職や生徒指導部から，「うちの学校は生徒との対話を重視する，寄り添う指導ですから」という趣旨のことを言われた。「寄

り添う指導」とは，問題を起こす生徒に厳しい生徒指導をするのではなく，論すような対話型の指導で，その学校ではそのような生徒たちが生徒指導室（本来指導される場所である）に楽しそうに集まり，教員と仲良くしている様子が見られた。その学校に赴任する以前に経験していた学校とは真逆ともいえるほど異なっていた。『異動したての感受性』や『信念とのズレに関する難しさ』で，「一番生徒指導が必要な学校で，それが機能していないのでは」という大きな違和感を感じた。

　「外」から入ってきた異動者としての自分は違和感をもつが，元々「内」にいる異動先の教員は違和感を感じていないので，「自分の価値観が間違っているのか」と大いに悩んだ。当時はその学校を，同質的な思考を特徴とする『同調的風土』（三沢ら，2020）のもと，〈教員集団の中で意見を出しにくい雰囲気〉を感じていた。自分を学校組織の「外」に感じていたのである。

　異動後間もない時期，生徒に注意をしたところ，その生徒が腹を立てて器物破損行為に及んだ。その際，生徒指導部の教員からは「生徒が悪いのではなく，教員の注意の仕方が悪かったのだ」と逆に注意され，異動先の生徒指導の〈校務の進め方に違和感をもつ〉だけでなく，〈違和感が不信感に〉変化した。当時の救いは同じ時期に「外」から入ってきた〈異動した先生方と違和感や悩みを相談できた〉ことである。

　しかし（これは本研究をすることで気づいたのだが）校務を進めていく中で，すでにその学校には，周囲との意見交換や協力・助けのある「協働的風土」（三沢ら，2020）が醸し出されていた。生徒指導上の困難がある中でも，周囲と協力しながら日々の事案に取り組んでいく状況となり，自分を学校組織の「内」に感じるようになってきた。異動した1年後には当初の状況に比べると生徒も落ち着いたと感じた。そうしているうちに大きかった〈違和感は，いつの間にか薄れ〉ていった。

②外からの異動者として管理者を迎える

　その後に新しい管理職が異動してきた。着任後すぐに「この学校の状態は生徒の方が教員よりも強く，学校としておかしい」ということで厳しい生徒指導体制による学校改革がなされた。それまで「外」からの異動者の意見を聞かず，

「寄り添い型」を続けてきた生徒指導部やその他の教員もその学校改革に協力的であった。ということは，元々「内」にいる教員の中にも「この学校の状況では厳しい生徒指導の方がよい」という意識がありながら，現実的には厳しい生徒指導が難しく，実行可能な寄り添い型生徒指導体制を取っていたのかもしれない。もしくは，良いと思っていた寄り添い型生徒指導体制に破綻が生じ始めていることを教員が感じ取ったのかもしれない，と今はそのように解釈する。

　教員の違和感はこのように元々「内」にある『学校体制を変える』ことにはなかなかつながらない。しかし，「外」から来て違和感を感じた管理職の場合，学校を一気に変えていけることもあるのだ。

③「外」から「内」へ入っていく

　一般的に「外」から入ってきた異動者は，元々の「内」である異動先の学校では違和感を表明しにくい。特に『同調的風土』（三沢ら，2020）の学校では，組織内に，「異論は許されない」ような雰囲気が強いのでなおさらである。

　しかしそうした学校でもこれまでの経験で培った『明示的役割』（みずからの現在および将来の役割について意識しやすい状態）（町支ら，2015）に起因する職務的責任感から，違和感を表明した場合があった。同時に「事を大きくして，このまま学校に来られなくなるのではないか」という〈違和感を表明することでもたらされる危機への不安〉もよぎったのは確かである。とはいえ，担任として他の教員と対立しても〈生徒に関わる事柄〉だと判断した時や，担任としての違和感の表明で事態は変わらない時は，専門家からの見解も言ってもらうことで事態が変わるなど，形を変えて違和感を表明した。

　このように違和感を表明できるようになったのは，異動経験を重ねて学校の動き全体が見えるようになったり，それまでに培った価値観からここは違和感を表明すべき時と判断がつくようになったからである。学校が『同調的風土』であるかどうかに関わらず，全体的な傾向として，異動者には【違和感の表明への葛藤】があり，異動者が違和感を表明した場合，『違和感表明によるデメリット・実害・反発』を受けるのではないだろうか。特に〈赴任 1 ～ 2 年目の教員が違和感を表明すると，主流派の教員から反発を受けやすい〉いう例もあると聞き，そう考える。

④学校組織風土－「内」「外」感覚－違和感関係

　違和感の表明ができない学校組織風土であると，どのようなことが起きるのだろうか。教員がもつ違和感とは，教員だけでなく生徒や学校の危機につながる可能性も含む場合がある。しかし，意見を表明しにくい学校組織風土では，個人の違和感を汲み上げる仕組みがなく，学校内で問題を発見し解決・改善したり，問題や危機につながることを未然に防ぐ危機管理ができないのではと危惧される。

　異動はどこにいっても辛いものである。その理由の一つは，自分を学校組織の「外」に感じるからかもしれない。しかし，校務を「協働的風土」にある勤務校の教員集団の中で進めていくにつれて，自分を学校組織の「内」に感じるようになると，辛さが弱まっていく。それは違和感が薄れていったこと，その指導体制を自分が受け入れていったことに大きく影響しているのではないだろうか。また，異動者を受け入れる教員側も，勤務校が「協働的風土」ならば異動者を受け入れやすいのではないだろうか。

　一方で異動先の学校が『同調的風土』の場合，違和感の表明が特に難しいと感じられた。異動者は違和感をもっているとその「内」に入っていくことに困難を感じる。また，受け入れる教員側も異動者をすぐに受け入れやすい風土ではないのだろう。そして「協働」で校務にあたる風土ではないので，困難を表明して助けてもらうことがあったとしても，自分が学校組織の「外」にいるような感覚がいつまでも残り，したがって違和感は残ったままだった。

(3)「改善すべきでは」の正義感が招く危機

　異動後に生じた違和感は，時に困難や危機へと変化してしまう。以下のストーリーは，こうした変化が起きるきっかけと，そこから得た教訓を示すものである。

　とある学校で担任をしていた時のことである。「クラスの生徒全員に，個別で○○をさせてほしい。××日までに全員が揃うように指導してほしい。学年全体でそうします。」と，ある教員から依頼された。「全員に一律で同じことをさせるなら担任が個別に一人ひとり対応するのではなく，学校・学年で一括で

対応してはどうか。」と提案したが，「個人でさせることが大切なんです。」と，提案は議論されることもなく，一考もされないという経験をした。この経験の以前にも提案が最初から受け入れられなかったり，特定の教員らから強く当たられる経験をした。その後，次の異動先でも違和感を表明することを控えるようになった（『違和感を表明できない』）。

　今振り返れば，赴任当初から前任校と赴任校を比較し，「改善すべきでは」と問題提起をしていた。そのことで赴任先の学校で問題提起を受けた教員の一部から発言を疎まれたり，反発を受ける経験をした。

　この出来事の構図は，初めての異動に際して，前任校までで培われた信念等と赴任校の実態との差異が具体的な違和感として感じられ，困難や危機に変質していったと考えられる（【違和感・困難・危機の内容】）。

　一方で，異動者から問題提起を受けていた教員の立場からすれば，それがあまりに頻繁であると，異動者を疎ましく思うようになるのは無理のないことであろう。異動者への評価が，いつも不平不満ばかりを言う人・この学校のやり方に合わせない人といった厳しいものとなり，『異動者への姿勢』が硬直化し，それが固定化してしまうことが考えられる。

　実際に，異動後から間もなくして赴任校の業務を中心で担う教員の一部と折り合いが悪くなり，発言がなかなか通りづらい状況がその学校を離任するまで続いた。このような状況であれば，異動直後に抱いた違和感等が赴任校の学校改善へとつながる可能性があったとしても，周囲の教員からは「問題提起＝疎ましいもの」という捉えられ方となり，受け入れられるものとはならないことが考えられる。

　この出来事を，改めて本研究で生成されたカテゴリーやサブカテゴリーをもとに整理すると次のようになる。異動者は前任校までに培っていた『自分の感じ方・考え方』が基盤となり，異動直後に鋭敏になる『異動したての感受性（個人的背景）』とが相まって，赴任校のもつそれぞれの『公立高校ならではの特徴（社会的背景）』に対し，違和感をもつ。

　それが『ステークホルダーの特徴の違いへの対応に困難を覚えた』ことや『仕事のやり方の違いへの対応に困難を覚えた』という形となって現れ，時には『定

義・内容』に示されたように，違和感が困難や危機につながる場合もある。

　異動者が『(違和感表明への)葛藤』を感じつつも違和感を表明することで『(違和感表明による)デメリット・実害・反発』を受けた。前任校との違いを強く感じ，積極的に違和感を表明していたがゆえに，周囲，特に赴任校の一部の教員からの『異動者への姿勢』は次第に厳しいものに変化し，発言は通りにくいものとなっていった。いつしか違和感は困難や危機に変質し，『異動後の体調・メンタル面の悪化』をもたらすに至った。

　この経験からは，①異動者は自身の発言が周囲の教員に与える影響に自覚的ではなかったこと(『異動者が赴任先に与える影響』)，②赴任先教員は異動者が問題提起をするに至った背景や，その意見がもつ当該校への価値について気づいていないか，気づこうとしないこと(『異動者への姿勢』)という，異動者側と，異動者を受け入れる赴任校側との双方に課題が見出せる。

　これらの課題からは，【違和感を困難にしない・させないための示唆】が導けよう。まず異動者自身にとっては〈異動者の発言は異動先の教員にインパクトをもって受け止められる・与えることに(みずから)自覚的にな〉り，言動を慎重にすることが異動後の経験を困難に陥らせないために大切である。そして異動者を受け入れる学校の教員にとっては〈赴任1～2年目の教員が，違和感を表明すると，周囲の教員から反発を受けやすい〉状況をつくってしまうことに自覚的になることが求められよう。異動者と，異動者を受け入れる学校の教員，双方が相手を思いやる一歩を踏み出すことが重要ではないか。

(4) 本研究で得られた知見

　本研究は3名の現職教員がもつ，複数の異動経験を対象に，当事者が自己言及的に再解釈したものである。当然ながら一般化して理解することは慎むべきで，ごく限られた状況，時期および地域にみられた傾向であるとの理解をもって読まれるべきである。この研究上の限界を前提としつつ，本研究から導ける知見は次の5点にまとめられよう。

　第一に，異動後にもつ違和感は，日本の高校教員がもつ暗黙の理解を映している可能性が示唆されることである。それは，「年齢＝教職年数であり，それ

は教員としての力量・熟達度を示す」という無意識の思い込みとも言い換えられよう。この暗黙の理解は全教員がもっているわけではない。しかし偶然にそうした暗黙の理解をもつ教員が一つの高校に集まった状況になると，この暗黙の理解が表出する。その端的な現れが異動者に向けられる同僚教員からの「(厳しい) 視線」(参考：町支，2019) であると解釈できる。

　第二に，暗黙の理解に支えられた厳しい視線の機能である。これは，まず異動者が着任した際に注がれ，厳しい評価のように機能する。4 (3) で描かれたように，(受け入れ側教員にとっては意図してないだろう) 評価の結果によっては人間関係の構築が難しく，分掌業務の遂行に後々まで支障をきたす。

　第三に，この暗黙の理解は，小・中学校に比べ課程や学科が多種類ある高校においては，理不尽に異動者を苦しめる可能性があるという点である (4 (1)「実績がゼロになる」)。教員の職能発達は領域固有的で，ある特定の状況に条件づけられた知識・技能により構成される (藤江，2010, pp.233-241)。例えば教育困難校での経験が長い教員は，そうした学校での生徒指導の力量は熟達しているだろう。しかし進学校に転勤すれば，その力量は発揮される場を失う。経験のない領域で即時に成果を上げるのは困難なのだ (参考：Dreyfus & Dreyfus, 1986；ベナー，2005, pp.153-154)。このことは，案外，教員間で共有されていない。

　第四に，周囲の教員から厳しい視線を受け厳しい評価をされた経験は，人間関係構築の技能を学ぶ機会となる (4 (3))。学びを得て，次の異動後は，率直に違和感を表明する代わりに戦略的に表明するようになる。これは教員の力量として，職場環境を整えることにつながるため，ゆくゆくは学校改善に貢献する可能性を高める。

　最後に，学校が協働的雰囲気をもち，そのなかで同僚教員と校務にあたっていくと，違和感はいつの間にか薄れていく。しかし違和感が薄れたからといって違和感の原因となっている，学校が抱える問題点はなくなるわけではない。もし異動者に長い教職経験があり，暗黙の理解を打破するだけの実質的な力量をもち，かつ管理職やクラス担任といった明示的役割をもつ場合は，異動者の違和感の表明によって学校の問題点が解消する場合もある (4 (2))。言い換えると，自らの職能を十全に発揮できるように自ら環境に働きかけ整えられる力

量とともに明示的役割をもつ場合は，異動直後でも学校改善に直接的に貢献できる場合もあるのだ。

このことからは，全人的で総合的な職能発達をした教員でない限り，すでにもっている力量を，いつでも，どの学校でも発揮できるわけではない，ということが導けよう。教員の力量は，職場である学校環境に依存して発揮されもし，委縮されもする。それゆえに，学校の教員間・教職員間の協働的な関係性の構築は重要だといえる。

5　結論

本研究では，複数回の異動を経験し異動者を受け入れた経験ももつ現職の高校教員が，自らの異動経験を対象にして，その意味を検討した。

本研究の直接的な成果として以下の4点にまとめられる。

第一に，異動者が感じる難しさの様相（＝違和感・困難・危機），特に高校の異動ならではの小・中学校の異動と異なる難しさを示した。

第二に，多くの異動者が感じる，自分に対する同僚教員からの厳しい視線が，高校教員が暗黙にもつ思い込みといった文化的なものである可能性を示した。

第三に，異動者の違和感等は学校改善のヒントになるという認識の必要性を提起した。

第四に，違和感等を感じる当事者である異動者は自身の発言のもつ影響力に，赴任先の教員は異動者の発言に対する考え方の傾向に自覚的であることで，異動者がもつ違和感を困難等にしない学校現場のあり方を提起した。

以上の成果から示唆されるのは，異動による違和感や困難の原因は個々の教員の能力や性格に帰属させられるものではなく，異動者と赴任校の教員との相互作用の中でつくられるという点である。

この示唆から導ける具体的な提言は次のようになる。異動に伴って個々の教員がもつ思いや違和感等を開示し合い共有できる場づくりが，異動を教職キャリアの危機にさせず，職能成長の機会とするために必要である。そしてこのことは，日々の学校運営の中で，教員と管理職，教職員とが異論に対しても開か

れている学校の雰囲気をともにつくっていく努力が求められるのだ。そうした努力を実現化するような校内研修や行政研修のコンテンツづくりは有用だろう。

　最後に，高校教員が自身の異動の経験を意味づけることへの意義を述べよう。それは「新しい学校で，新たな経験をすることで多様な価値に触れ，自ら大切だと思う価値＝信念を形成していくこと」と考える。各教員，学校がもつ価値が違うからこそ衝突して困難が生じるが，困難を経験したり乗り越えたりすることで「自分なりの教育に対する価値」が創造されていく（あるいは変わらない）。筆者らはこの研究を通して自己の教員人生を振り返り，他者の教員人生からも学んだ。なかなか表明しにくい「違和感」「困難」「危機」などネガティブな面について自己開示し，些細な事柄も見逃さない姿勢で研究したからこそ，教員人生について深く思考することができた。これが本研究のセルフスタディとしての成果である。

注

1) サマラスは，セルフスタディに該当しない研究として次のものを挙げる。①他者についての研究，②自分のことだけを扱った研究（自分の生徒や教育に対して何ができるかを扱わなければならない），③独りで行う研究，④リフレクションに留まる研究，⑤個人的知識だけを扱う研究（Samaras, 2011, p.12）。
2) 特に参考にした点は，切片化およびコーディングの厳密さの担保する方法である。戈木クレイグヒル版GTAが用いる切片化およびデータの特徴（プロパティとダイメンション）を抽出する作業は，データの抽象化・概念化における分析者の解釈の揺れやバイアスを減少させることで分析に一貫性をもたせる。この点をコード化に取り入れた。

【引用・参考文献】

臼井嘉一（2009）「授業研究とは何か―日本の授業研究と教師教育―」日本教育方法学会編『日本の授業研究（上）』学文社，pp.1-10。
ヴォーン, S., シューン, J. S., シナグブ, J. 著，田部井潤・柴原宜幸訳（1999）『グループインタビューの技法』慶應義塾大学出版会。
岡村美由規（2019）「欧米の高等教育機関の教師教育者に求められる資質・能力に関する議論動向と問題点―教師教育者の専門性の高度化と専門職化運動との逆説が示唆するもの―」『広島大学大学院教育学研究科紀要　第三部（教育人間科学関連領域）』68, 45-54。

川上泰彦・妹尾渉（2011）「教員の異動・研修が能力開発に及ぼす直接的・間接的経路についての考察―Off-JT・OJTと教員ネットワーク形成の視点から―」『佐賀大学文化教育学部研究論文集』16（1），1-20。

國本可南子・松尾直（2016）「教員の異動とメンタルヘルスに関する研究の動向と展望」『東京学芸大学紀要 綜合教育科学系I』67，207-214。

小林直樹（2011）「岐阜県の教師教育制度と教職大学院」『岐阜大学教育学部教師教育研究』7，1-19。

戈木クレイグヒル滋子（2006）『グラウンデッド・セオリー・アプローチ―理論を生み出すまで―』新曜社。

戈木クレイグヒル滋子（2014）「グラウンデッド・セオリー・アプローチ概論」慶應義塾大学湘南藤沢学会『Keio SFC Journal』14（1），30-43。

東海林麗香（2020）「教師・学校組織にとっての異動の意味―中堅教師のナラティブからの検討―」『教育実践学研究』25，111-122。

東海林麗香・小田雄仁（2018）「高校教師にとっての異動の意味と異動に伴う変容プロセス：ナラティブおよび学校文化という観点から」『山梨大学教育学部紀要』28，233-243。

武智康晃・チニンタアプリナ・岡谷絢子・田中理恵（2015）「教職員の意識調査（1）若手教師への指導基準と異動時の困難に着目して」『山口大学研究論叢 第3部芸術・体育・教育・心理』65，169-178。

田上不二夫・山本淳子・田中輝美（2004）「教師のメンタルヘルスに関する研究とその課題」『教育心理学年報』43，135-144。

中央教育審議会（2015）「これからの学校教育を担う教員の資質能力の向上について〜学び合い，高め合う教員養成コミュニティの構築に向けて〜（答申）」（平成27年12月21日）。

町支大祐（2015）「第6章　学校への新規参入と適応―組織社会化―」中原淳監修，脇本健弘・町支大祐『教師の学びを科学するデータから見える若手の育成と熟達のモデル』北大路書房，pp.79-89

町支大祐（2019）「中学校教員の異動後の困難に関する研究―初めての異動に着目して―」『教師学研究』22（1），37-45。

豊田ひさき（2009）「戦後新教育と授業研究の起源」日本教育方法学会編『日本の授業研究（上）』学文社，pp.25-38。

福島裕敏（2017）「同僚性」日本教師教育学会編『教師教育研究ハンドブック』学文社，pp.30-33。

藤江康彦（2010）「教師の熟達化と生涯発達」秋田喜代美・藤江康彦『授業研究と学習過程』放送大学教育振興会，pp.227-247。

ベナー，P. 著，伊部俊子監訳，井村真澄・上泉和子・新妻浩三訳（2005）『ベナー看護論 新訳版 初心者から達人へ』医学書院。

保坂亨（2010）「教員のメンタルヘルス問題を構造的にとらえる」『日本教育経営学会紀

要』52, 129-133。

三沢良・森安史彦・樋口宏治 (2020)「教師のチームワークと学校組織風土の関連性—「チームとしての学校」を実現するための前提の吟味—」『岡山大学教師教育開発センター紀要』10, 63-77。

Dreyfus, H.L., & Dreyfus, S.E. (1986). *Mind over machine: The power of human intuition and expertise in the era of the computer.* Oxford, U.K.: B. Blackwell.

Samaras, A.P. (2011). *Self-study teacher research: Improving your practice through collaborative inquiry.* Thausand Oaks, CA: SAGE.

Tidwell, D.L., Heston, M.L., & Fitzgerald, L.M.(Eds.), (2009). *Research methods for the self-study of practice.* Springer Science+Business Media B.V.

第8章

学校ベースの教師教育者は教育実習指導経験をいかに意味づけているのか
——4名の教師への相互インタビューを通して——

宮本勇一・粟谷好子・石川照子
西村　豊・深見智一・両角遼平

1　問題の所在

　学校現場で学生が授業実践を行う教育実習は，教員養成の中でも重要な教育的機能を担っている。日本の教員養成は，教員養成学部以外でも教育職員免許状を取得できる「開放制」を採用している。そのため，教育実習指導を主ミッションとしている国立大学教育学部の附属学校だけでなく，多くの公立・私立の学校においても母校実習として教育実習が実施されており，そこで教師は教育実習指導に携わることになる。しかし，教育実習生の受け入れ側である学校現場にとっては，いわゆる「教育実習公害」という問題を生じさせることもあり，教育実習指導は負担であると捉えられる傾向にあることが指摘されている（岩田ら，2016）。

　これに対して，教育実習指導の方法やカリキュラム，力量形成に関する研究など多面的な蓄積がなされてきた（米沢，2008）。なかでも，教育実習指導教員が教育実習指導をいかに認識しているのかを明らかにすることで，これに積極的な意義を見出そうとする研究が進展している。例えば，磯崎ら（2002）は，国立大学附属の中学・高等学校の指導教官60名への教育実習に関する意識調査を通して，教育実習を教師としての専門的成長の機会と捉えていることを明らかにした。池田ら（2014）は，学校現場で実習生の指導にあたる指導教員にとって，自己の教育観や子ども観，指導法など自分自身を見つめ直す機会となることを指摘した。さらに，一柳ら（2016）は，自己の実践を振り返るなど教師にとっても教育実習が学びの機会となっていることや，同じ実践者として実習生から

学び，児童に対する新たな理解を形成していることに言及している。三島ら
(2021) は，これまでの教育実習に関する研究が幼稚園や国立大学附属中学・高
等学校の教師が研究対象になっており，義務教育段階の公立小・中学校を対象
とした研究が少数であることから，公立小学校 69 名，公立中学校 64 名の教師
を対象にした検討を行った。そして，教育実習指導教員は教育実習指導を通し
た自らの指導力に関わる学びについて高く認識していることを明らかにした。
加えて，阿部・大島 (2021) は，教育実習指導教員と教育実習生のそれぞれ 2 名
への半構造化インタビューを通した質的な研究によって，教育実習指導教員が
教育実習指導を通して自己の教育実践を省察し改善への意識変容と行動変容を
行っていた実態を明らかにした。

　以上のように，教育実習指導を指導者自身の実践の振り返りや子どもに対す
る理解形成の機会としている教師も多く存在することが明らかにされてきてお
り，「教育実習公害」といった側面をこえた教育実習の積極的意義の検討がな
されてきている。

　しかしながら，先行研究が明らかにしてきた，教師の教育実習を通しての学
びには，教師が教師教育者に移行していく学びの過程が見落とされている。指
導経験を通して自己の授業改善に役立てるという first order の次元における学
びではなく，教育実習指導教員が学校ベースの教師教育者として，second
order の次元 (Acker, 1997; Murray, 2002) に関わる専門的力量を高め省察する機
会となっているかどうかについての検討が等閑視されてきたのである。

　授業研究に関しては，校内研修や年次研修，あるいは民間の研究サークルな
ど，意欲さえあれば学校内外，公私を問わず自己研鑽を深める機会が多々ある。
しかし，教育実習指導について教師が学ぶ機会は，ほぼ皆無といってよい。そ
の帰結として，教育実習指導を担当することになった場合，自分が学生の頃に
教育実習で受けた指導や勤務校の同僚教師のやり方を模倣するという過去の指
導の再生産にとどまってしまいがちである。また，学校現場では，教育実習指
導が担当教員に任されて (あるいは，丸投げされて) いる場合がほとんどである。
これらのことが，教育実習指導者が「学校ベースの教師教育者」たることを妨
げる一因となっているのではないか。

　教育実習指導教員が教師教育者としての自覚をもち，専門的力量を形成しながらその業務に当たることは，教育実習の性質上重要な課題である。教師教育者の専門性開発（Professional Development）がようやく萌芽的に検討されるようになったものの，いまだ研修プログラムや教師教育者としての省察の機会も保障されていない。このような文脈の下で学校ベースの教師教育者の存在に光を当てるとき，指導教員が教育実習指導の中で何に向き合い，取り組もうとしていたのかという，指導教員の教育実習に対する意味付与の過程に迫ることが，教育実習指導を通した second order としての教師教育者への移行を捉えるのに有効な参照先となるだろう。そこで本研究は，教育実習指導を自己の学びの機会であると認識し，学校ベースの教師教育者としての専門性開発に関心を有している4名の教師による相互インタビューを通して，「学校ベースの教師教育者は教育実習指導経験をいかに意味づけているのか」について明らかにし，教育実習指導経験が有する教師教育者としての学習のプロセスを考察することで，学校ベースの教師教育者のための専門性開発の方途を検討することを目的とする。

2　研究の方法

　本研究対象の4名は，いずれも教育実習指導を経験し，教師教育者としての専門性開発に関心をもち，広島大学大学院人間社会科学研究科が実施している履修証明プログラム「【研究編】教師教育者のためのプロフェッショナル・ディベロップメント講座」（以下，PD講座）の受講者となった。PD講座は，若手教師や教育実習生の指導・助言及び校内研修の企画・運営に従事している教師教育者を対象に，教員養成・教員研修の実践の改善と研究能力の向上を図ることを目的として開講され，4名は自らの意志で講座に参加し，十数名の参加者の中で教育実習に関心をもつ者という観点からグルーピングされたメンバーである。4名の属性は，**表8.1** の通りであり，在職年数や校種，学歴は異なる。

　研究方法は，対象者4名による相互インタビューである。ここでの相互インタビューとは，1対1のインタビューではなく，グループ・ディスカッション

形式をさす（フリック，2011, pp.240-249）。インタビューは，2021年8月6日に，120分程度，オンラインで実施した。PD講座においてグループの運営を担った宮本と両角をモデレーターとして**表8.1**の4名が以下に示すテーマ群に基づいて自由に語り合う形式を採った。

表8.1　研究対象の4名の属性（相互インタビュー時）

名　前	属　　　　　性	
粟谷	国立附属中・高勤務　教員歴30年以上	博士課程後期修了
石川	国立大学勤務　高校教員歴30年以上	博士課程後期修了
西村	私立中・高勤務　教員歴10-15年	教職大学院修了
深見	公立小学校勤務　教員歴15-20年	教職大学院修了

　インタビュー方法をグループ・ディスカッションとした理由は，次の2点である。第一に，他者の語りを聞く中での新たな気づきの発見が生まれることを期待したからである。第二に，公立学校と附属学校，初等教育段階と中等教育段階というように，異なる「場」での実習指導でも，普遍性・共通性のある語りが見出せるのではないかと考えたからである。

表8.2　インタビュー・ガイド

> ○　教育実習指導の経験は，教師をいかに教師教育者へと成長させていくのか
> 　　─志・技・場の観点から─
> 1　実習指導で大切にしていることは何か。－志－
> 2　実習生に指導する，どのような「技」を，どのような指導方法で工夫をしているのか。自身はどのような実習指導の「技」を身につけてきたのか。
> 3　それぞれの学校現場での，教師教育者になることを促進する，または妨げる点－場－（実習指導の特質はどのようなものか。）

　グループ・ディスカッションは，**表8.2**のような質問項目を基に進められた。このインタビュー・ガイドの項目は，研究対象者らが参加しているPD講座の中で話題となった「教師教育者の『志・技・場』」を基に作成された。教師の授業づくりの場面における，「志」と「技」については言及されてきたが（草原，

2015），教育実習指導の場面においても，「場」を含めてパラレルに考えることができるのではないかと考えて，インタビューに援用した。

表8.3　ディスカッションの内容項目

```
実習指導で大切にしていること　－志－
・実習指導の変容のきっかけ
・実習指導の経験
・実習指導に対する見方が変わったきっかけ
　　⇒実習指導の葛藤・困難
・実習指導で得てきたもの
どのような力を付けてきたのか　－技－
・実習指導の変容のきっかけ
・実習期間中による指導内容の段階性
・実習生の研究授業とその評価
・実習指導を通じての自己の変容
・実習指導の失敗例
実習指導の特質　－場－
・実習指導の面白さ
```

　相互インタビューは「志・技・場」についての質問項目への応答から始まり，それぞれの回答に触発されながら徐々に話題を広げ，相互に質問し合うように進められた。実際，全114の発話のうち，宮本の発話は9である。対象者らが質問しあった項目は**表8.3**であり，繰り返し，実習指導と自己の「変容」やその「きっかけ」が語られている。

　グループ・ディスカッションの音声データは逐語文字化し，定性的コーディング（佐藤，2008）を石川・西村が行った。コーディング結果の分析は，研究対象者4名に宮本と両角を加えた6名で実施し，**表8.4**の通り，オンライン上で7回開催した。これらの分析を通じて，「教育実習指導の経験は，教師をいかに教師教育者へと成長させていくのか」（**表8.2**）から，「教師教育者は教育実習指導経験をいかに意味づけていくのか」へと論点が展開し，リサーチクエスチョンとして固まっていった。

表8.4　オンライン上の会合

日付	会合の内容
8月6日	相互インタビュー
8月23日	分析①
8月28日	PD講座（分析②）
9月18日	分析③
9月23日	PD講座（分析④）
10月10日	分析⑤
10月16日	分析⑥
10月31日	PD講座（分析⑦）

　この議論の過程で，4名のインタビューデータを分析する視点として，コルブによる経験学習論（望月，2015）が有効なものとして引き合いに出された。コルブの経験学習モデルは，すでに教育実習や教員養成に関する研究の中でも研修の枠組みとして用いられているほか，教師の学びのプロセスを捉え記述する理論的枠組みとしても用いられてきた（例えば，望月，2015；中原ら，2015）。本研究の中で用いることとなった理由は，次の2点である。第一に，経験学習モデルが4名の実習指導教員の語りから析出された学びの過程を分析できることである。第二に，インタビューデータの分析結果を経験学習モデルと照らし合わせることで，教育実習指導を通した教師教育者の専門性開発に対する示唆をもちうると考えたからである。

3　分析の結果

　相互インタビューは，教師教育者としての「志・技・場」の観点に基づいて行った。しかし，同インタビュー・ガイド（表8.2）は，教育実習指導の振り返りのための観点として用いるにとどまり，分析結果に大きな影響を与えるものではないことがわかった。むしろ4名の教師で「志・技・場」について語り合う中で，それぞれの教育実習指導経験の意味づけが多面的に陳述され，それらを分析した結果，【困難・葛藤】【省察】【教育実習指導観】【自己の学び】という4つのカテゴリーが生成された。これは，4名の教師による教育実習指導経

験への共通の意味づけと解することができる。

　以下では，生成されたカテゴリーにおける4名の教師の特徴的な語りについて言及する。なお，一部の語りには，その意味内容を理解しやすくするために趣旨が変わらない程度で修正を加えた。

（1）粟谷の場合 ── 生徒の学びの保障から実習生の目標達成へ ──

　国立大学附属中学・高等学校に勤務する粟谷は，教育実習指導が主ミッションであるという文脈の中で，

> 初めの頃は，教員採用数が少ないので，まあ，厳しいので，本当に教師になろうという学生さんが少なかったんですね。そうすると，やっぱり，意欲が低い，実習の途中から就活のほうにシフトするみたいな，そんな学生さんもいて，ちょっと腹立たしく思うようなこともあった。　　　（粟谷38）
> 1限から6限まで，全部，実習生さんの授業っていうようなことが日常的に行われていて，授業として成立していない授業を聞かなきゃいけないっていう生徒の立場に立ってみるとでも，やっぱりそれもそれで大変なんですね。
> 　　　　　　　　　　　　　　　　　　　　　　　　　　　　（粟谷104）

と語っており，実習生の実習に対する意欲や授業力についての【困難・葛藤】を感じていた。その中で，

> やはり，授業として成立していない授業を聞かなきゃいけないっていう生徒の立場に立ってみると。やっぱりそうすると，1時間，1時間，ちゃんと，授業の形にして，そういう力を付けないといけないっていう。　　（粟谷104）
> 生徒のためには，やっぱり実習生さんの授業をよくしないといけないなあというようなことを考え始めて。どうしたらよくなるんだろうというようなことで。
> 　　　　　　　　　　　　　　　　　　　　　　　　　　　　（粟谷4）

と語っており，生徒のために実習生の授業を改善していくことの必要性を意識

するようになり自己の教育実習指導の【省察】へ向かったと振り返った。さらに，教師教育研究で著名な J.ロックランとの出会いから，

　　これまではルーブリックを示したりっていうこともなく，何となく，目標
　　を提示しただけで終わってたなとかって思って。ちょっと研究を始めたと
　　いうようなことはありました。　　　　　　　　　　　　　　　　（粟谷62）

と自己の教育実習指導の改善のための研究を始めようと思ったと語っていた。そのうえで，

　　振り返りの道具として，ルーブリックを一緒に作るようになった。前は，
　　私が作って与えてたんですけれども，それを一緒に作ることによって，実
　　習生は，数人ですけれども，共通の視点で，検討会，批評会もして。どこ
　　までできるようになったかを見える化して，次もうちょっと良くするため
　　にはこういうことを頑張らないといけないなっていうことが明確になって，
　　改善できるようになるということがいい感じにできるようになった。
　　　　　　　　　　　　　　　　　　　　　　　　　　　　　　　　（粟谷45）

と語っており，ルーブリックを実習生とともに作成し，実習生が定めた教育実習の目標達成を目指すという【教育実習指導観】を形成した。さらに，

　　生徒，こんなに，ちゃんと楽しそうに授業を受けるんだなと思って。それで，
　　まあ，まねしてっていうのは，ちょっと，語弊があるかもしれませんけれ
　　ども，私も同じようにやってみようというふうになりました。　（粟谷85）

と語っており，実習生の行う授業で生徒が楽しそうに取り組んでいる姿を見て，自らの授業省察も組み替えていこうとする「自己の学び」のきっかけが生まれたと述懐する。このような自己省察から，

　グループ活動ってどうなんだろうとかって思う時期がいっときあったんで
すけど，ちゃんといい具合に指導すればそんなこともなく，話し合いをし
て，楽しそうに自分の考えを表明して，意見をまとめたりするんだなとい
うふうに，ちょっと考えが変わってきて。　　　　　　　　　　（粟谷85）

と，教育実習指導は自己の授業を見直す契機になるという点において，【自己
の学び】と意味づけるようになったという。

（2）石川の場合―十把ひとからげの実習生像に基づく指導から実習生の　実態に応じた指導へ―

　公立高校や国立大学附属高校での勤務経験を有し多様な実習生を指導してき
た石川は，

　基礎学力の面というか，授業が成立できないレベルで，これちょっと2週
　間でどうするの？っていうのがやっぱり限界を感じました。　　（石川39）
　塾に行ってたときの先生の教え方がすごくわかりやすかったからって言っ
　て，その教材を持ってきて，それで授業をしようとするので，なんでそんな
　手っ取り早いことをやろうとするのかと，そもそもどうなん？とも。多分
　その子は教員になろうと思ってなかったところもあるのかなと思うんです
　けれどもね。そういうところでちょっとやっぱりがっかりするっていうこ
　とですね。　　　　　　　　　　　　　　　　　　　　　　　　（石川39）

と語っており，基礎学力の低い実習生や教材研究に熱心に取り組もうとしない
実習生への指導に対して【困難・葛藤】を感じていた。その中で，

　やっぱり母校実習だったので，とっても大事にしてもらってるなっていう
　印象があったので，やっぱりこれは人を育てるという一環なんだなってい
　うのは，自分の経験から思ったので，今度，実習生の指導にあたるときには，
　やっぱり，この人たちが実習に来てよかったとかですね，こういうことが

できて，できるようになって自分が成長したなということを感じてもらえ
るようにというのは，自分の中では心掛けていました。　　　　　　（石川28）

と語っており，石川自身，かつて教育実習において大事にしてもらった経験が
あり，そのことが自己の教育実習指導を改善していこうとする契機と語る。さ
らに，

　教育実習生っていったら，なんか，十把ひとからげに思ってたのが，たま
　たまだったか，こんなにやっぱり，個性があるというか，類型化されるん
　だというのがわかったので，そしたら，それぞれの類型に合った指導って
　いうのもあるのかなっていうのを思います。それは，まあ，附属に行って，
　たくさんの子が，あの，いっぺんに来るっていうことがあったりするので，
　余計に実習生同士の違いが見えるんですけれども。これが公立高校だと，
　自分が担当する実習生は1人だけだし，社会科で来る子たちは，他にも複
　数いるなんていうこと，あんまりなかったりするので，多分，気がつかな
　かったと思うんですけれども。　　　　　　　　　　　　　　　（石川60）

と語っており，複数の学校での教育実習指導の経験が，多様な実習生の実態に
応じた指導について考えていかなければならないという自己の教育実習指導へ
の【省察】に向かわせていた。そのうえで，

　そのゴールは，単位だけ欲しい子たちは取りあえず最後の授業，研究授業
　で滞りなくできるというのが目標ですし，そうでない学生なんかとは，やっ
　ぱり，なぜこの授業で何をやりたいのかっていう結構そういう議論もでき
　ました。　　　　　　　　　　　　　　　　　　　　　　　　　（石川60）

と語っており，実習生のタイプによって指導の力点を変えるという【教育実習
指導観】を形成していた。また，

やっぱり，日本史で自分の専門分野をやってた，中世やってた学生が来た
ときには，今，最新の研究ではこうなっているというようなことも教えて
もらったりして，そうなのねっていうようなこともありましたから。

（石川28）

特にモチベーションが高い学生であったり，関心が高い学生とは，授業が，
技術が上手下手じゃなくて，そもそもこの授業はどういう意味があるのか
とかっていような話ができたのは，私にとってはとても楽しかったなと思
います。

（石川28）

と語っており，自身と同じ分野を研究している実習生との対話や，意欲の高い
実習生との授業の意味やねらいについての議論を行うことは，教師としての
【自己の学び】になると意味づけていた。

(3) 西村の場合 ―― 卒業生を「二度」教える ――

私たちの学校では，卒業生が教育実習に来るわけです。ですが，皆が教員
になるわけではないということがあります。教員免許は取りあえず取得す
るけれども，民間企業に就職したりだとか，公務員になったりだとかって
いう学生さんもいます。ですが，そういう学生さんも，実習生として受け
入れるということになります。

（西村3）

社会に出て通用する大人を教育していくっていうのは（日頃の子どもを相手
にすることとは違って），単に学校の中で子ども相手に授業をしているだけ
では，学生を教育するような資質や能力が養われていくとも思えないし。

（西村102）

私立高等学校に勤務する西村はこのように語り，生徒であった卒業生を実習
生として積極的に受け入れて指導していくという状況や，教育実習指導におい
て日頃の子どもの教育とは異なり大人（将来の教師）を教育していくことについ
て【困難・葛藤】を感じていた。さらに，

　　社会科教育の勉強をする中で，評価ってこんなきちっとやらないといけな
　いんだっていう認識があって，教育実習生の評価は，これ，A とか B とか感
　覚的に付けてるけど，果たしてそれは本当にいいんだろうか。　　（西村64）
　　皆，終わったらなんか感謝の手紙くれるんですよね。すごくお世話になり
　ました，勉強になりました。だけど感謝されても僕自身はなんの勉強もし
　てないし，教育実習指導に関して。　　　　　　　　　　　　　（西村109）

と語っており，自身の実習生に対する評価が感覚的になっている一方で，実習
生から感謝されるという状況に対して【困難・葛藤】を感じていた。

　　自分が勉強しないと，教師を教育していくことはできないという意識が芽
　生え始めて。　　　　　　　　　　　　　　　　　　　　　　（西村102）
　　しっかり勉強したうえで，やっぱり実習生を指導していかないと，大学を3
　週間も休んで，こっち戻ってきてやってるのに，申し訳ないな。しかも，
　こんななんのバックボーンもない人間に感謝してっていうようなことが，
　あるので。　　　　　　　　　　　　　　　　　　　　　　　（西村109）

と語っており，自己の教育実習指導の経験を【省察】することを通して，教師
教育者としての意識を高め，学びを深めていくことの必要性を感じていた。そ
のうえで，

　　社会人として大切な能力っていうか，資質，そういったことをまず大前提
　として身に付けるところを，まず前提として大切にしています。一方で，
　明確に，教師を目指すという学生に関しては，やっぱり，授業の指導案の
　書き方ですとか，授業のつくり方とか，そういった細かな，部分に対しても，
　指導をしています。　　　　　　　　　　　　　　　　　　　　（西村3）
　　うちの本校の卒業生として社会に出たときに恥ずかしくないような形で教
　育していってくださいっていうようなことが，校長から言われますので。
　だから，私もそういう影響を恐らく受けながらやっているんだろうなと思

います。 (西村32)

と語っており，卒業生である実習生を社会人として成長させつつ社会科授業構成力を身に付けさせるという【教育実習指導観】を形成していた。また，このように考える要因について学校の文脈の影響を指摘していた。

　そもそも，西村が教育実習指導に関心をもった契機として，

> 自分自身が社会科教師として力量を上げたいっていうのがあって，社会科教育学に興味をもっていたんですけれども，その社会科教育の論文を読む中で，教師教育というテーマが出ていて，ああ，まさにこれは，今後，考えていかないといけないことだなっていうことで，教師教育に関心をもち始めた。 (西村102)

と語っており，社会科教師としての力量を向上させるために社会科教育学を学ぶ中で，教師教育に出会い本格的に考えていかなければならない課題だと認識するようになったとも述べていた。

> 学生は大学でいろんなこと学んで来るので，こんなこと学んでるんだとか，すごい新鮮な気持ちになるんですよね。で，あらためて自分も，教育のことについて勉強しないといけないなと思った。 (西村86)
> いろいろな教育方法を駆使しながらやっていくんだっていう感覚になってますから。それはあらためて自分を見つめる鏡に実習生がなっているっていうのは，すごく感じて。彼らから学ぶことっていうのは，指導技術の面においても，志だけでじゃなくて，私にはあるかなというふうには少し感じてはいます。 (西村86)

というように，大学で新しい教育方法について学んでいる実習生との出会いが，教育について自分も学ばなければならないという気持ちにさせてくれると語っており，教育実習指導を【自己の学び】として意味づけていた。

(4) 深見の場合 —— 失敗経験から自己省察と教師教育研究へ ——

　公立小学校に勤務する深見は，教育実習指導に対して，

> 実習生が来ると忙しくなるっていうのが，どうしても，課題というか。そんなに遅くまで別に残らそうって思ってるわけじゃないんですけど，実習生のほうが頑張って，結構，遅くまでいたりして，私もそれに合わせたりすると，疲れるなっていうのが正直思うときはありますね。　　　（深見36）
> 挙げるときりのないくらい失敗をしている。今日の授業は本当ひどかったね，みたいな言い方をすると，実習生も涙目になった。　　　（深見89）

と語っており，教育実習指導を行うことで仕事量が増えることや，実習生への関わり方についての【困難・葛藤】を感じていた。さらに，かつて深見が実践した教育実習指導について「失敗」と述べていた。その中で，

> 教職大学院でリフレクション，リフレクションって言われてたので，自身，振り返ったときに，自分の実習指導がよくなかったのかなっていう，どんな指導してたんだろうなっていうふうに思って。　　　（深見5）
> セルフスタディのセミナーがあって。教師教育者っていう言葉も，教師教育学会には，7, 8年前から入ってたんですけれども，そういう教師教育っていうのを意識するようになって。　　　（深見5）

と語っており，教職大学院での学びの経験や教師教育学会への参加が，教師教育についての意識を高め，自己の教育実習指導の【省察】へと向かわせていた。そのうえで，

> 一つは実習生に会ったときに，今回の実習で何をテーマにしたいって，課題を先に聞くようにしています。どういう力を付けたいですかっていうのを，初日に聞くので，考えてきてくださいっていうふうに自分で，事前面接のときにお話をして。　　　（深見36）

　　　振り返りを大切にした実習指導, とりあえず, やってみていいですよって。
　　　やってみたいようにやってみてくださいと。で, 終わった後にしっかり振
　　　り返りましょうっていうことで, コルトハーヘンの, ALACT モデルも,
　　　ちょっと最初に提示して, 子どもの様子, どうだったでしょうねって。

　　　　　　　　　　　　　　　　　　　　　　　　　　　　　　　　（深見44）

と語っており, 実習生の問題意識を前提とし, コルトハーヘンの ALACT モデ
ルを基盤とした振り返りを重視する【教育実習指導観】を形成していた。さらに,

　　　子どもが, もう, あんな面白い顔してるのが, 本当に好きなんです。みた
　　　いなこと言って。いや, 自分は, もう, そんなの忘れてるなっていうのに
　　　気づかされるというか。そういう部分で, まあ, 教師としての姿っていう
　　　のは, 教師としての姿を自分自身が振り返る機会になるかなと。　（深見87）

とも語っており, 教育実習指導は自分自身を振り返る機会になるとも捉えてい
た。また,

　　　そういう先生と子どものことについてもっとたくさんしゃべってったほう
　　　が, いろんな見方があって, 自分の担任としての見方, 子どもたちへの見
　　　方とか, 学級経営の仕方が変わってくんだなって。　　　　　　（深見87）
　　　これは実習指導をするっていうのには, 自分にもなんか意味があるんじゃ
　　　ないかなっていうふうに思うようになってきた。　　　　　　　（深見5）

と語っており, 教育実習は実習生だけでなく実習指導教員にとっても【自己の
学び】につながると意味づけていた。さらに,

　　　教師教育っていうのに関心をもつようになったっていうので, 研究として
　　　見ているっていう部分も, 当然, あると思います。ここの分野が, あまり
　　　クローズアップされていないので, 開拓してみたいみたいな, そういうの

もある。 　　　　　　　　　　　　　　　　　　　　　　　　　（深見107）

と語っており，自己の教育実習指導を研究対象として相対化し，改善につなげ
ていこうとする姿勢を確認することができた。

　以上のように，分析対象である粟谷，石川，西村，深見の４名は，教職経験
年数や学校段階，また教育実習指導経験の内実もそれぞれ異なっていた。しか
し，４名の語りの分析を通して，【葛藤・困難】，【省察】，【教育実習指導観】，【自
己の学び】という共通の４つの意味づけが，教師が教育実習指導者 —— 教師教
育者へと自己形成していく過程の中での重要な局面として析出された。そして，
一過性の教師の業務の一つである教育実習指導の中で起きた【葛藤・困難】が，
実習生のよりよい学びにつながる教育実習指導とはどのようなものかという【省
察】を呼び起こしていた実態が明らかとなった。さらに，自身の【教育実習指
導観】が，教育実習指導の中での学びとともに実習生とのかかわりの中で形成
され，確立してくるという生成のプロセスが浮かび上がってきた。

4　考察

　本研究の結果から，実習指導教員が自らの実習指導をどのように意味づける
かについて４つのカテゴリーが生成された。また，４名の教師にとっての教育
実習指導は，職務として行う実習生への指導にとどまらず，教師が教師教育者
としての意識をもち，移行していく過程であることが明らかになった。

　教育実習指導を通して教師教育者としての意識を形成していく長期的な過程
を再構成するときに参考となるのが，経験の中で学びが生起してくることを捉
えたコルブの経験学習モデルである（Kolb, 2015）。このモデルは，ジョン・
デューイの「経験による学習」と「反省的思考」の概念を４つの段階に整理し，
学習を「経験を変換することで知識を創造するプロセス」と捉える。学習の過
程は，「具体的経験（Concrete Experience）」→「反省的観察（Reflective Observa-
tion）」→「抽象的概念化（Abstract Conceptualization）」→「能動的実験（Active
Experimentation）」のサイクルで構成されている（**図 8.1**）。

図8.1　経験学習モデル

出所：Kolb（2015）を基に筆者作成

　4名ともに，教育実習指導を受けもつ「具体的経験」を出発点として，どのように教育実習指導を行い，実習生を育てるかについて「反省的観察」を自らの実践に対して行い，そこから教育実習とその指導を【教育実習指導観】として意味づけていく「抽象的概念化」の過程を経て，形成されてきた観を実際に自らの実践の中に還元していく「能動的実験」のフェーズへと進んでいくものと捉えることができる。ここで重要なのは，必ずしも一回の教育実習指導経験の中でこれらのプロセスを一巡りするわけではなく，複数年・複数回の指導経験の中で，場を移したり特定の実習生と出会ったりすることではじめて「反省的観察」や「抽象的概念化」を展開していったことである。それゆえ，4名の教師のインタビューは，彼らの中長期的な経験と学びのプロセスに対する総括的な語りであり，これを再構成してみるときに，経験から観察へ，概念化から実験へと駆動しているさまを見とることができると考える必要がある。

　教育実習指導の経験の中で生起した教育実習・教育実習指導・教師教育者に関わる学びの再構成的分析から生成された4つのカテゴリーは，従来の経験学習モデルだけでは必ずしも明確に示されていない知見を提起している。すなわち，「具体的経験」から「反省的観察」へ，「反省的観察」から「抽象的概念化」へ，というフェーズの進行はいかなる時，状況，きっかけによって可能となるのか，というプロセス進行の駆動因に関する知見である。4名の教師による教育実習の意味づけの語りから得られたカテゴリーに基づいて，こうした経験学

習の進行プロセスを，とりわけ教師教育者として教育実習指導に携わる過程と
連動させながら捉え直すことができる。以下では教育実習指導の中での教師教
育者としての経験学習の生成過程について考察する。

(1)「反省的観察」へ駆り立てる【困難・葛藤】

　第一に，教育実習指導の文脈において，教師が「具体的経験」から「反省的
観察」に移行する際の【困難・葛藤】の役割が示唆されている。4名の教師は，
教育実習指導に対してそれぞれの【困難・葛藤】を抱えていた。粟谷は実習生
の意欲や授業力が学習者である生徒に与える影響を，石川は基礎学力の低い実
習生や教材研究に熱心に取り組まない実習生への疑問や無力感を，西村は生徒
であった卒業生を実習生として指導する戸惑いを，深見は実習指導における多
忙や指導の失敗をそれぞれ【困難・葛藤】として認識していた。こうした【困難・
葛藤】が，彼らの中に「教育実習でどのように実習生を指導するか」という問
いを生起させ，自らの実習指導についての「反省的観察」を促す契機となって
いた。

　経験学習モデルは，単純化された理想的・規範的な学習のプロセスを描出し
たものであり，実際の学習においてこのような4段階を自然に進むというよう
に理解することは難しいと指摘されている（山川，2010，pp.160-161）。本研究の
文脈でいえば，授業実践を行い省察する場を提供しても，授業をほとんど変え
ることができない教師もいるように（cf. Gelfuso & Dennis, 2014），教育実習指導

図8.2　【困難・葛藤】のない学習サイクル

についても，経験をすれば一律に何かの学びが生じ，それが指導力の向上や業務改善につながるわけではない。図8.2のような「具体的経験」と「能動的実験」の往復に留まると，これまでの成功体験や既有の考え方を強化するばかりで，経験から自身の考え方の枠組みそのものを反省的に観察し，学びと変容に切り替えていくことが難しくなってしまう（枠組みを強化させる省察と枠組みを変化させる省察の差異についてはシングルループ学習とダブルループ学習とも類比可能だろう。Argyris & Schön（1978）参照）。他方で，本研究の対象である4名の教師は，自らの【困難・葛藤】を認識し，それを乗り越えるために何かを学ぼうと駆り立てられていった。ここに経験学習モデルの次のサイクルである「反省的観察」への契機が見出せる。

（2）「抽象的概念化」をもたらす【省察】

　第二に，「反省的観察」から「抽象的概念化」に移行していくための，研究や学術的知見を借りながら進められる【省察】の重要性である。【困難・葛藤】と向き合うことで自らの教育実習指導を反省的に観察した4名の教師は，それぞれの教育実習指導についての課題を理解し，それを克服するための取り組みを行っていた。例えば，粟谷は生徒のための実習生の授業改善のためには，ルーブリックを一方的に提示しただけでは不十分であると理解した。石川は実習生を十把ひとからげに捉えるのではなく，個性に応じた指導の必要性を理解した。西村は母校実習に来る卒業生を二度教えるという経験から，自分が勉強しておかないと，教師になろうとしているかつての生徒を教育していけないと理解した。深見は実習生への指導の失敗の経験から，自らの教育実習指導を教職大学院で学んだリフレクションの対象として捉える必要性を理解した。【困難・葛藤】と深く結びつきながら，自身が有していた枠組み通りではうまくいかない教育実習指導を相対化し組み替えていくための批判的【省察】が4名の教師の中で生起していった。

　ただし，【困難・葛藤】が「反省的観察」を生み出す契機につながったとしても，「抽象的概念化」までには至らないということがままある。本事例においても，自らの教育実習指導について「反省的観察」をしていたものの，その

図8.3　深い【省察】のない学習サイクル

数週間の教育実習指導の期間中に,【教育実習指導観】の見直しや【自己の学び】の認知には至らなかったと判断される語りもあった (石川 60, 西村 64, 深見 89)。ここにも経験学習モデルにおける「反省的観察」から「抽象的概念化」に至るまでの隔たりと移行の難しさが表れており, 経験学習が「抽象的概念化」のプロセスを経ないまま次の実践へと進んでしまうことが示唆されている (**図 8.3** 参照)。

　これに対し, 4 名の教師は教育実習指導の担当を何度か繰り返していく中長期的なプロセスの中で, 経験学習モデルにおける「抽象的概念化」へと至るきっかけが生まれていた。特に粟谷は提示するだけだったルーブリックを実習生と一緒に作成することに取り組み, 自身の博士論文執筆と連動させることで学術的知見を吸収しながら実習生の授業改善のきっかけを作り出した。深見もまた,「自分の実習指導がよくなかったのかな」(深見 5) という教育実習指導の有効性の検証や改善を目指す【省察】が行われていたものの, それを認識した実習期間中にすぐに具体的な行動があったわけではなく,「抽象的概念化」も図れていなかった。その後, 何名かの実習生指導を数年かけて繰り返していく中で, 大学院での学びを契機にコルトハーヘンの ALACT モデルを活用した振り返りを行う実習指導 (深見 36・44) にたどりつき, 教育実習指導が「教師としての姿を自分自身が振り返る機会になる」(深見 87) という観が形成されたことを自覚するようになった。石川は実習生の状況に応じた指導を意識し, 授業のねらいや意味についての議論を実習生と活発に行ったり, 西村も自らの教育観を実習

生に合わせて更新することを試みた。4名ともに，観察された自己の実践の【省察】を学術的知見をたぐりよせながら進めていた。

【省察】を経た「抽象的概念化」の内実として，この過程で形成されてきたのが【教育実習指導観】であった。本研究の特徴の一つである「学校ベースの教師教育者である「自分」は教育実習指導経験をいかに意味づけているのか」を考え，教師としての自己の在り方を考えるような【省察】の深化が図られた。「抽象的概念化」が【教育実習指導観】の形成につながった後に，新たな試行としての「能動的実験」によって，次なる「具体的経験」が得られるという経験学習モデルが駆動していた。

(3) Second order としての【教育実習指導観】の形成と【自己の学び】

　第三に，「抽象的概念化」を通して得られる【教育実習指導観】および【自己の学び】が，first order としてばかりでなく，second order の次元も含みこむものとして展開されていくという学びの多次元性が，4名の語りの分析から明らかとなった。先行研究では，教育実習指導の消極的側面を強く感じる教師の中にも，実習指導を経験することで，授業を変えたり，児童生徒への関わり方が変わったりと，【自己の学び】が得られたりすることが明らかにされている。また，指導教員の指導法を改善することが，結果的に教育実習の改善につながるという枠組みで構成される研究が多い。しかし，本研究の4名の教師は，所属や教職経験年数に関わりなく，教育実習指導を自らの教職生活において意味あるものだと捉え，その機会を自身の成長につなげるべく，教育実践を相対化し，理論化も射程に置いてよりよくしようとする研究的な関心が存在していた（粟谷 45・85，石川 28・60，西村 86・102，深見 5・87）。この研究的関心の高まりによって，実習指導を通して得られる【教育実習指導観】および【自己の学び】は，自身の授業改善（授業をよくする =first order としての役割）の次元だけではなく，実習指導改善（実習生をよりよく指導する =second order としての役割）の次元をも含むものとなっていき，これら2つの次元が並行させられながら生起していったことがわかった（粟谷 62，石川 28・60，西村 86・102，深見 5・107）。

　以上のように，本研究の結果をコルブの経験学習モデルと関連づけて再構成

し，【困難・葛藤】を契機として生み出された【省察】が，教師教育者への意識化や移行に大きな影響を与え，児童生徒を教える教師としての役割と実習生を指導する教師教育者としての二重の役割を果たしながら【教育実習指導観】を構成し，それが教師および教師教育者としての【自己の学び】につながっていくことが明らかになった。本研究で得られたこれら4つのカテゴリーによって，経験学習モデルが教育実習指導の中でどのように駆動し得るかに関する知見を提供できた（図8.4参照）。

　一方で本研究からは4名の教師による，生成的な経験学習がもつ課題も示唆されている。第一に，実習生という他者の現れはあったものの，自己の【省察】が明確にアウトプットされ，その妥当性を審査・吟味・批判されるということがなかった。4名の教師は，教育実習指導の在り方を自らの成長と関連づけて模索する中で，学校内のリソース（同僚，校内研修）に頼ることなく学びを進めようとした。このことは，4名の教師の特質や力量の高さとして理解されうる一方で，教育実習指導を通して教師教育者への移行をもたらすような【省察】の深まりあるいは「抽象的概念化」が偶発的なものでしかないことを意味している。教育実習指導が教師教育者としての意識の醸成につながりにくいままであるという課題を克服するためには，深められた【省察】を支える他者の存在が重要となるだろう（佐久間，2014参照）。

　深い【省察】の保障という課題は，同時に教育実習指導教員が身を置く「場」をどのように創出するかという第二の課題とつながる。「場」については，教

図8.4　教育実習指導における経験学習の生起過程

育実習指導という業務を担う希望者や適任者がいない学校もあることや（中田ら 2014），教育実習指導に積極的な価値を見出す余裕がない学校現場に学校ベースの教師教育者が置かれているという問題が存在することを表している。ただ，本研究における 4 名の教師は，それぞれが所属してきた職場以外のコミュニティ（大学院修士・博士課程や教職大学院，教育系の学会との関わり）での学びを生かして経験学習を駆動させていた。4 名の教師は，属性（**表 8.1**）にも示されているように，博士課程後期修了者や教職大学院修了者であり，自らの教師としての実践を振り返ったり，研究対象としたりしてきた経歴を有する。石川・西村は，社会科教育系の学会に参加する中で，専門分野に関する学習指導に関連づけて考えたり（石川 28），社会科教育学のテーマの一つとして教師教育に関する興味を有していたりした（西村 102）。また，粟谷・深見は，教師教育系の学会に参加する中で，教育実習生の授業構成力を高めるためのルーブリックの作成に取り組んでいたり（粟谷 45），実習指導の意味について研究対象の一つとして捉えようとしていたりしていた（深見 107）。それぞれが所属してきた職場以外のコミュニティでの学びが，教師教育者としての成長に積極的に生かされたといえる。昨今，教育系学会に所属する現職教師の数が増えており，地域の教育委員会や学校と連携しながら運営されている教職大学院への現職教師の派遣研修も継続的に行われている。学校ベースの教師教育者が first order からsecond order へ移行していく過程において，学会への参加や大学院での学びが有用であることも本研究の結果が示している。

5　まとめと示唆

　本研究は，教育実習指導経験を教師がどのように意味づけていたのかを，学校ベースの教師教育者形成という問題文脈との関わりで明らかにした。これまで職務としてやり過ごしてしまいがちであった教育実習が，実習指導教員の授業実践に対する学び（first order）をもたらすばかりでなく，将来の教師を育成する教師教育者（second order）としての学びにとって重要な役割を担っていることに着目し，4 名の学校ベースの教師教育者の相互インタビューを通して，

実習指導経験の意味づけを検討してきた。その結果，【困難・葛藤】，【省察】，【教育実習指導観】，【自己の学び】という 4 つの意味付与が析出され，経験学習との関連や，教師教育者への意識化の契機と諸要因，さらには，教師教育者への移行における「研究すること」の重要性が明らかとなった。

　本研究の方法とその成果は，教育実習指導者が自ら学ぶことを支援する側面と，学校を基盤とした教師教育者を育成するという側面から，以下の 2 点を示唆している。

　第一に，教育実習指導研究を教師が共同で行うことに意義があるということである。4 名の教師は本研究以前から，教育実習指導経験を自らの実践的指導力を高める契機として前向きに捉えようとしていた。しかし，粟谷を除くとそれは個人の研究や実践の域にとどまっていた。今回，この 4 名は，PD 講座を受講し，教育実習指導に関心のある者で研究グループを作ることによって，ようやく自らの教育実習指導経験について他者と語り合う場を得た。本研究では，相互インタビュー（グループ・ディスカッション）という方法を採用することで，学校種や学校規模，附属・非附属，経験年数という環境の全く違う他者の語りに触発される形で，自己の教育実習指導経験を改めて省察し，意味づけることができた。授業研究がそうであるように，自己の教育実践を他者に開示してこそ，自らの教育実習指導の在り方の妥当性や改善の方向性を明らかにできるのではないか。それゆえに，教師が教育実習指導について語り合い，相互に学ぶことができるコミュニティが必要である。教育実習指導について互いに学び合う教師コミュニティへの参画は，「学校ベースの教師教育者」として教師が自己を認識するきっかけになるはずからである。以上の示唆を実質的なものにするために，学校ベースの教師教育者のコミュニティを作っていくことを今後模索していきたい。

　第二に，教員研修の一分野として，教育実習指導について学ぶ機会を設けることの必要性である。教師を育てる「学校ベースの教師教育者」を育成する仕組みは，現在のところほとんどないといってよい。しかし，教師の second order への移行が教師の専門性開発との関連で求められるほどに，学校現場における教育実習指導について学修できる機会が提供・保障されることがますま

す求められるようになる。それは教職大学院や教育委員会の設ける教員研修の一つとして行うことが考えられよう。その際，本書で見出された教育実習指導における経験学習の生起過程のモデルが参考になるのではないだろうか。

【引用・参考文献】

阿部雄太・大島崇行（2021）「教育実習指導における指導教員の変容に関する事例的研究」『上越教育大学研究紀要』第41巻1号，21-34。

池田明子・掛志穂・君岡智央・中山芙充子・広兼睦・森脇有紀・升岡智子・井上弥・朝倉淳・児玉真樹子（2014）「教育実習指導による指導教員の成長に関する研究」『広島大学学部・附属学校共同研究機構研究紀要』第42号，217-222。

磯崎哲夫・磯崎尚子・木原成一郎（2002）「教育実習に対する国立大学附属学校指導教官と教育実習生の意識調査：教育実習におけるメンタリングの可能性を探る」『日本教科教育学会誌』第25巻第2号，21-30。

一柳智紀・三島知剛・坂本篤史（2016）「教育実習における実習指導教員の学び」『日本教育心理学会第58回総会発表論文集』508。

岩田康之・大和真希子・山口晶子・早坂めぐみ（2016）「「開放制」原則下の実践的教師教育プログラムの運営に関する研究（2）」『教員養成カリキュラム開発研究センター研究年報』第15巻，31-42。

草原和博（2015）『新社会科授業づくりハンドブック　中学校編』明治図書。

佐久間亜紀（2014）「教師教育の方法」岩川直樹編『教育の方法・技術』学文社。

佐藤郁哉（2008）『質的データ分析法』新曜社。

中田正弘・伏木久始・鞍馬裕美・坂田哲人（2014）「教育実習生及び初任者・若手教員の指導を担当する教員に関する現状と課題」『信州大学教育学部研究論集』第7号，31-46。

中原淳・脇本健弘・町支大祐（2015）『教師の学びを科学する』北大路書房。

フリック U.著，小田博志ほか訳（2011）『新版質的研究入門〈人間の科学〉のための方法論』春秋社。

三島知剛・一柳智紀・坂本篤史（2021）「教育実習を通した実習指導教員の学びと力量形成に関する探索的研究」『日本教育工学会論文誌』第44巻4号，535-545。

望月耕太（2015）「コルブの体験的学習モデルを用いた概念形成過程の分析」『静岡大学教育実践総合センター紀要』第24巻，155-162。

山川肖美（2010）「経験学習」赤尾勝己編『生涯学習理論を学ぶ人のために』世界思想社，141-169。

米沢崇（2008）「我が国における教育実習研究の課題と展望」『広島大学大学院教育学研究科紀要　第一部学習開発関連領域』第57号，51-58。

Acker, S.(1997). Primary school teachers' work. In G. Helsby & G. McCulloch(Eds.),

Teachers and the national curriculum (pp.55-72). London: Cassell.

Argyris, C., & Schön, D. (1978). *Theory in practice*. San Francisco, CA: Jossey-Bass.

Gelfuso, A., & Dennis, D.V. (2014). Getting reflection off the page: the challenges of developing support structures for pre-service teacher reflection, *Teaching and Teacher Education, 38*, 1-11.

Kolb, D. A. (2015). *Experiential learning: Experience as the source of learning and development* (2nd ed.). Upper Saddle River, NJ: Pearson Education.

Murray, J. (2002). Between the chalkface and the ivory towers? [Doctoral dissertation, Institute of Education, University of London].

【付記】

本書は，筆頭執筆者が所属する大学院・研究科の倫理委員会の審査（2021064）を経て，2021年8月3日付で研究成果公表の承認を得て執筆されている。

第9章
教師教育者のアイデンティティの
獲得プロセス
── 指導主事や特別支援教育コーディネーター
への移行にともなう転機や困難に注目して ──

大坂 遊・泉村靖治・櫻井良種・田中雅子・
八島恵美・河村真由美

1　問題の所在

　20 世紀末までは，教師教育者とは大学等の高等教育機関に所属する教師教育
者のことを前提として議論されていた (例えば，Cartar (1984) による定義)。し
かし，近年は学校や研修機関等に所属して教師教育に携わる教師教育者の存在
が認知され，その重要性が指摘されるようになっている。日本においては，教
育委員会や教育センターに所属する指導主事，学校の管理職や研究主任，教育
実習生や新任教諭の指導担当教諭，特別支援教育コーディネーター (以下，状
況によりコーディネーターとも記述) などが，学校・行政を基盤とした教師教育
者に該当するであろう。これらの立場の人々は，教師としての経験を積んだ後，
あるいは教師の立場であり続けながら，教師教育の業務に携わる。その点にお
いて，これらの人々は教師から教師教育者へと「移行」するプロセスを経験す
るという共通の性質をもつ存在であるといえる。

　しかしながら，教師であった人間が教師教育者へと「移行」するのは容易で
はない。例えば，6 ヶ国の初任期教師教育者に対して，どのように研修やメン
タリングといった組織的な導入実践が行われているかについて探索的な調査研
究を行った Van Velzen et al. (2010) によると，11 名の初任期教師教育者はい
ずれも所属する機関の導入実践に満足していないことが指摘されている。また，
英国の初任者教育 (ITE) コースで働き始めて 3 年目の 28 名の教師教育者に生
じる緊張と対立を分析した Murray & Male (2005) によると，学校教育の分野
で成功を収めた経験があるにもかかわらず，インタビュー対象者の大半は，新

しい職業的アイデンティティを確立するのに2年から3年を要したことが明らかになっている。Murrayらは，教師から教師教育への移行プロセスはしばしばストレスを伴うものであり，新任の教師教育者は教師の教師としての新たな専門的アイデンティティを確立し，新たな専門分野を開拓する必要があることを指摘している。

　教師教育者としてのアイデンティティを確立することの困難さは，Swennen et al.（2008）でも言及されている。Swennenらは，教師教育者らが執筆したセルフスタディやインタビュー記録などの複数のナラティブなデータを分析することを通して，新任の教師教育者が導入期に直面する基本的な問題は，孤立，他者との教師教育観の衝突，時間とリソースの不足，仕事の複雑さの4つがあることを示唆した。Swennenらも，「教師が教師の教育者になるには，教師としてのアイデンティティを，成人学習者を扱う教師の教育者としてのアイデンティティに変えたり，広げたりする必要がある」と指摘している（Swennen, 2008, p.93）。

　日本の教師教育者においても，同様の「移行」問題が生じることが先行研究から示唆されている（例えば，大坂ら（2020）など）。しかし，「移行」に関する国内の先行研究は，高等教育機関に所属する初任期の教師教育者を対象としたものに限定されている。そのため，教育委員会の指導主事制度など独自の教師教育システムをもつ日本において，学校や行政を基盤とする教師教育者の初任期の「移行」にともなう困難や葛藤を解明し，他国との共通点や相違点を検証する必要があるだろう。

　そこで，本書では「学校や行政を基盤とする教師教育者は，どのように／どのような教師教育者としてのアイデンティティを獲得するのか？そこにはどのような転機や困難があるのか？」をリサーチクエスチョン（RQ）に設定する。この問いを明らかにすることで，日本の学校や行政を基盤とする教師教育者が，専門職としてのアイデンティティ獲得を支援するための方策について示唆を得たい。

2　研究の方法

(1) 理論的枠組み

　本研究を展開するうえで，教師教育者のアイデンティティとは何か，それが教師から教師教育者への移行にともなっていつ・どのように獲得されていくのかを規定しておく必要がある。

①教師教育者のアイデンティティの定義

　杉村（2008）は，Erikson（1968）に基づき，アイデンティティ（Identity：自己同一性，同一性）を以下のように定義している。①自分が他者とは異なる独自の存在であり（斉一性：sameness），②過去から現在にかけて一貫しているという感覚のことである（連続性：continuity）。同時に，③自分の考える自分の姿が他者からも認められ，社会の中に位置づけられているという自覚も含まれる。また，先行研究をもとに専門職としてのアイデンティティ概念を整理した大谷（2021）によると，専門職アイデンティティとは個人の中にある複数のアイデンティティの中の一つであり，専門職として立つときに前面に出るアイデンティティであるとされる。

　以上をふまえ，本研究における教師教育者のアイデンティティとは，教師教育者を取り巻く社会的関係の中に自らを位置づけ，職務を遂行する中で立ち現れる教師教育の専門家としての自覚であると規定したい。

②教師教育者のアイデンティティの獲得過程

　アイデンティティの獲得の過程について説明した岡本（1997）によれば，「自分とは何者か」という自己への問いは，自分がそれまでと異質の世界にさらされる時に強烈に意識させられる。それまでのアイデンティティでは安定した自己を維持していけない事態が起こるたびに，アイデンティティは変容し発達し続けるとされる。

　本研究では，このような考え方をふまえ，教師教育者のアイデンティティ獲得のプロセスを，①教師教育の職務に携わる中でのアイデンティティの自覚や変化を促す要因の発生→②その要因に直面した結果としての葛藤や模索→③教師教育者としてのアイデンティティの獲得，という3つの段階で捉えていく。

(2) 調査方法と分析枠組み

①研究方法論としての相互インタビュー

RQ に答えるために，本稿の著者であり，学校や行政を基盤とした教師教育者としての経験とアイデンティティを有すると想定される 4 名（泉村，櫻井，田中，八島）が，相互にインタビューを実施し，インタビューを通して形作られたナラティブを分析する方法を採用した。

このアプローチは，日本語教員養成課程の大学院生同士による教師教育実践とその意義を示した嶋津 (2018) を参照している。嶋津は，教師志望者同士が事前にインタビュー相手が執筆した自身の教職に関する自伝的エッセイを読み，そこに登場する経験や出来事としてのエピソードを元に相手にインタビューを実施するアプローチをとっている。このアプローチによって，語り手はまずエッセイを執筆する過程で経験の発掘と評価を通して現在の自身を位置づけ（モノローグ的ナラティブ），さらに対話的なインタビューを通して語り手は相手や状況に応じてエッセイに書かれていない内容について話すこととなる（ダイアローグ的ナラティブ）。嶋津は，このような 2 種類のナラティブを活用することで，教師志望者の探究と省察と成長が促されると論じている。

本研究も嶋津 (2018) に倣い，事前にインタビューの実施者兼対象者である 4 名がそれぞれ作成した「教師教育者としての移行や葛藤を示す絵」を作成した。その絵の簡単な説明と内容を共有したうえで，教師教育者同士の相互インタビューを行い，当日の状況や文脈でしか得られない語りを引き出し分析することを試みた。

②研究の対象と方法

インタビューの実施者兼対象者である 4 名は，広島大学主催の 2021 年度履修証明プログラム「【研究編】教師教育者のためのプロフェッショナル・ディベロップメント講座」（以下，PD 講座）の受講者である。4 名はいずれも，教師および教師教育者として合計 30 年以上のキャリアを有するベテランである。

PD 講座は，若手教員や教育実習生の指導・助言及び校内研修の企画・運営に従事している教師教育者を対象に，教員養成・教員研修の実践の改善と研究能力の向上をはかることを目的として開講され，4 名はいずれも自らの意志で

講座を受講した。¹⁾先述の「教師教育者としての移行や葛藤を示す絵」の作成と共有は，2021年5月初旬にPD講座内で課された課題である。当人たちの了承のもと，それらを基礎資料として参照したうえで，相互にインタビューを実施することとなった。

インタビューは，2021年7月から9月にかけて，予備調査も含め計5回にわたって実施された。インタビューはいずれもオンライン会議システムを活用して実施された。1回のインタビューでは4名のうち1名が聞き手，1名が話し手となり，他の筆者全員が両者のやり取りを聞いたうえで，必要に応じて追加で質問等を行うという方法がとられた。インタビュー項目は当日の状況に応じて柔軟に変更されたものの，「教師教育者としてどのようなアイデンティティをもっているのか」「教師教育者としてどのような職務を担っているのか」「教師教育者としてのアイデンティティを，いつ，どのようにして獲得していったのか」「自身の経験や葛藤は，駆け出し（なりたて）の教師教育者の成長にどのように活かせるのか」の4点を引き出すことを意識してやり取りがなされた。

インタビュー時の音声データはトランスクリプトを作成し，大谷（2008）によるSCAT²⁾を用いてオープンコーディングを行い，表計算シートに整理した。コーディング結果を筆者らで議論し，不足していると思われる点については追加で聞き取りを行った。この過程を経て，4名それぞれのインタビューのコーディング結果をストーリーとして再構成したものを，**表9.1〜4**に示している。

第3節では，上記の手続きによって作成された表とインタビューの元データ，そして事前に作成した絵などの資料をもとに，4名のアイデンティティ獲得のプロセスとその特徴を考察していく。第3節の各項では，本節 (1) ②で提示した教師教育者のアイデンティティ獲得のプロセス（①〜③）に従って分析したうえで，4名それぞれのアイデンティティ獲得プロセスの特徴（④）についても考察していく。第3節各項内の文章後の番号はストーリーの整理番号を示し，**表9.1〜4**と対応している。

なお，Web等での検索による個人の特定を可能な限り避けるため，本章では4名の氏名を仮名としている。また，第3節においては，鍵括弧はすべて対象者の語りの引用であり，それ以外の箇所は筆者らの解釈であることを示す。

3　研究の結果と考察

（1）　A 氏の場合：「生徒がいる，初任者がいる，そのために何ができるか」

①移行を促す要因

　A 氏の教師教育者への移行を促す契機となったのは，人事異動である。A 氏は，23 年間の高等学校勤務の後，研修所，大学等の教師教育の現場への異動を重ねている (1-1)。これらの異動は，「希望して何かになったことは全くなく」という言葉通り，A 氏の意志が反映されたものではなく，時には期待に反することもあったが，辞令とともにその職責に対して「どうすればいいのか」という A 氏の試行錯誤が始まったという (1-2, 1-3)。

　この形式的移行と内的移行の一致について，A 氏はインタビューの中で，「やらざるを得ない」「やる以上はと思って」「できないことを，けどやらなあかんっていうのが，自分の仕事のなんか感じなんかな」と語っている。

　つまり，A 氏の教師教育者への移行は，人事異動を契機とし，A 氏の仕事への取り組み方，生き方が要因となり模索が始まったと考えられる。

②移行時の葛藤と模索

　A 氏はその経歴の中で，教育行政機関と大学の両方で教師教育に携わっていることに特徴がある。

　研修所への異動がもたらした葛藤と模索は，「自分は教えるコンテンツっていうものをあまりもってない」「体験は喋るけど，先生方を導く，あるいは支援するっていうことに関してのノウハウをもってない」という語りが示すように，教えることを教える知識・技術の獲得であった (2-2, 2-3)。

　A 氏は，自ら勉強会や研究会というコミュニティに参加し，学ぶことによって，それらを得ようとする (2-1)。そして，初任者や指導主事の話を聞き質問しながら（説明するのではなく），考えを整理させたり理解させる，という自分のスタイルを築くことになる (4-1, 4-2)。このスタイルの構築には，研修所勤務以前の図書館での勤務経験が影響していると解される。このとき，A 氏は「教師としての経験が何も役に立たない」失望感等により，教師としての自信と誇りを喪失する経験をしている (3-1)。この経験が，自分を相対化してみることを

可能にしたと考えられる。

　大学への異動がもたらした葛藤と模索は，研究力の獲得であった。この新たな場で，「自分は何もできない」と気づき，「学問知を積極的に取り入れる」ために研究活動に参加することになる。PD 講座の受講もこれに起因する（2-5, 2-6）。

　このように，A 氏は，常に「自分の力がないというか物足りないというか，不全感をもち，それを原動力として」模索し続けている。

③最終的に獲得されたアイデンティティ

　教師教育者になったという自覚についてのやり取りの中で，A 氏は「なったと言えるかどうかという問題がまずある」と前置きをしてから，「初任の先生方の顔が浮かぶ。……それぞれが今の職場でどうしているのかとすごく思う。何か力になれたらということはずっと思っていて，そう思っていること自体がアイデンティティとしてあるところなんかな」「教員のときは，生徒のことを第一に考えて，そのために何ができるかに全てかけてきた」「生徒がいる，初任者がいる，そのために自分が何ができるかって考える中に自分のバランスがあるのかも知れない」と，自身に確認するかのようにゆっくりと語っている。

　この語りから窺えるのは，A 氏にとって大切なのは，教師か教師教育者かということではなく，目の前に導く対象としての個人が存在するかどうかということである。A 氏が経歴の中で自信と誇りを失ったのは，対象者を失ったときであった。A 氏は教師教育の現場で，初任者や指導主事といった導く対象者のために，自分は何ができるかということを常に考え，一緒に悩み伴走しながら進む教師教育者としてのアイデンティティを獲得しているということができる（5-1,5-2,5-3）。

④アイデンティティ獲得プロセスの特徴

　A 氏は，図書館，研修所，大学と，異質の世界への異動のたびに，「自分に足りないもの」を自覚し，対象者のために「何ができるか」を問い続けている。A 氏の根幹には教育者としてのアイデンティティがあったため，導く対象が生徒から初任者や指導主事に移行することについての葛藤はほぼなかったと考えられる。しかし一方で，異なる文化や組織への適応や，教師教育・成人教育に

関する知識・技術，研究力の獲得という大きな葛藤に直面することとなった。A氏はこれらの困難に対して，「まだ足りない」という不全感を原動力として学び続けることで克服してきている。

　A氏のアイデンティティは，教師から教師教育者に更新したのではなく，教育者として対象を広げ教師から教師教育者へと変容したと考えられる。また，A氏は不全感によって自身を教師教育者として完全には認めていなかったが，この相互インタビューを通して客観的評価を受け入れ，自己認知する様子が見られた。

表9.1　A氏の語りのストーリー

1. 教師から教師教育者への移行

1-1　高等学校教員として23年間勤務の後，図書館（指導主事），研修所（指導主事），高等学校（教頭），大学（准教授）を経て，現在は研修所（教務部長）に勤務。

1-2　異動は何れも予想外の配置。

1-3　「教師教育者としては，研修所に勤めるところからがスタート」であり，教えることへの試行錯誤が始まる。

2. 移行に直面した結果としての葛藤や模索

〈研修所への異動によって〉

2-1　「ゼロからのスタート」に，「どうしたらいいのか」と悩み，勉強会や教育研究会に参加する。

2-2　「先生方に教えたい」という思いのなかで，「どんなアドバイスをしたらいいのか」と悩み続ける。

2-3　「体験は喋れるけど，先生方を導く，あるいは支援することに関してのノウハウをもっていない」ことに気づく。

2-4　義務教育研修課への配置換えによって，再び「素人的立場」であることを実感するも，自身を対象化することによってレイマンコントロール的な面白さを感じる。

〈大学への人事交流によって〉

2-5　大学という組織，大学院の授業等々，「全てわからない」という戸惑いを感じる。

2-6　学問としての教師教育を知り，研究の必要性を実感したことにより，学問知を積極的に取り入れようとする。

2-7　教師教育について，ALACTモデルを取り入れて研修を組み立てる。

---

3. アイデンティティの危機

〈図書館への異動によって〉

3-1　教師としての経験が何も役に立たないという経験から，教師としての自信と誇りを喪失する。

4. 教師教育者としてのやりがい

4-1　対象者（初任者，指導主事）が自身のかかわりによって「考えを整理したり理解したりしていく」姿を認めたときに面白さを感じる。

4-2　対象者（指導主事）に違う視点を与えることによって，構想している研修がよりよくなったときにやりがいを感じる。

5. 教師教育者として大切にしていること

5-1　自分自身が学ぶこと。

5-2　指導主事の考えを活かすこと。

5-3　一緒に悩み，伴走しながら進むこと。

6. 教師教育者としてやりたいこと

6-1　初任者が互いに学び合うグループを作って，そこに，中堅の人がメンターとして助言する，自律的に勉強させるような仕掛けを作ること。

（2）　B氏の場合：「人との出会いが自分を教師教育者に成長させてくれた」

①移行を促す要因

　B氏は突然の予期せぬ異動で指導主事になった。自ら望んだ異動ではなく（1-1），「かなり事務仕事が多いんですよね。指導主事になって教師教育者みたいな感じになったと思いつつも，文書や事務仕事に追われている状況があって」と辞令を受け取ってすぐに教師教育者の自覚が芽生えたわけではないと語っていた。(1-2)。

　その後，若手教師対象の研修を担当し，「『前回（の研修で）学んだことをやったらこんな風にうまくいきました』という報告があった」(2-2)ことで，「この仕事，やっててよかったな」と思えた(1-3)。この感情は，まさに教師教育者としての喜びである。「受講された先生たちからの，実際に手応えを得たとき」，若手教師から『うまくいきました』など，言葉の報酬(2-4)を得たことで，教師教育者の自覚が生まれたのだろう。

　また，B氏は若手教師との継続した関係性の中で「教師教育者としての気持

ちが強化されて」いき「若い先生たちに，そんなこと（色紙をもらったり，胴上げをされたりしたこと）をしてもらって，本当に涙が出るほどうれしかったというか，あーこの仕事を1年間やれてよかったな」と語っている。単発的な関わりではなく，継続した関わりだからこそ，教師教育者としてのやりがいにつながったのだと推測される。

②移行時の葛藤と模索

「指導主事は先生たちを育てる仕事と理解しつつも，それを実感するまでには少し時間というかギャップがあった」「教師教育者になったなっていう自覚はあまりもてなかった」という語りからB氏の葛藤が窺われる。

教師教育者のアイデンティティとは，という問いに対しては「正直，わからないところがあって……教師教育者のアイデンティティってどんなものかなって，まだちょっと，しっくり落ちていない」(6-1)と最初，戸惑いを見せていた。相互インタビューを続ける中で「指導主事になってよかった，研修センターの課長になってよかった……相手がとても喜んだり，変わったりした姿を見たときに，あーこの仕事をしていてよかったな，って思ったりするのが，アイデンティティかもしれない」とB氏自身が語り，アイデンティティをやりがいと言い換えることで明文化に至った(6-2)。

③最終的に獲得されたアイデンティティ

B氏はPD講座を通して教師教育者を「先生の先生」「先生の先生の先生」と考えるようになり(3-1)，「先生と言っても"教える"というよりは教師や学校を支援すること……支えたり支援したり伴走するような形」(3-2)と語っている。

また「学んでいない人に学ぶ気がまったくしない……自分も含めて何か新しいものにチャレンジしたり，学ぶべきなのかな，教師の教師となる者は……そういう考えがある」(3-3)と自分を成長させること，つまり学び続けることが教師教育者のあるべき姿と語っている。

④アイデンティティ獲得プロセスの特徴

「人との出会いが自分を教師教育者に成長させてくれた」という語りに象徴されるように，B氏は教師教育の対象者の成長だけでなく，自分自身の教師教育者としての成長も語っている。「一緒に働く中で，その人から学べて自分が

成長できたって感じることはとても多かった……人との出会いが自分を成長させたり，教師教育者にしていくのに成長させてくれたなと思っている」とプライベートやインフォーマルな場での関係性が自分を成長させてくれたという実感があるのだろう。教師教育者育成については，これまでもメンターの存在やコミュニティーの重要性が示唆されてきた（棚橋ら，2015）。語りにも登場した元同僚や元上司がB氏にとってピアサポーターやメンターとして，教師教育者支援の役割を担ってくれていたのだと考えられる。

　そもそも希望していない人事異動から端を発したB氏の教師教育者への移行であった。教師教育者育成という観点においては，初任教師教育者（特に希望外の人事異動で指導主事になったケース）に対して"教師教育は，教師を育成する，やりがいのある仕事であること"，その見通しを示すことが必要であろう。

　教師にとっての児童生徒のように，教師教育者にとっての対象者（例えば，若手教師）が存在し，その対象者と直に関わることで，B氏のように教師教育者の自覚をもつことができるのである。対象者が児童生徒と若手教師という違いはあるものの，だれかを育成する，だれかに教える，だれかの成長に喜びを感じるという，教師のやりがいと教師教育者のやりがいは，同一線上に存在するのである。B氏の語りから，教師のような「だれかの成長に喜びを感じる」経験の有無そのものが，教師教師者への移行につながるのだと考えられる。

表9.2　B氏の語りのストーリー

1. 教師から教師教育者への移行

1-1　突然の予期せぬ異動で指導主事になり，そこから教師教育者への移行が始まった。

1-2　指導主事の辞令が下りた時点では，教師教育者としての自覚はなかった。

1-3　対象者（若手教師，等）の成長がわかったときに喜びを感じ，教師教育者としてのやりがいを実感できた。

2. 教師教育者としての移行を促したもの

2-1　希望していない人事異動ではあったが，すべて「直接，人と関わる仕事」であった。

2-2　対象者（若手教師，指導主事，等）の成長を感じたときのエピソードがある。

2-3　（単発ではなく）継続した関係性の中で，対象者の成長（卒業式のような区切りでの経験）を感じることができた。

2-4　「上手くできました」という対象者からの報告が教師教育者としての自覚をもつための“報酬”になった。

2-5　高校教師として学校現場での経験があり，教師と教師教育者としてのやりがいを似ていると考えている。

2-6　さまざまなポジション（指導主事，教頭，教職員支援機構，等）を経験したことで，教師教育者としての広がりを得た。

3.　B氏の考える教師教育者像

3-1　PD講座を通して自分の役割を「先生の先生」「先生の先生の先生」と再確認できた。

3-2　対象者（教師，指導主事，等）を支援する，伴走者と明言している。

3-3　学び続ける教師でありたい，と思っている。

4.　教師教育者として大切にしていること

4-1　本来，やるべき役割を見失わないこと。

4-2　教師の学びや研修を通して，教師を支援するのが仕事。教え込むのではなく，支援すること。

4-3　教師教育者自身がしっかり学んでいること。「この人の話っていいな」と思ってもらえる存在でいること。PD講座への参加も，その一環である。

5.　教師教育者へのサポート

5-1　プライベートやインフォーマルな場での人間関係やピアサポート，メンターの存在（元同僚等や元上司）が自分を支えてくれていると自覚している。

5-2　コミュニティへの参加の必要性を感じ，NPO法人立ち上げに関わっている。

6.　教師教育者のアイデンティティ

6-1　明文化することに困難さを感じていた。

6-2　相互インタビューで教師教育者のアイデンティティを教師教師のやりがいと言い換えることでより実感のこもった内容として語られた。

（3）　C氏の場合：「後輩のコーディネーターの先生に，『先生みたいなことはできません！』と泣かれてしまって…」

①移行を促す要因

　C氏の語りには，最も鮮明なエピソードがある。次世代のコーディネーターとして期待していた先生に，見習いのためにC氏の出張に同行してもらってい

たところ，その帰路の駅で，「先生みたいなことは，できません！」と半泣きの表情で言われたという場面である (1-1)。それまでは，意欲のある方なので一緒に見習いとして学ぶことで引き継ぎが可能だと考えていた C 氏は強いショックを受け，そこから真剣に次世代コーディネーター育成の方法を考え始めたと語っている (1-2)。

②移行時の葛藤と模索

　C 氏が管理職と話をしていた次世代育成の方法は，C 氏が行うコーディネーターとしての仕事を見せて学ばせるということだった。しかし，その方法では限界があることに気づかされた (1-3)。

　第 1 期のコーディネーターとして「手探り」でコーディネーター職を担ってきた C 氏には，自分自身が育成目的で指導を受けた経験がなかった。よって，C 氏の葛藤は，自分が当たり前のように行ってきた，見て学ぶという方法が他者には通じないことを理解しなければならなかったことにある。したがって，教師を育成するための方法を，自ら模索しはじめることになった。

③最終的に獲得されたアイデンティティ

　C 氏は，長期派遣制度により大学院で学ぶ機会を得て (2-1)，次世代コーディネーターの育成は特別支援教育全体の課題であると認識し，自らがコーディネーターの育成を担う必要性があるという自覚を持ち始めた (2-2)。また，教師対象ではない，民間のセミナーで「大人の学び」を経験したことにより (2-3)，行動変容のためには，当人が「納得解」を見つけることが大切だと学んでいる。そのことについては，現在も教師教育において大切にしていると語っている (4-1, 4-2)。

　C 氏は，現在，大学教員として，大学の教職センターで小学校と特別支援学校の教員を目指す学生に対して指導を行っている (3-1)。また，大学の勤務がない日には，教員研修の講師として，小学校，中学校，幼稚園での校内研修会や巡回相談をし，子どもの様子を見て先生たちに助言をする仕事を行っている (3-2)。

　大学では，学生から真剣に教師になろうとするやる気を感じる時にやりがいを感じ (3-1)，研修講師としては，現場の先生たちに「すごく分かりました，

とか，やってみます，と言ってもらえるとき，嬉しいとか，やって良かったと思う」と語っている (3-2)。アイデンティティの獲得を仕事のやりがいを得ることと捉えると，C氏は現在，次世代の育成のための教育を行うことで，アイデンティティを獲得しつつあると考えられる。

④アイデンティティ獲得プロセスの特徴

C氏は，特別支援教育の現場においてコーディネーター育成のニーズがあると考え，未だ整備されていない職を開発する過程で大学の教員という職を得て，アイデンティティを確立した。

教師教育者としての職や立場が確立されている分野でも，教師教育者になるための技術やメンタリティを身に付けていくことは難しい。しかも，職が確立されていない場合は，その職業や制度を作っていく難しさが，さらに加わることになる。C氏は，教師を教えていくための技術を模索しつつ，同時に実践できるように取り組んできた。

アイデンティティの確立ということを，杉村 (2008) のいう「自分の考える自分の姿が，社会からも認められ，社会の中に位置づけられている自覚」から説明すると，C氏にとってのアイデンティティの確立とは，教えるべき内容を教師教育の技術をもとに適切に教えることができたことを実感した状態だといえるであろう。その意味で，C氏は，身に付けてきたコーディネーターとしての能力を後進の育成に生かすことができる教師教育者になりたいという自覚を出発点として，民間のセミナーで，受講者に納得解を身に付けさせるという指導方法のヒントを得て，後進の育成に取り組み続けており，そのことがアイデンティティの確立の過程と合致している。つまり，C氏は，「自分の考える自分の姿」に合わせて「他者からも認められ，社会の中に位置づけられている」職や立場を形作り続けることでアイデンティティを確立していく点に特徴がある。

C氏は今後取り組みたいこととして，特別支援学校の特別支援教育コーディネーター育成のためのプログラム開発を挙げた(5-1)。特別支援学校のコーディネーターは，幼・小・中学校・高等学校のコーディネートの仕事に加え，地域のまとめ役も行う重要な仕事であるため，現在の育成のシステムを内容面でさらに充実させる必要があると考えているからである。C氏は，常にフロンティ

アとして職を確立していく過程でアイデンティティの感覚を確実にしていると考えられる。

表9.3 C氏の語りのストーリー

---

1. 教師から教師教育者への移行

1-1 次世代の特別支援教育コーディネーターを育成するために，代替わりを試みようとしたとき，相手に拒絶されるという出来事を経験。

1-2 他者からの拒絶によって教師教育の難しさに直面し，そこから「真剣に」「切羽詰まって」教師教育を考え始めた。

1-3 それまでに管理職と話をしていた次世代の育成の方法は，自分がやっているのを見せるということだったが，徒弟制度のような方法では，駄目だと気づいた。

2. 教師教育者として移行を促したもの

2-1 10年間特別支援教育コーディネーターを務めたあと，大学院での長期派遣研修を経験。

2-2 大学院で特別支援教育コーディネーターの研究を行うことで，特別支援教育コーディネーターが増えているのに研修が根付かないという現状や，研修の担当者が不足しているという課題が明確になり，自らが特別支援教育コーディネーターを育成するための研修を行わねばならないと自覚。

2-3 外部のセミナー（WSD）における「武者修行」による教員の相対化。

2-4 現在は，大学教員への転職によって特別支援教育を捉え直している。

3. C氏の教師教育者としての仕事（教員養成と教員研修）とやりがい

3-1 教員養成として，大学の教職センターにおいて小学校と特別支援学校の教員を目指している学生に対して指導。

→ 学生から真剣に教師になろうとするやる気を感じる時に，やりがいを感じる。

3-2 教員研修として，小学校，中学校，幼稚園での校内研修会や，巡回相談をして，子どもの様子を見て先生たちに助言。

→ 現場の先生たちに，「すごく分かりました」とか「やってみます」と言ってもらえるとき，嬉しいとか，やって良かったと思う。

4. 教師教育の難しさと大切にしていること

4-1 学生も，学校現場の先生達も，答えは，自分で見つけないと，行動変容は起きない。

4-2 納得解を見つけるのは，参加してる人たちがやることとして非常に大事にしている。

4-3　予想外だった校内人事よりも，子育ての方が大変で，自分の思う通りにならない。

4-4　「人間ってそんな変わらない。特に大人は変わらない，それより子どもを変えよう」

4-5　「自分自身もそういう風に育ててもらったから，その御恩返しを」という思いが，どこかにあるのかもしれない。

5．教師教育者としての今後の計画

5-1　特別支援学校の特別支援教育コーディネーター育成のためのプログラムを作りたい。

（4）D 氏の場合：「3 年目の若い授業者を校内授業研究で泣かせてしまう」

①移行を促す要因

　D 氏の場合，教師教育者への移行は国立大学法人附属小学校への異動により起こる (1-2)。D 氏の異動も，本人の意思ではなく，異動直後は，文化の違いに戸惑い，「私にできるのか」という強いプレッシャーを感じることとなった。例えば，学級に 10 人の教育実習生を 5 週間預かったこと，前年まで一般参加者であった研究大会に指導助言者として参加したことなどが挙げられる。

　しかし，教育実習において，「10 人のお客様」から，「授業を作る同志」に，「負担」から「楽しさ」に変わったと語っている (1-3)。この時に感じた「一緒に授業を作り上げる喜び」は，D 氏にとって，教師教育者のアイデンティティの原点と考えられる。今も算数指導の学習会などで一緒に授業を作り上げる喜びをもち続けている (1-1)。

②移行時の葛藤と模索

　D 氏の語りには，その時々に教師教育者としての指導観に関わる印象的な言葉がある。

　教師教育者としてのスタート時期は，「こうするといいよ」という自分の実践の伝達が主であったと語っている (4-1)。その後，実習生に対しては，「何がやりたいのか」を，先生方に対しては，「意図は何か」を問うことを行っている (4-2)。この頃は，語る際に根拠を示すことで，提供する実践に対し，期待や信頼をもってもらうことを大切にしている (4-3)。しかし，公立小学校で指導教

論になると,「どうしたらいいか」と問われることが多くなる。その頃,再び「こうしたらいいよ」的な指導をしていたと振り返る (4-4)。

　この後,教師教育者への移行の契機と思われる大きな出来事が起こる。それは,D氏が授業づくりの指導をした3年目の授業者が実際の授業でうまくいかず,授業後の研究協議で泣いてしまうという事件であった (2-1)。その際,D氏は,授業者が十分消化しないまま授業を行ったと感じ,自分自身の指導を振り返り,授業者らしさを生かす視点が欠けていたことを反省した。そして,「授業者がやりたい授業ができるよう支援するのが自分の役目だ」と考えた (2-2,4-5)。この時,教師教育者として,"支援者として一緒に考える存在"の自覚ができたと振り返っており,教師教育者としての転機であったと考えられる (4-6)。

③最終的に獲得されたアイデンティティ

　D氏は,附属小学校への異動前の公立小学校勤務時代にモデルとなる授業と出会っている。ある算数の研究会に参加した折,子どもたちのつぶやきを紡ぎながら作っていく授業に出会う (3-1)。ものすごく感動して,自分もそういう授業をしたいと考えた。そして,「ここで見た授業を目指し,子どものつぶやきに耳を傾けるようになった」と語っている。その後,実践を重ねたD氏は,公開授業における授業後に,参観者から「子どものつぶやきが全て聞こえてますよね」と言われる。この時,モデルとなる授業がきっかけで自分が変わったことを実感している。この経験を通して,大きな感動があれば,教師は変わることができると実感している (3-2)。目指すべきモデルを明確にもてることは,教師や教師教育者としてのアイデンティティ獲得にとって意義があると考える。

　教師教育者の経験を振り返り,5週間継続して関わる教育実習や10年近く継続して指導する学校との関わりの中で,変容の手ごたえを感じる一方で,単発の関わりで変容することの難しさも感じている。しかし,D氏は,「1回2回の関わりだけで変えるのは大変難しいが,変えられないとは思わない。自分自身がそうだったように,何か大きな感動みたいなものをもつことができれば変わることができる」と語っている (3-3)。ここから,D氏は「変容のきっかけを与える存在」としてのアイデンティティを獲得したと解される。

　現在,D氏は退職をしてフリーランスとして活躍している。フリーランスを

しようとして退職したわけではなく，退職後も要請があり，フリーランスとして続けている。その中で，「指導助言を続けるのであれば何か学び続けて自分の中にインプットしていかなければ続けていけない」と強く語っている。そして，現在も，小学校算数の事例を作り続けている。

④アイデンティティ獲得プロセスの特徴

　以上のことから，D氏の教師教育者としてのアイデンティティは，"変容のきっかけを与える存在"，"支援者として一緒に考える存在"，"指導をする以上は学び続ける存在"であるといえる。

　また，D氏の教師教育者のアイデンティティ獲得は，①で述べたように附属学校の教諭時代であると考えられる。しかし，その後に，公立校の教諭，指導教諭，指導主事，再び附属学校教諭と異動とともに職の移行があり，教師のアイデンティティが強い時期と教師教育者のアイデンティティが強い時期があったと考えられる。以上のことから，D氏は教師としてのアイデンティティと教師教育者としてのアイデンティティの両方を併せもつ特徴があると考えられる。

表9.4　D氏の語りのストーリー

1．教師から教師教育者への移行
1-1　①公立小学校教諭→②国立大学法人の附属小学校教諭→③公立小学校（③-1教諭→③-2指導教諭）→④指導主事→⑤国立大学法人の附属小学校教諭，という職歴の中で，②において「教育実習という教師教育を担っていた」と最初の移行のポイントとして話された。
1-2　②③④の異動は本人の意思ではない。②の異動直後は，私にできるのかという思い。
1-3　②でやりがいと強く感じたことは，10人の教育実習生が，お客様ではなく一緒に授業を作る同志。実習終了時，みんなで涙が止まらない。
2．教師教育者としての移行に伴う転機
2-1　一緒に授業づくりをした3年目の先生が，実際の授業でうまくいかず，泣いてしまう。
2-2　「こうしたらよい」と指導しても，それは私の授業。一緒に考えながら支えていく。

3．教師として教師教育者としての変容

3-1　①のときに別の国立大学法人附属小学校の研究会に行き，「子どもたちのつぶやきを紡ぎながら作っていく授業」に出会い感動。その授業を目指す。

3-2　公開授業をした際に参観者から「子どものつぶやきが全て聞こえてますよね」と声を掛けられ，自分の授業が変わったこと，3-1の研究会に参加した附属小の授業がきっかけだったことを実感。

3-3　1回2回の関わりだけで変えるのは大変難しい。でも，変えられない訳ではない。自分の経験を基に，大きな感動があれば変わる。

4．教師教育者としての指導観の変遷

4-1　「こうするとよい」という自分の実践の伝達（②の初期）。

4-2　実習生に対しては「何がやりたいのか」，先生方に対しては「意図は何ですか」を問う。

4-3　根拠を示すということで，期待や信頼をもらえることの大切さ。

4-4　再び「こうしたらいいですよ」的な指導（立場の変化③-2により）。

4-5　先生がやりたい授業のため，支援することが私の役目。

4-6　支援者として一緒に考えるというスタンスで，相手に気づかせること。「いかに相手がやりたい授業をできるようにするか」

5．PD講座参加の動機

5-1　指導助言を続けるなら，自分自身が学び続けること（インプット）が必要。

4　総合考察と示唆

　本章は，4名の教師教育者を事例とした探索的な研究であり，過度な一般化は慎まなければならないものの，学校・行政を基盤とする教師教育者の専門性開発に関する多くの示唆が得られた。

　本章における最大の成果は，日本の学校・行政を基盤とする教師教育者のアイデンティティ獲得のプロセスでは，役割や職種といった環境の変化によって教師教育者としての役割や責任への対応を迫られるケース（A氏・B氏）と，教師教育を実践する中で自ら教師教育者としてのアイデンティティやミッションを自覚するようになるケース（C氏・D氏）が存在することが明らかとなった点である。前者を「環境従属型」のアイデンティティ獲得プロセス，後者を「主体的移行型」のアイデンティティ獲得プロセスとあえて名付け，両者の特徴や

相違を検討してみたい。

　まず,「環境従属型」の2名は,指導主事などの行政職への意図せざる異動を契機としてアイデンティティの葛藤や模索が誘発されていた。与えられた職責に戸惑いながらも徐々に自分なりの教師教育観を確立していくケース(B氏)もあれば,短いスパンでの異動を繰り返す中で期待される役割を模索し続けるケース(A氏)もあった。異動にともなって子どもと直接接する教師としてのアイデンティティを失わざるを得なかったことも,2名の葛藤を深刻化させたことが推測される。

　一方,「主体的移行型」の2名は,特別支援教育コーディネーター(C氏)や附属学校での教育実習指導担当者(D氏)として,教師としての職務を続けながら教師教育者としての業務に携わる中で,主体的に教師教育者としてのアイデンティティを獲得することができていた。2名は自身の中にある教師と教師教育者の両方のアイデンティティを比較検討しながら,自身の適性や関心を見定めることができる状況にあったといえる。[3)]

　以上をふまえると,移行期の学校・行政を基盤とする教師教育者の中でも,より積極的な支援や介入が必要なのは「環境従属型」だといえる。このタイプは,①教師教育者としての役割や職務,アイデンティティ獲得を支援してくれる制度的メンターが用意されていないことが多く,教師教育者としての移行や自立を手探りで進めざるを得ない。さらに,②業務に忙殺され自身の実践や信念を省察する余裕がなく,教師教育者としてのよろこびややりがいを感じる機会に乏しい。そして,そもそもこのタイプの人々は,③予期せぬ行政職への異動によって教師としてのアイデンティティを喪失しており,(ほぼ)経験したことのない教師教育者という職責に戸惑った状態からキャリアを始めざるをえない。これら①～③の要因が,教師教育者としてのアイデンティティ獲得を阻害していることが推測される。

　そこで,各自治体の教育センターや教育委員会など,移行期の学校・行政を基盤とする教師教育者を受け入れる機関には,上述の阻害要因を緩和する3つの施策を期待したい。
① 異動初年次の導入プログラムの構築。例えば,初年次の教師教育者同士で交

流・支援し合うピアサポート的な研修を取り入れたり，先輩の同僚がメンターとして初任者をサポートする体制を導入できれば，不安感を軽減しスムーズな移行が期待できるだろう。

② 教師教育者としての自覚とやりがいを促す機会の提供。例えば，同期や先輩の教師教育者とともに学校への訪問指導などを実施したり，同僚と研修プログラムを協働的に構想・実践したりする機会を多く設定することができれば，教師教育者としてのアイデンティティの獲得を模索しやすくなるだろう。あるいは，本稿で研究方法として採用したような相互インタビューを用いて，同僚の教師教育者と自身の経験を振り返り他者と交流することも，相互作用による気づきや省察を促し，アイデンティティ獲得に有効に機能するだろう。

③ 異動を予見できる人事制度の構築。例えば，教育実習生や初任者の指導経験があったり，校内で研究主任のような立場を経験した者を優先的に指導主事に採用するなどの基準を明文化できれば，教師教育者としての適性の見極めにもなり，当人が教師教育者として自覚する契機にもなるだろう。

「人を育てる」という点において，教師も教師教育者も変わりはない。学校・行政を基盤とする教師教育者が，「子どもを育てる」教師としてのアイデンティティを，「大人を育てる」教師教育者のアイデンティティに接続・移行させられるよう，行政や所属機関のさらなる支援が求められる。

注

1) 本稿の著者である大坂と河村は，講座の担当教員と運営スタッフであり，講座内では主に4名の指導にあたる立場にあった。ただし，4名には本研究に係る活動は講座の成績評価の対象外であることを事前に伝えており，本研究の遂行に関してはあくまでも対等な立場で意見交換を行う存在であることを確認している。

2) 大谷（2008）によれば，SCAT（Steps for Coding and Theorization）は言語データをセグメント化し，それぞれに4つのステップのコーディングを行い，そのテーマや構成概念を紡いでストーリー・ラインと理論を記述する分析手法である。

3) とはいえ，初期の獲得プロセスが「主体的移行型」だったとしても，キャリアを通して環境に一切影響されずに教師教育者としてのアイデンティティを形成することは困難だろうと推測される。例えばD氏は，学校から自治体教育委員会の指導主事への異動時に，教育行政などの慣れない業務に戸惑うとともに，「子どもを奪われた」

という感覚を抱いてしまったことを，本稿執筆時に吐露している。

【引用・参考文献】

岡本祐子（1997）『中年からのアイデンティティ発達の心理学—成人期・老年期の心の発達と共に生きることの意味—』ミネルヴァ書房。

大坂遊・川口広美・草原和博（2020）「どのように現職教師から教師教育者へ移行するのか—連続的・漸次的に移行した教師教育者に注目して—」『学校教育実践学研究』26, 87-94。

大谷京子（2021）「専門職アイデンティティ概念の整理：ソーシャルワーカーの専門職アイデンティティ形成に向けて」『日本福祉大学社会福祉論集』143・144, 81-98。

大谷尚（2008）「4ステップコーディングによる質的データ分析手法 SCAT の提案：着手しやすく小規模データにも適用可能な理論化の手続き」『名古屋大学大学院教育発達科学研究科紀要　教育科学』54（2）, 27-44。

嶋津百代（2018）「日本語教育・教師教育において『語ること』の意味と意義」『言語文化教育研究』16, 55-62。

杉村和美（2008）「アイデンティティ」日本児童研究所編『児童心理学の進歩』金子書房, pp.111-137。

棚橋健治・渡邉巧・大坂遊・岩田昌太郎・草原和博（2015）「教師のリーダーシップと教科指導力の育成プログラム：シンガポールにおける国立教育学院のGPLに注目して」『学校教育実践学研究』21, 133-141。

Carter, H. (1984). Teacher of teachers. In L. G. Katz & J. D. Raths(Eds.), *Advances in teacher education*(vol.1, pp.125-144). Norwood, NJ: Ablex.

Erikson, E.H. (1968). *Identity: Youth and crisis*. New York: Norton. (岩瀬庸理訳（1973）『アイデンティティ—青年と危機—』金沢文庫。)

Murray, J., & Male, T.(2005). Becoming a teacher educator: Evidence from the field. *Teaching and Teacher Education, 21*(2), 125-142.

Swennen, A., Shagrir, L., & Cooper, M.(2008). Becoming a teacher educator: voices of beginning teacher educators. In A. Swennen & M. van der Klink(Eds.), *Becoming a teacher educator*(pp.91-102). Dordrecht: Springer Forthcoming.

Van Velzen, C., Van der Klink, M., Swennen, A., & Yaffe, E.(2010). The induction and needs of beginning teacher educators. *Professional Development in Education, 36*(1-2), 61-75.

第4部

教師教育者の実践事例【1】
── 学校内部で同僚教員を育てる
：学校における教師教育者 ──

第10章
教員志望の実習生を育てる

粟谷好子

1　教育実習生の省察の困難性—問題の所在

　教育実習は教員志望学生にとって大きな意義がある体験の機会であるといわれてきた（米沢，2007）。学部の4年間をかけて教育実習（以下，実習）と省察を往還させ，「反省的実践家としての教師」，「学び続ける教師」の養成が目指されてきた（日本教育大学協会「モデル・コア・カリキュラム」研究プロジェクト，2004）。

　そのような教員を短期間の実習で，いかに養成していくのか。大学の講義や実習の中でも省察の機会を設定すべきであろう。しかし，実習生にとっては実習中は目前の授業準備に追われ，省察する余裕がほとんどない。省察を促すために，例えば実習中ではないが模擬授業をリフレクションワークシート・コメントシート等で振り返らせたり（日野・谷本，2009），実習中に授業後のグループでの協議会（川口，2021）等が提案されている。いずれの場合も，（模擬）授業実践後に，学生（実習生）が何を省察したのかを明らかにしている。まずは授業をやってみてから何を省察したのかを探る，という研究である。

　本章では，「実習前に実習生にやりたいこと，できるようになりたいことを言語化させ，それをもとにルーブリックを指導者と実習生とで共創して自己評価させると，自己省察が促されて授業力等の力量が向上し，教科観も洗練されたものになるのではないか」という設問を解明することを目的とする。

2　実習生の力量を向上させる─ルーブリックの共創

(1) なぜルーブリックなのか─研究の理論 省察を促す理論

　大学では教員養成の質の保証のために，教員養成スタンダードや評価するためのルーブリックが作成されてきた（天野ら，2011）。しかし，大学等の教育機関が作成・提示したものでは，低年次生には理解しにくく実感が伴わないこと（別惣，2013），高い要求水準を示す場合は「欠点探し」に陥りやすく，学生は「規準に到達すればいい」といった意識をもつ可能性があること（長谷川・黒田，2015），実習生の実習目標と一致しない規準もあり，機能しない場合がある（粟谷，2020a）という現状，課題がある。

　これらの課題解決のために，ルーブリックを実習生と指導者とで共創するアクション・リサーチを行ってきた。その理論的根拠は，自己調整学習（ジマーマンら，2014）と，「真正の評価論」（田中，2011）である。

　自己調整学習とは，「学習者たちが自分たちの目標を達成するために，体系的に方向づけられた認知，感情，行動を自分で始め続ける諸過程」である（ジマーマンら，2014, p.1）。①予見段階，②遂行段階，③自己内省段階の 3 段階のプロセスをたどり，再度，①に戻るという循環構造をとる。なお，①の下位には「目標設定」や目標達成のための「方略プランニング」，この目標が達成できたという実感「自己効力感」などが，②の下位には「メタ認知的活動」等が，③の下位には「自己評価」や，例えば悪い評価の理由を考える「原因帰属」などの活動が配置されている（塚野，2012, p.14）。これら一連の活動を学習者自身が遂行し，自律的に学習を進めていくことで学びの意味づけが学校という枠を超えていく可能性が提起されている（石井，2015）。

　「真正の評価論」について，田中（2011）によれば，評価は教員の権威づけのためではなく，学習者の学習を前進させるためのものであり，評価の所有権（owner ship）は学習者に属し，それゆえに学習者の自己評価を重視すると主張する。石井は田中の評価論をうけて，学習者が指導者とルーブリックを共有・共創することで，学習者が学習目標がより明確に意識化すること，そして学習目標と自己の学習状況とのギャップを埋めるための改善の手立てを，学習者自

らが考えるのを促すと論じた（石井，2015）。これらの考え方を実習に適用し，実習生と指導者が共同でルーブリックを作成したならば同様の効果が期待でき，前述の残された諸課題にも応えることができるのではないか。

（2）研究方法と対象―アクション・リサーチ，省察を促す方法

　実習生の省察を見取るために，筆者が指導者として介入するアクション・リサーチを採用した。介入手続は粟谷（2020b）を参照されたい。

　研究対象は，A大学附属中・高で20XX年8月末から行われた実習である。[1]筆者が指導者として担当した，中等社会系教科の免許取得志望者3名を対象とする。仮に真田氏，三田氏，牟田氏とする。真田氏が文学部生，残り2名が教育学部生，いずれも学部の3年生である。3名とも実習中に4回の授業を実践した。

　分析には以下のデータを収集して活用した。実習目標の設定とその自己調整の過程は，共創したルーブリックと，ルーブリックの見直し過程を尋ねた事後インタビューデータを用いた。社会科目標と授業目標の設定とその自己調整の過程は，実習生の社会科観について問うた事前・事後アンケート，事後インタビューと，単元や本時の目標が記載された指導案を参照した。

　事後インタビューは，筆者が実習生への成績を出した後の20XX年10月に，実習生別に1時間程度，半構造化面接法（フリック，2011）で実施した。音声データは逐語文字化し，質的データ分析ソフト「NVivo11」を用い，社会科観，指導案の授業目標の省察と見直しの過程を確定させた。

3　実習生の力量は向上したのか

（1）ルーブリックの作成と見直し

　ルーブリック共創の手順は以下の通りである。[2]第一に，事前指導の際に依頼した実習生の付箋を持ち寄り，同様の項目をまとめて協議により規準を確定した。確定した規準は「授業観察」「板書・教材」「MQ・目標」「授業（実践）」「授業者」の5つであった。ルーブリックには，筆者から規準「社会科の目標」を

付加するように伝え，実習生独自の規準・基準を記入するための空欄も設定した。各自設定の規準は，真田氏「指導」，三田氏「指導・注意」（途中「説明」に変更），牟田氏「発問のワーディング」であった。

　第二に，基準の確定である。不合格の C から，教員採用後にも通ずる理想の姿を S となるように助言して，協議のうえで S・A・B・C を確定した。指導者の介入は最小限にとどめ，作成したルーブリックに不都合があれば途中で見直すことを伝えた。規準「社会科の目標」は各自で基準を設定することになった。

　第三に，ルーブリックの見直しである。ルーブリックの見直しを筆者から提案し，評価が容易でないところ，曖昧な箇所などを，実習期間の中盤（第 2 版作成），最終日（第 3 版作成）に協議して再構築した。第 2 版では規準の「授業観察」「授業」の基準の記述語が，第 3 版では「板書・教材」「MQ・目標」の基準の記述語が見直された。

　例えば初版の規準「MQ・目標」の場合，S「生徒にとって魅力的であり主体的な学びとなる目標またそれに準ずる MQ が設定されている」，A「学習指導要領に準拠した目標が設定され，子どもにとって適当な難易度の MQ が設定されている」，B「明確な目標が設定され，それに準ずる MQ が設定されている」，C「目標・MQ ともに不明瞭である」であった。実習最終日に見直しを図った同規準の第 3 版では，S「授業者の意図が伝わる目標になっており，子どもにとって適当な難易度かつ，主体的に学ぶことのできる魅力的な MQ・SQ が設定されている」，A「授業者の意図が伝わる目標になっており，子どもにとって適当な難易度の MQ・SQ が設定されている」，B「明確な目標が設定され，それを達成するための MQ・SQ が設定されている」，C「目標・MQ ともに不明瞭である」と再構築された。

　第 2 版ルーブリックから，上部に各自の社会科観を記入する欄を設けることとなった。それは，第 2 版の協議の際に牟田氏から，「各自の授業目標がいいものになっているかどうか，他者評価するにはどうしたらいいか」という意見が出され，その判断基準は「学習指導要領か，自分の社会科観かな」，「社会科観を書く欄を設ける？」という発言が契機となったからである。**表 10.1** は牟田氏の第 2 版の上部の社会科の目標である。

表10.1　牟田氏のルーブリック第2版の上部

授業者の社会科観	生徒が社会に参画するときの態度を育成し，また社会参画の際の自分なりの意見を形成させる。

（2）授業実践・教科観の変容

　提出を依頼したルーブリック評価の点数化を試みた。C→0点，BとCの間→1点，B⁻（マイナス）→2点，B→3点，B⁺（プラス）→4点等とした。実習生のルーブリックを用いた自己評価は，3名ともに全規準総合で向上した。初回・2回・3回・4回の合計点数をあげると，真田氏9・9・24・34，三田氏6・―・19・38（2回目は回収できていない），牟田氏6・14・30・42である。いずれの実習生も初回が低いのは，筆者はその基準の半分程度の達成でよしとすることを伝えていなかったからである。

　筆者によるルーブリック評価の点数化も，全規準を総合すると，回を重ねるごとに高まった。実習生の自己評価と同様に合計点をあげると，真田氏11・

表10.2　三田氏「社会科の目標」と第3時の「本時の目標」

事前アンケート「社会科の目標」	E・H・カー氏の「歴史は過去との対話」という言葉があるように，私たちは先人たちが残した記録や史実から学び，それらをこれからの日本をより平和で民主的な国家にするために活かしていかなければならないから。
社会科目標※	広い視野を持って歴史的事象を見て自分なりに考察することができ，その知識経験を社会での生活に活かせる。
第3時の授業目標	社会運動を評価するための目的と行動という2つの基準や，立場や状況によって意見が異なることを理解したうえで，現代の市民の運動・活動に対しても同様に目的・行動を分析し，また，それぞれに対しどのような意見が存在するか説明することができる。
事後アンケート「社会科の目標」	私は実習を通して，社会科を教える目的は「社会を見る物差しを作る」ためではないかと思いました。「歴史は過去との対話」というように，過去の様々な事例を通して，現代で起こっている問題はどの事例と似ているか，選択を間違った場合どのようなことが起こりうるかなどが判断できると思います。その知識を踏まえたうえで，生徒には主体的に行動してほしいです。

※社会科目標は，第2版に記されたものである。

13・26・34，三田氏 32・40・48・60，牟田氏 27・39・41・52 であり，より実
習目標の達成度が向上していることが確認できる。

　表10.2 は三田氏の事前・事後アンケートから「社会科の目標」と，第 2 版ルー
ブリックの社会科の目標，第 3 時の授業目標をあげたものである。三田氏が設
定した中学校社会科歴史的分野「社会運動の高まりと普通選挙の実現」の中単
元を貫く問いは，「社会に対する運動に対して，異なる意見が対立するのはな
ぜだろう」であった。第一次大戦後の工場のスト・サボに対する政府，実業家，
経済学者（河上肇），労働者というさまざまな立場の人物の評価を読み解き，生
徒にも目的と行動からスト等を評価させる第 2 時までと，薬物使用芸能人が出
演する作品公開に対する世間（SNS）の反応への是非という，現在の問題を判断
させる第 3 時からなる中単元である[3]。

　表10.2 によれば，三田氏の「社会科の目標」（社会科観）は実習前後で大きく
は変容せず，より具体化した記述となっている。事前アンケートには過去から
学ぶとあるのが，事後アンケートには現代と似た事例へのさまざまな立場から
の判断とその知識と，具体的に記述した。他の 2 名も同様に，社会科観は大き
く変容はしなかった。

4　なぜ実習生の力量は向上したのか

(1) ルーブリックの活用

　事後アンケートでルーブリックの活用頻度をまとめたのが**表10.3** である。三
田氏・牟田氏は，概ね「よく見た」「比較的見た」と回答している。「あまり見
なかった」という規準が 4 つある真田氏は「わざわざルーブリックを授業する

表10.3　ルーブリックの活用度

	授業観察	板書・教材	MQ・目標	授業	授業者	社会科の目標	（各自）
真田氏	③	②	③	③	③	②	③
三田氏	②	①	①	②	②	①	②
牟田氏	③	①	③	②	①	③	①

①よく見た　②比較的見た　③あまり見なかった　④見ていない

前に見なくても，頭の中に入っていたので，見る必要なかったかな[4]」(真田氏-67) と事後インタビューで語った。

授業技術の改善のみならず，第2版に「社会科観」を記入する欄を設定するなど，エイムトーク (ねらいについての議論) へ省察が及ぼうとしたといえるのではないか。学習指導案の「本時の目標」は，各自の社会科観に沿って設定しようとしていた。これはルーブリックによって，意識せざるを得なかったからであろう。

(2) 共通の指標

一般的に，ルーブリックがなくとも実習で授業実践は回を重ねるごとに改善されていくものであろう。しかし筆者が指示せずとも，授業後の検討会はルーブリックが共通の指標となって進行し，「ルーブリックがあったので，だいぶ授業観察も目的を持ってできたのかなと。協議会が結構，内容の濃いものになったので，結構一回一回の授業改善というのも，かなりやりやすかったと思ってまして」(牟田氏-16) と語った。また「実際に検討会で指摘されて，そうなんだ，次，改善しようと思って。実際にやってみて，評価されて，次に生かそうという，その流れは意識していました」(真田氏-75) のように，自己調整のスパイラルがプラスに機能した様子を語っている。

ルーブリックを実習生と指導者とで共創すると，理解され，活用され，機能するものとなり，実習生の授業実践力は向上した。実習生の社会科観は大きくは変容しなかったが具体化され，各自の社会科観を意識した指導案作成ができた。ルーブリックの再構築というメタ認知力，自己調整の向上にもつながったといえよう。

5 おわりに 実習指導への示唆

今回のルーブリックに「省察・改善」という規準があれば，3名ともにA以上と筆者も評価しただろう。この例のように実習生の良さを規準に盛り込むと，自己評価が向上して自己効力感が高まり，さらによい実習になったのではない

か。

　実習は，指導者から授業範囲等を指定（強制）せざるを得ない場合も多い。実習生が言語化したやりたいこと，できるようになりたいことを保障するために，共創ルーブリックによってこの困難・葛藤をいくらかでも乗り越えると，実習生は大学での学びを活かしたさまざまな授業を実践することが明らかとなった。

　ルーブリックがなくとも，指導者も実習指導を通して自らの授業実践を振り返り，メタ認知する（大坂ら，2020，pp.91-92）。筆者も実習生から大いに刺激を受け，自らの授業に生かしていくことが増えてきた。加えてルーブリックを共創することにより，自己の社会科観を言語化，省察せざるを得ないだろう。このこともルーブリックの共創の成果といえるのではないか。

注

1)「20XX 年」は，実習生を特定されないための表記である。
2) 同様の手順は，粟谷（2020b）を参照されたい。
3) 三田氏，牟田氏については，金鍾成・川口広美（広島大学），阿部哲久（広島大附属中・高），辻本成貴（広島大附属福山中・高）との共同研究の対象者でもある。数時間の中単元を大学の講義のなかで構想し，実習で実践するという研究である。
4)（真田氏-67）は真田氏のインタビューにおける発言番号67であることを示す。

【引用・参考文献】

天野和孝・釜田聡・藤本孝昭他（2011）「大学と附属学校園の連携を図った教員養成学部の学士力の質保証に関する研究」『日本教育大学協会研究年報』29，327-344。

粟谷好子（2020a）「教育実習生のためのルーブリック開発に向けた探索的研究」『日本教科教育学会誌』43（2），63-75。

粟谷好子（2020b）「中等社会科教育実習生とルーブリック共同作成のアクション・リサーチ」『社会科研究』93，25-36。

石井英真（2015）「新しい学力と学びをどう評価していけばよいのか」『今求められる学力と学びとは』日本標準，55-74。

大坂遊・川口広美・草原和博（2020）「どのように現職教師から教師教育者へ移行するのか」『学校教育実践学研究』26，87-94。

川口諒（2021）「教育実習生による省察的な相互作用に関する事例研究」『体育学研究』66，591-606。

ジマーマン，B. J.，シャンク，D. H. 編，塚野州一・伊藤崇達監訳（2014）『自己調整学習

ハンドブック』北大路書房。

ソーントン, S. J. 著, 渡部竜也ら訳 (2012)『教師のゲートキーピング』春風社。

田中耕治 (2011)『パフォーマンス評価』ぎょうせい。

塚野州一 (2012)「自己調整学習理論の概観」自己調整学習研究会編『自己調整学習』北大路書房, pp. 3-29。

日本教育大学協会「モデル・コア・カリキュラム」研究プロジェクト (2004)「教員養成の『モデル・コア・カリキュラム』の検討」日本教育大学協会　https://www.jaue.jp/_src/sc1061/h16.3.31203f3f3f3f3f3f3f3f2081e83r83a81e83j838a83l8385838983 8081v82cc8c9f93a2.pdf（2021年8月28日閲覧）

長谷川哲也・黒田友紀 (2015)「米国のスタンダードにもとづく教員養成プログラムとその運用について」『日本教育大学協会研究年報』33, 39-50。

日野克博・谷本雄一 (2009)「大学の模擬授業並びに教育実習における省察の構造」『愛媛大学　教育学部保健体育紀要』6, 41-47。

フリック, U. (2011)『新版質的研究入門』春秋社。

別惣淳二 (2013)「教員養成の質保証に向けた教員養成スタンダードの導入の意義と課題」日本教育学会『教育学研究』80(4), 439-452。

米沢崇 (2007)「学部生からみた教育実習の意義に関する一考察」『広島大学大学院教育学研究科紀要第一部, 学習開発関連領域』56, 67-76。

渡部竜也 (2019)『主権者教育論』春風社。

第11章
多様な教育観の教師を動かす

服部　太

　筆者は公立小学校で14年間勤務した後，H大学附属小学校（以下，附属小）
に転勤した。附属小の勤務3年目，4年目に研究部長を務めた。4年目は，研
究の成果を文部科学省に報告しなければならない年でもあった。

1　研究部長としての葛藤

研究部長として研究を推進するにあたって，次のような葛藤があった。

(1) 一致団結は可能か

　附属小は教科担任制である。各教科を専門とする教員がいる。教員の多くは，
公立学校の勤務経験がある。大学で専門的な教育を学んだ後，勤務している教
員もいる。そのため，各教員が個々の経験に基づいた教育観を有している。

　個々の教育観を生かして研究を推進し，研究の成果を子どもへ還元すること
が「チーム学校」の本意である。それにもかかわらず「チーム学校」は，時に
個々の教育観を押し込める。職場において，特に弱い立場の教員を沈黙させる
のに，これほど便利な言葉はない。この場合の「チーム学校」は欺瞞となる。
研究を推進するにあたって，各教員の個々の教育観を生かしつつ，一致団結す
る方法はあるのだろうか。

(2) 強くない発言力

　学校を異動して新任者となるたびに，新しく赴任した学校の教育方針や学校

行事等を学び直す。学び直す際には，先に勤務している教員から教えてもらう必要がある。ここに，「教えてもらう」「教えてあげる」という関係が生じる。新任者は，「教えてあげる」教員の機嫌を損ねてはいけない。新任者の中には，自然とできる限り反論を避け，「教えてあげる」教員の意向に沿うように振る舞うこともでてくる。

　附属小に異動して3年という年数は，附属小の教育方針やすべての学校行事を理解するのに十分な時間ではない。まだまだ「教えてもらう」立場である。研究部長として，研究を推進していく発言力が強いとは決していえなかった。

　これらの葛藤は先送りにした。すぐにでも研究部で研究方針を検討し，研究を推進していかなければならなかったからである。以上を踏まえて，本章では次の問題について考察する。

> 多様な教育観を有する教員集団とともに研究を推進するにあ
> たって，研究部長に求められていたことは何か？

　研究を推進して研究をまとめていく際，研究部長として意識していたことはある。意識していたことは，今までの教員経験から得たものであり，暗黙知に近い。これらをできる限り言語化し，意識していたことが適切であったか考察していく。

2　研究部長としての意識

(1) 相違の承認 ── 自己の教育観を絶対視しない

　教員によって，教育観が違うのは当然である。お互いに自分の教育観を「正しい」と思っている限り，衝突が生じる。まずは，自分の教育観を絶対視せず，過大評価しないことが必要である。また，個別の経験を通して構築してきた教育観は，他者にとって有用性が低い。万能ではない。研究を推進する際にはこれらのことを踏まえて，他の教員に研究部長個人の教育観を押し付けないようにする。

（2）タテ構造からヨコ構造への移行

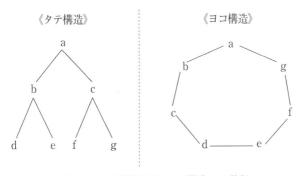

図11.1 タテ構造からヨコ構造への移行

中根千枝（1967）は集団のタテ，ヨコ構造を図に示している[1]（**図11.1**）。図における a はリーダーである。タテ構造におけるリーダー a は，集団に対して強いリーダシップを発揮する。タテ構造では，b が a に代わってリーダーにはなれない。また，新任者はどんなに教員経験が豊かであったとしても，リーダー a になることはまれである。新任者は図の d ～ g のようにタテ構造の最下層に位置づけられてしまうこともある[2]。さらには，リーダー a が異動となった場合，次のリーダーを巡って権力争いが起きたり，派閥に分裂したりする危険性もある[3]。リーダーになるためには，他の教員に強いところをみせなければならない。自分が強い態度に出られそうな教員に対して，マウントをとる。パワーハラスメントの温床となる。もちろん，パワーハラスメントは教育者としても，社会人としても論外である。

反対に，ヨコ構造におけるリーダー a は，他のメンバーでも置き換えることができる。極端にいえば，ヨコ構造ではリーダー a がいなくても機能する[4]。

以上のことを踏まえると，人事異動が少なくはない附属小には，ヨコ構造が適している。新任者が気持ちよく教員集団に参加し，今までの教員経験を十分に発揮できるヨコ構造でこそ，研究を推進していくことができる。研究部にヨコ構造を取り入れ，徐々に教員集団をタテ構造からヨコ構造へ組み込んでいく。ヨコ構造へのゆるやかな移行をもって，研究の推進に参画していく教員を増やしていく。

(3) 信頼し合う環境設定

　研究を深まりがあるもの，かつ効率よく研究を推進していくためには，まず
は研究部員間の信頼関係を築く必要がある。研究部員間で信頼関係が強くなけ
れば，「仕事を進めているか」「何かミスをされていないか」のようなお互いに
監視する状態や確認作業が生じる。[5] 非効率である。ヨコ構造の構築を目指しつ
つ，信頼関係を強めていくために意識する方策が，次の2点である。

①仕事全体像の共通理解

　仕事を効率よく進めていくうえで，仕事の分担は欠かせない。その際，仕事
の全体像を共通理解したうえで，仕事を分担する。自身の仕事が，研究推進に
寄与することを自覚するためである。自分の仕事が，全体にどんな影響を与え
るかわからない状態では，分担された仕事にはやる気がでない。また分担した
からには，お互いに任せ合う。口を出さない。口を出せば，口を出した人の文
脈内でしか思考できなくなる。これでは，個々の能力を発揮する機会とならな
い。

②減点評価から加点評価へ

　減点評価は「評価者から減点評価をされないように」と，評価者の意向に沿
う思考や言動をとらせる。研究部では減点評価を少なくし，加点評価を取り入
れる。頑張りに敬意を表し合ったり，感謝の気持ちを伝え合ったりする。場合
によっては短所にも焦点を当て，加点評価をする。例えば，分担した仕事が締
切日の直前にできたとする。そこで，「遅い，もっと早く」ではなく，「時間を
かけて十分に考えていただいた」と伝える。もちろん，真摯に仕事へ取り組ん
でいる研究部員の具体的な姿を捉えておくことが前提である。短所はその教員
のよさや個性でもある。研究部員観察と加点評価の組み合わせが，研究部員
個々の教育観を十分に発揮することにつながると意識する。

3　教員の証言と考察

　ここまでの研究部長としての意識が，教員集団とともに附属小の研究を推進
していくことに有効であったか分析する。当時の研究部員や研究部員以外の教

員からの証言をもとに，考察する。

(1) 研究部員Ａ（附属小１年目，附属小が初めての勤務校）の証言
①証言内容

> 　研究部の話し合いは，研究部長から「話し合う内容」が提示されて，「次の会に向けて準備すること」が提案されます。そして，「次に向けて，誰が何をするのか」と仕事が分担されました。メンバーの意見は，ないがしろにしませんでしたし，研究部では自分の姿が出せたと思います。話し合いが滞ったときは，「これは決めましょう」と「これは決められませんね，宿題にしましょう」といった決断もよかったと思います。話し合いの流れが止まりませんでした。絶対に，「〜してね」や「〜をしてください」とも言われなかったですね。本当は自分が一番仕事をされているはずなのに，やっている自分を出されていませんでした。だから，部長のために動こう，という気持ちにみんななっていました。部長の姿勢ですね。
> 　ただ，これが本当によいのかなという疑問はありました。というのは，部長が理論を立ち上げ，それについて議論することが多かったので，本来ならば自分自身も文献を探しておいたり，みんなで考えたりしなきゃいけない部分も多くあったと思います。

②考察

研究部員から見た部長の姿	研究部員への影響
◎自分で準備をする部長	「部長のために」動こうという気持ちになる。
△全体を自分で作成する部長	自分で理論を学習する機会が少なくなる。

　研究全体の準備を進めていく研究部長の姿は，研究部員の「自分も何かしなくては」という気持ちを喚起させた。その反面，研究部長が理論部分を作成したことは，研究部員の学習機会を奪う。研究部員も論文検索をしたり，自分なりの考えを準備したりして話し合いに臨むことが少なくなってしまっていた。文献検索を全員でしたり，検索した文献を提案し合ったりする機会設定が必要となる。

（2）研究部員B（附属小2年目，公立小学校の勤務経験あり）の証言
①証言内容

　　職員会議での決定事項も，一部の教員の文句でひっくり返ることがありました。ただ，貴重な意見もたまにあったので，できるだけ取り入れるようにしました。このことが多くの教員を研究の土俵にのっけることになったのではと思います。でも，部長は反対派の無茶な意見を聞こうとするときもあるので，「無理です」ときっぱり言ってほしいと思ったこともあります。

　　研究部では，細かく集まっていましたね。研究の幹となる部分は部長がもってきたけど，みんなで考えるところはちゃんと残してありました。最終のところは，研究部のみんなで決めていくという感じです。文部科学省での研究成果を発表するという一大イベントでは，ポスターセッションとプレゼン資料作成を任されました。これは楽しかったし，やりがいがありましたね。

　　仕事分担は，ぼくたちがどんな状況かをよく見られているなぁという感じでした。時期的な行事で忙しい先生には，あまり仕事が分担されませんでしたので。今，誰が忙しいのかを常に考えて，みんなが助け合っていたと思います。研究部自体がこういう雰囲気でしたね。

②考察

研究部員から見た部長の姿	研究部員への影響
◎研究部員をみている部長	状況に応じ仕事が任され，やりがいを感じた。
△波風を立てない部長	反対派教員への諦めや不満が増す。

　状況に応じ，能力を発揮できそうな仕事が分担されたことにやりがいを感じている。研究部員を観察することが，パフォーマンス向上につながったといえる。

　しかし，ヨコ構造を研究部だけではなく，全教員にも取り入れていこうとすることには課題があった。教員からのすべての意見が，研究を練り上げていくことに寄与するかどうかといった見極めも，研究部長に求められる。

(3) 研究部員C（附属小2年目，公立中学校で研究部長経験あり）の証言

①証言内容

> 　附属小は，各教科専門の先生方がいらっしゃって，それぞれの教科の研究にポリシーをもっているようにみえました。それが，組織として研究を進めていく際，一つにまとめることを難しくさせているようにも感じました。研究部で今後の研究の方向性について，詳細に伝えていったとしても，各教科の方針に合わないことがありました。だからといって，研究部が各教科の自由度があるような提案をすれば，研究部としての働きや存在意義について意見されることもあります。最後まで，ほんの一部の先生たちを研究に巻き込めなかったという思いがあります。ただ，前任校での研究部長の経験からいえば，各教員が何を大事にしているかが異なります。研究よりも，学級経営を大事にしている先生，部活動指導を大事にしている先生，教科指導を大事にしている先生のように，それぞれの思いが異なります。先生方を一つの方向に向かせるのは難しいので，そんなときは管理職の「これでやっていきましょう」といったフォローが有効だったように思います。
>
> 　附属小での研究推進は，一部の反対派をどうやって巻き込んでいくべきだったのか，また，そもそもそんな手法があったのか，というのは考えがまとまっていません。難しい話ですね。

②考察

研究部員から見た部長の姿	研究部員への影響
△管理職と連携不足な部長	最後に，全教員をまとめる一手がなかった。

　管理職のフォローにより，教員集団との研究の推進が円滑になる場合もある。各教員が個々の教育観を生かしつつ，一致団結するには管理職のフォローは有効である。研究部長は，研究を推進する力を場合に応じて管理職に委託する。管理職と連携する力も必要になる。

（4）教員D，E（研究部員以外の教員）の証言

①証言内容

【教員D】

　研究部の主張するグローバル社会を生き抜く子どもたちの育成を，自分の専門教科でどうやって育てていくのかが，全くわかりませんでした。研究部の研究方針にのっとった授業イメージができなかったのです。毎日，手探りで授業を作って，進めていきました。

　部長からは「ああしなさい」「こうしなさい」とは言われず，だから，部長が出される授業通信を読んだり，部長の授業を見に行ったりすることで，「こういうことなんだ」とイメージをつくっていきました。授業スタイルや考え方をベースにさせてもらって，自分の授業を作っていくという感じでした。そう思うと，授業については，「こんなやり方もある」とか「こんな失敗した」といったディスカッションがあってもよかったと思います。

　来たばっかりの自分にとっては，研究内容は研究部で作っていこうという雰囲気を感じました。研究部のやっていることが見えにくかったのです。もっとみんなの意見を聴いてもよかったし，職員会の提案でも研究の途中経過がわかれば，もっと伝わったのではないかと思いました。

【教員E】

　いちゃもんというか，ただ文句を言うだけの先生に対して，おれないところはおれないし，曲げないところは曲げなかったですね。むきになってつっかからない戦い方，という感じでした。たくさん研究部の仕事があったと思うんだけど，それを感じさせないし，不満も言われず……。「よし，いくぞ！」と手を引っ張るタイプではなかったですね。背中で引っ張る，かつ，心配になって「力になりたいな」と思うタイプでした。研究の中枢にはかかわれなかったのだけど，自分はせめて研究の方向性を踏まえて，教科のことをきちんとやろうと考えていたと思います。

　ただ，きっと何か自分に対して思っていることもあるんじゃないかな，とは思っていました。ずっと見られている感じもありましたが，言われませんでしたので「本当に自分ができているのかな」と心配にもなりました。かといって信頼されていないとか，任されていないとかではなく，むしろ逆で，任せられているという感じでしたけど。だから，他の先生方にもムチを打って，先生たちを育てる場面があってもよかったのではと思います。

---

②考察

研究部ではない教員から見た部長の姿	教員への影響
△教えたり，伝えたりしない部長	自分の授業が適しているか不安が増す。研究全体が見えにくい。

　研究や授業に関して，「こうしてほしい」と全く伝えられなかったのは，かえって不安になっている教員もいた。ヨコ構造にこだわるあまり，教員へ研究について丁寧に伝える，ということが見過ごされていた。また，「研究部で作っていこうという雰囲気」は，新任者が研究に加わりにくいという雰囲気をつくっていた。新任者が研究に加わりやすくするためには，新任者と研究部が合同で検討会をすることも考えられる。検討会では，研究の経緯を丁寧に伝えたり，研究の方向性について意見を出し合ったりすることが有効である。

4　おわりに

　自身の学級経営を，とある保護者から「昼間の月」と評された。担任が気配を消し，子どもたちを見守るという指導スタイルを指している。この指導スタイルの一環であった「相違の承認」「ヨコ構造の構築」「信頼し合う環境設定」を，研究部長という立場で用いていた。「昼間の月」は，学級経営にあたって「子どもたちを育てる」という意識がある。しかし，研究部においては「教員を育てよう」や「教員集団をまとめよう」という意識が強くあったわけではない。附属小の研究を推進していくことで頭がいっぱいになっていた。ここに大きな違いがある。

　ただ，「昼間の月」の意識は，研究部員間の人間関係構築に寄与した。先述の証言が示すように，よくもわるくも研究部は団結していた。その様子は他の教員からワンチームと表現された。これが，「チーム服部」のように研究部長の名前を入れて表現されていたならば，研究部は研究部長一人の考えを代弁する組織となる。「昼間の月」の意識は，研究部員間における対話の成立を可能にする。研究部員個々の能力を発揮させ，研究部としての研究を練り上げていくことにも有効である。

注
1) 中根（1967）p.117より引用。
2) 中根（1967）p.121。

3) 中根（1967）p.123。
4) 中根（1967）p.122。
5) 関連して山岸俊男は「(略：服部) 信頼を中心とする関係資本の充実度は，その社会全治の効率を大きく決定するものです」(山岸，1999，p.6) と述べている。
6) 林純次 (2015, p.61) は，教員は減点評価をされる生活をしてきて，減点評価をされないように行動して成功を収めてきている人たちと述べている。減点評価が，権威者の文脈でしか思考できなくなることに留意し，研究を深めていくためにも加点評価を取り入れていくようにした。

【引用・参考文献】

センゲ，P. M. 他著，リヒテルズ直子訳 (2014)『学習する学校―子ども・教員・親・地域で未来の学びを創造する』英治出版。

中根千枝 (1967)『タテ社会の人間関係―単一社会の理論』講談社。

林純次 (2015)『残念な教員―学校教育の失敗学』光文社

山岸俊男 (1999)『安心社会から信頼社会へ―日本型システムの行方』中央公論新社。

ロックラン，J. 監修・原著，武田信子監修・解説，小田郁予編集代表，齋藤眞宏・佐々木弘記編集 (2019)『J. ロックランに学ぶ教師教育とセルフスタディ―教師と教育する人のために』学文社。

第12章
教科教育の専門性を高める

上園悦史

1 はじめに

　人間の成長発達段階において中学生は，社会的な事象に対する関心がより一層高まってくるとともに，社会がどのようになっているのかという構造的な理解力も深まり，社会に対する自分なりの見方にこだわりをもつようになる時期である。この時期には，学年やクラスで取り組む行事にもより一層熱が入り，さらに下級生指導という役割も付加され，自己の行動と全体の中で果たすべき役割や期待に応えようとする姿の両面を見ることができる。教師の立場からみるとそうした姿を目の当たりにすることで授業に取り組む姿勢にも影響を与えるものである。例えば，社会科の授業においては，具体的な社会問題を取り上げ，その背後にある要因を分析し，課題を見つけ出してグループ内で討論をするなど，積極的に参加して自分とは異なる他者の視点を受け入れたりして，自分の価値観を問い直し，より多様性に目を向けることを意識づけながら，自己の内面を掘り下げ，異なる他者を受け入れることの価値を見出し，よい社会を目指す公民としての資質を育てるためには絶好の機会である。
　教師教育の主たる目的が教科の専門性を高めることであるとしても，単に教科の指導だけをしているのでは中学校の教員は務まらないという意識をもたせることはとても大切なことである。それは授業づくりのイロハを丁寧に学び取ること以上に，目の前の生徒たち一人ひとりの思いや願いを受け止めることのできる素質を教師として磨かなければ，現場で通用しないという意味である。
　まずは教科の専門性をどのように教師教育として高める工夫をしているのか，

という点に焦点化して論をすすめていくことにする。

2　教科の専門性を理解する手立て

　新学習指導要領では，グローバル化やAI（人工知能）をはじめとする技術革新が急速に進むなか，これからの生徒には，社会の変化を受け止めるだけでなく，主体的に関わりあって自ら新しい社会の在り方を模索していくことが求められる。こうした考えのもと"何ができるようになるか"という観点から，"どのような資質・能力を育んでいくか"という課題が各教科において求められている。

　本校では社会科として何をねらいとして授業をつくりあげていくのかという基本的な共通理解をもつために，小学校と連携して「育てたい子ども像」を共有し，「よりよい社会を目指して行動に移す実践的な資質」をどう育てることができるのか，授業を通して検証をしてきた。小中で「育てたい子ども像」に共通する要素として以下の2点をあげることができる。

社会科で育てたい子ども像【共通理解】
- 社会のあり方や自己の生き方を自省的なまなざしで振り返る力をもつ子ども
- 他者の考えを受け止め，相互啓発的な関係を築き合う力をもつ子ども

　このような資質を育むには，子どもが主体的に学ぶ場を確保しなければならない。そこで，活動・授業で取り扱う社会的事象に子どもが向き合う際，それぞれの校種の発達段階に即してどのような教材を選択し，その提示の仕方にどのような工夫をするべきなのか，それらが首尾よく展開されたときに主体的な学びが生み出されると考えている。

3　連携カリキュラムの活用事例

　「連携カリキュラム」は，小中で扱う単元を網羅したものではないが，「具体

的な手だて」＝指導法という視点からの連携を模索していくことで，異なる社
会事象を扱う単元であっても，それぞれの発達段階での指導法のちがいとつな
がりなどに着目しながら，子どもたちが自ら学び，その思考を深め合う協働的
な活動の場を作っていきたいと考えている。
　身近にあるものや出来事，解決しなければならないと感じることができる課
題の提示や共通理解などを「①社会的関心」で扱い，次に，「②資料の収集・

表12.1　小中学校で共有された社会科で育てたい子ども像

	小学校社会科	中学校社会科
育てたい子ども・生徒像	・社会的な事象を多面的に見つめ，自分のくらしを見直す子ども	・適切な資料を活用し，社会的諸事象を構造的に理解し，表現できる生徒 ・社会のあり方，自分の生き方をじっくり考えて行動する生徒
	育てたい子どもの具体的な姿	育てたい力・認識・価値
① 社会的関心	・学校のまわりや自分が住む地域，世の中でおきている出来事やニュース等に興味をもっている子ども （社会的事象へのアンテナをもつ）	・社会的な事象への関心や疑問をもち基本的な知識を求めようとする生徒
② 資料の収集・選択・活用	・社会的事象について問いをもち，自分の予想を検証するために，資料に当たったり，人の声を集めたりして丹念に調べる子ども	・適切な資料を選択・活用して，多面的・多角的な視点から調べることができる生徒
③ 考察・理解	・調べたことから，必要な情報を整理してまとめ，比較・関連づけながら見つめ，自分の言葉で再構成する子ども	・社会的事象の背景を複数の事象から批判的に考察することができる生徒 ・客観的な分析力・判断力をもち，複数の事象の関係を構造的に認識し，説明することができる生徒
④ 表現・異なる意見の受け止め	・調べたことをまとめ，お互い伝え合う中で違う立場や考え方があることに気づき，自分の考えをさらに深めていける子ども	・わかったことを筋道立てて表現できるとともに，他者の考えを受けとめて自分の考えをさらに深めていくことができる生徒
⑤ 自分事・価値認識の深まり	・自分のくらしと関わらせて考えながら新たな問いを生み出し，追究し続ける子ども （問題解決し続ける，自分事の問題としてとらえる）	・自分の価値認識を問い直し，社会のあり方や自分の生き方を見つめ，新たな課題に気づき，解決しようとする生徒 （科学的で民主的な判断力・行動力・平和や互いの人権を尊重する意識をもつ）

選択・活用」では、「①社会的関心」で喚起された疑問などをもとに子どもたちが自ら調べていくことを通して、課題や疑問を探究していく。「③考察・理解」では、それまで調べてきてわかったことなどをもとに、子どもたち自身の言葉で再構成し、社会的事象に対しての理解を深めていく。「④表現・異なる意見の受け止め」では、それまでの学習で考察した事柄を伝え合う中で、自分と他者との考えの違いを感じたり、判断の根拠の違いに触れたりすることで、社会的事象に対する自分の考えを見直し、自ら学びを深めさせていくことを想定している。「⑤自分事・価値認識・新たな探究課題」では、学習内容に関わる社会的事象について自分事として捉え、学習によって得られた理解や考えをもとに自分の中にあった考え（価値）を変容・深めさせていく姿を想定している。子どもたちがそれぞれの価値をぶつけ合うことで、新たな価値を見出していったり、その過程の中で「自分なら」という視点がさらに付け加えられていったりすることが考えられる。また、新たな価値と出会う中でまた新たな課題や疑問が生まれ、学びが再スタートすることもあるだろう。このような学びの姿を目指して学習をまとめていくことが大切だと考えている。

4　次世代の教師を育てる授業づくりの手立て

　新学習指導要領の中の「社会的な見方，考え方を働かせる」というのはどういうことなのか次世代の教育を担う教員を育てることを考えれば、なんらかの私案を示す必要がある。そこで、知識の面で「知っている」段階、それを土台として「わかる」部分と、さらにその知識を「使える」という部分の3つのレベルで知識を区分けして考えるモデルを示している。「使える」という部分が、見方・考え方を働かせるものであって、目指すべき授業の到達目標とする。

　例えば、ロボットだとかAIに広告ページが出ていたり、検索キーワードなんかも、すごく我々が便利に使っています。ただ一方で、電王戦で日本の将棋の方が負けてしまうとか、AIの人工知能が暴走して、非常に差別発言的なものを繰り返してしまったりという事態も起こっている。またAIに対応をしない業種は、どんどん職を奪われていくし、将来的には700万人以上の雇用のロ

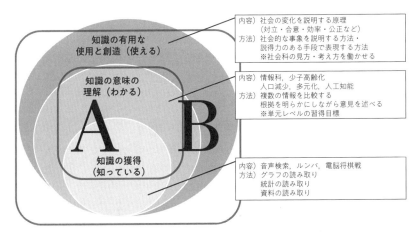

図12.1　社会科で育てたい力の要素を全体像として捉える枠組み

(出所) 三藤・西岡 (2010), 松下 (2017) をもとに筆者作成。

スになるというような負の側面もあると経済産業省では試算している。その意味で図の A の領域は「知る」「わかる」レベルの認識であり，例えば，「AI って怖いな」「AI って効率がよくなるんだな」，逆に，「職が奪われるんだな」というような認識をもったレベルである。そうした事実の認識を踏まえて B の領域においては，「いや，そうかといって，一人ひとりの人間性を高めていかないと，人間の，存在意義がなくなっちゃうよね」とか，AI が進歩していくと人口，環境，エネルギー問題なんかが AI によって，その効率性という面から解決できるんじゃないのかなというように，その学んだ知識を「使う」という，そういう学習の流れをつくっていくことを示している。このように学習単元を示したカリキュラムを具体的な指導の目当てを図示した事例を活用することによって，社会的な見方，考え方を働かせる授業のイメージをもってもらうことができるのではないかと考えている。

5　若手教師の指導案の変容にみる教科の専門性の芽生え

　教師教育においては，最初からあらゆる指導を全部やれというのではなくて，

特定の単元をつかって校内研究という形で少しずつ段階的に指導力を磨き，教科の専門性を高めていくステップが必要である。事例として出した単元は，社会科の基本的人権の学習（6時間構成）である。どうしても理念的な話になりやすい単元であるし生徒としても聞いていてもおもしろくない。ここでは指導案の展開の仕方を先の図表にある「知る」「わかる」「使える」という3つのターゲットに分けて分析してみた。1時間目の人権の獲得の歴史という授業では市民革命や人権宣言を教材として，ロック，ルソー，モンテスキューといったことを「知る」段階を踏まえ，人権思想が日本国憲法にもかかわっていることが

	知る	わかる	つかえる	
導入・展開	市民革命と人権宣言の誕生の歴史	特権者の権利を制限し，市民の自由の権利が拡大されてきた		知るレベル わかるレベル の確認にとどまる
展開	人権思想家（ロック，ルソー，モンテスキュー）と革命への影響	人権思想が日本国憲法の制定にも関わりがある		
まとめ	人権思想の獲得の流れについて，本時の授業でわかったことをまとめる			

	知る	わかる	つかえる	
導入・展開	自由権の規定の内容を事例を挙げて理解する	憲法は国家の権利を制限するものである		わかるレベルから つかうレベルへの 移行
展開	精神活動の自由 生命・身体の自由 経済活動の自由	奈良県ため池条例事件を事例として，条例が憲法に違反するかどうか，考えさせる		
展開		条例の制定は憲法違反にあたるかどうか，生徒から意見を発表してもらう		
まとめ		条例の制定には合理的な理由があり，経済活動の自由は制約を受けることがある。		

	知る	わかる	つかえる	
導入・展開	あっていい区別とあってはいけない差別の違いを事例を通して考える（スポーツ大会の男女別競技，入試の加点・減点措置など）			知るレベル わかるレベル 使うレベル の有機的結合
展開	法の下の平等とは何か，条項を確認する			
展開	男性の育児休暇取得率の日本とスウェーデンの比較 日本の男女の意識調査の資料の読取り	障がい者差別の事例，男女差別の事例から，世の中に差別がいまだに解消されていない現状に気づく		
まとめ	男女の平等をさらに推進していくためには，具体的にどのような取り組みをすることが大切なのか，社会全体の仕組みから（視点）話し合い，自らの意見をまとめる			

図12.2　「知る」「わかる」「つかえる」を意識した基本的人権学習の流れ

「わかる」という展開で，まとめも人権の獲得の流れについて，本時の授業で
わかったことを「まとめる」という授業である。つまり，「わかる」というとこ
ろまでが一つの授業の目標として設定されていることがわかる。

　単元が進んで次に自由権についての学習に入ると，精神，生命，身体の自由，
経済活動の自由など理念的なことを「知る」段階もありながら，さらに事例と
して，「奈良県のため池条例が経済活動の自由である個人の所有物を侵害する
のではないかというような事例も取り上げて生徒たちにこの条例が憲法違反に
当たるかどうか」を考えさせるような展開になっている。つまり，「わかった」
ことを「使う」ということを展開の部分に入れようとしている。

　単元の後半部分は法の下の平等を扱う授業である。最初に導入のところで，
あっていい区別と，あってはいけない差別についての意見を出し合う活動を設
定し，子どもたちの中の認識をうまく引き出すような導入に変わっていった。
そして，法の下の平等の理念についての学習をしたうえで，男性の育児休暇と
スウェーデンの比較をし，それから，男女の意識についての調査結果を示す。
まとめのところで，今度は，「男女平等をさらに推進していくために，具体的
にどのような取り組みがあるかな。社会全体の仕組みから，それを一つの視点
として話し合ってみよう」というように，今まで勉強したことをうまく「使う」
ようなまとめになっている。

　このように，単元の始めは，「知る」レベル，「わかる」レベルの理解に目標
が設定されていた段階から，「わかる」・「使う」レベルへの移行の段階があって，
そして，最終的には，「知る」「わかる」「使う」レベルをうまく有機的に結合
させた授業へと変化しているといえる。こうした授業観が教師教育の中に共有
されていくと，授業づくりの具体的な方策について若手教員自らの知恵と努力
をもって授業をより向上させていくメタ認知ともいえる能動的な力が涵養され
てくるのではないだろうか。こうした自らの力を内発的に向上させていく技能
を育てることは，新学習指導要領における学びに向かう力・人間性等における
主体的に学ぶ力を育てる一つの方策にもつながるものといえよう。

6   教師の変容を促す要素と課題

　若手教師の指導力はなぜ変容していったのか。まず題材として取り上げる問題に対する認識が薄かった点が改善されていったこと。なぜその単元を教えるのかという点を研ぎ澄まして考えて何を生徒に伝えたいんだけれども，「いや，それじゃわかんないよ。それってある特定の意見の立場じゃない」というような自問自答をしながら指導案をつくっていく作業が身に付いてきたこと。そして，「知る」，「わかる」から「使える」という，一連の段階性というのを教師教育の観点から活かしていくことが有効であったことがあげられる。

　そのための教師教育の課題もある。まずは，教員の年齢構成の多様性と経験の共有化を確保することである。経験豊かな教師がいること。教師教育において経験年数，経験値というのはある程度求められてはいるが，ただ，諸先輩方の確かな教材や資料の蓄積がどこにあるのか，研究室や準備室のような場所が確保されている環境は少ない中で，授業の教材や展開の事例ストックがあるということは重要である。部活や授業以外の場面でも学習できる機会があるし，同じ教科で複数の教師がいるので，互いに検討できる場面をつくりやすい。これは，一人だけだと，どうしても難しい。ただ，授業づくりに専従してしまうと，教師と生徒との関係が深まっていかない。授業づくりのために，教材研究と称して，例えば部活動とか，放課後の生徒との語らいを軽視してしまえば，授業以外の場面での生徒理解も深まっていかない。ここでいくつか要点をまとめて整理しておく。

① 教科の専門性への意識形成：カリキュラムの提示，授業展開の自己指針となる枠組みを提示し，教科の目的や専門性についての知見をもたせる
② 問題意識の深まり：授業は現実の社会と教室を結ぶ懸け橋役となるものであり，教師自身の社会的経験や社会問題との対峙，問題の渦中にある人々との触れ合いを通して，社会的事象に対する自ら問題意識を掘り下げていくプロセス
③ 教材をいかす工夫：何をどう提示するか，提示した資料の指導上の意図は何か，ある特定の立場に偏った意見を代弁していないかなどの授業を展開して

いくうえでの自己探求の方法を鍛錬していく。

7　まとめと今後の課題

　教師教育の観点から主に教科の専門性を高めることに焦点を置いてのべてきたが，教師自身の情報収集や自己鍛錬の場は何も自分の所属する校内だけではないことは言うまでもない。センターでの研修，校内研修，職場の同僚とのなにげない語らいも重要である。特に若手教員にとって自分の高めてほしい要素として子ども理解，専門的知識，教科の専門性など多岐にわたることであろう。校外での研修の場においては同年代，同世代の教員同士の横のつながり，校内では縦のつながりの中での自己鍛錬，そして自己研修のためのツールについては，先輩教員や同僚からの資料提供や助言などを活用していくことが重要である。特に重視したいことは，教科としての理念の共有と浸透化と，関係作りを基盤としてメンタル面での個別支援の2つである。前者は，教科の一員としての共感を高め，学校全体のための行動を促進させ，教員の「主体性・貢献意欲」を醸成していくものである。後者は，メンバーとしての所属意識をもたせるとともに，お互いを支え合えるような「協調性・同調性」を生み出すものである。また個々の教員の一人ひとりの特性を把握しながら，得意な部分の伸長と自らの教師としてのパフォーマンスを向上させることである。

　今後はこうした教師教育の視点と教師自らの自己鍛錬の方策の両面からの組織的なアプローチと個別支援のアプローチの双方を充実させながらその往還の中で新しい教育課題に意欲的に取り組もうとする教師の育成が求められているのではないだろうか。

【引用・参考文献】
松下佳代 (2017)『パフォーマンス評価—子どもの思考と表現を評価する（日本標準ブックレット No.7)』日本標準。
三藤あさみ・西岡加名恵 (2010)『パフォーマンス評価にどう取り組むか—中学校社会科のカリキュラムと授業づくり（日本標準ブックレット No.11)』日本標準。

第13章
学校現場で同僚教員を育てる

清水智貴

1 筆者について

(1) 自己紹介

　筆者は教員となって9年目，現在の勤務校は2校目で赴任して5年目になる。本年度は2学年副主任兼学級担任，教務部（教育研究）副主任，地歴公民科主任を務めている。

(2) 本校での筆者の「立ち位置」

　これは筆者の勤務校における教員の年齢構成を示したものである。40代後半～50代のベテラン層と20代の若手の2世代が多く，30～40代前半の中堅層が少ない。このような中で30代の筆者は中堅層に当たり，教育研究の分野で企画立案や実行などの実務的な面を担当している。

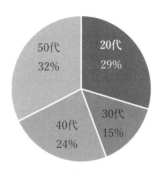

図13.1　勤務校教員の年齢構成

2　テーマの設定

　今回のテーマは「学校現場で同僚教員を育てる」である。しかし，私は教員歴も短く，管理職や主任など指導的な立場ではなく，校内で「同僚教員を育てる」の役割を担ってきたわけでもない。しかし，「アクティブ・ラーニング」や「総合的な探究の時間」などの研究開発や実践を行ってきた。以下では現場の一教員が，同僚教員と関わりながらどのように教育研究を行ってきたのかについて，これまでの経緯を振り返りながら，直面してきた課題や困難，解決出来たことや出来なかったことなど，経験から学んだことを述べていきたい。

3　筆者の役割と教員集団

(1) 中心的な3つの研究テーマ

　教育研究の担当者として，次の3つのテーマを中心として取り組んできた。
① 授業づくり…主体的・対話的で深い学び（いわゆる「アクティブ・ラーニング」）を実現するための授業改善に関すること。
② ICT機器の導入…生徒1人1台タブレットの導入などICT機器を活用した教育活動の実現に関すること。
③ 総合学習の立ち上げ…総合的な探究の時間の企画・実践に関すること。

(2) 研究テーマの類型

　「学校現場で同僚教員を育てる」という本稿のテーマに関連して，上記の3つの研究テーマは，教員集団の共通理解や同意を形成することが「比較的容易な分野」と「困難な分野」とに区分できる。さらに，後者は推進のための強制力が働く「必須事項」と強制力がない「任意事項」に分類することができる（**図13.2**）。
　タイプ1は教員集団内で必要性や重要性が共通理解として形成されているケースである。①「授業づくり」がこれに該当する。個々の教員間で差はあっても，「良い授業をしたい」という意識は教員間で共有できていた。そのため，

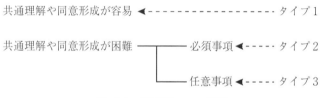

図13.2　研究テーマの類型

授業づくりに関する研究は比較的順調に進んだ。

　タイプ 2 は，共通理解の形成が不十分であるが，必ず実行しなければならないことである。例えば，県教育委員会の示す方針に従って校長など管理職が校内で具体的な施策を決定する。上位者である教育委員会や校長の方針であれば，個々の教員の賛同や同意がなくても実行される。②「ICT 機器の導入」がこれに該当した。本校では県教育委員会の方針の下，令和 3 年度入学生からの 1 人 1 台のタブレット端末の導入にむけ，ICT 機器の導入に関する事前準備や研究が行われている。

　タイプ 3 は，共通理解の形成が不十分であり，かつ教育委員会や校長の指示ではなく，筆者自身が発案し，中核となって教員集団を動かしていくことが必要なケースである。このタイプ 3 は，筆者が発起人であり，管理職の指示や命令ではないため，タイプ 2 のような強制力はなく，同僚教員への影響力も最初から強いわけではない。③「総合学習の立ち上げ」が該当した。「総合的な探究の時間」の開始にともなう企画の立案・実践が筆者の役割であった。特にこのタイプ 3 の総合学習の立ち上げが，筆者の研究推進の中で最も困難が大きかった。

（3）筆者を取り巻く同僚教員の意識

　教育研究の取り組みを進めていくうえで，推進者を中心（A）に置くと，周囲の教員集団は大きく 3 つの層（B ～ D）に分けられた（**図 13.3**）。

　B 層の存在は筆者にとって心強かった。推進者と考え方や理念を共有しているため，一緒にさまざまなアイデアを出して協力してくれる頼もしい存在である。C 層は推進者が提案したことに対して，反対することはなく中立の立場を

A層＝推進者（ここでは筆者）
B層＝推進者と考え方や理念を共有し，積極的にアイ
　　　デアなどを出す準推進者
C層＝考え方や理念の共有まではできていないが，取
　　　り組みに参加する協力者
D層＝距離をとり，様子を見る傍観者

図13.3　同僚教員の意識

とることが多い。最初は受動的であっても，順調に進んでいけば比較的早期に
B層に転じてくれる同僚である。D層は最も筆者との間に距離があり，取り組
みに関して消極的な層である。

　最も推進が困難であった総合学習に関して，筆者はD層に対するアプローチ
は一旦「棚上げ」にした。すべての教員と意思疎通を図り，合意形成を行った
うえで，組織的に進めることが理想的である。しかし，現実にはそうならない
ことが多い。さまざまな考え方や経験をもつ教員集団を一つにまとめることは
至難の業である。管理職のような権限をもつ立場にない一教員にとって「動か
ないもの」を動かすために割く余裕はなかった。また，開始段階においては暗
中模索の状態で進めることが多かった。始めから先を見通し，計画的に進むこ
とばかりではない。その都度，臨機応変な対応や柔軟な計画変更が求められる
状態で，教員集団の意見集約や調整は省き，多少「強引」に進めることが必要
な場合もあった。そのため，まずは比較的歩調を合わせることが容易で，協力
的なB層の教員と少人数のチームを作り動きだした。以下では，上記の①～③
の研究の詳細や取り組みについて紹介する。

4　研究の詳細

(1)「授業づくり」【タイプ1】

　3で述べたように「授業づくり」や「授業改善」の必要性は，教員集団の共
通理解としてある程度形成されていた。しかし，学習指導要領改訂の一連の過
程の中で，「アクティブ・ラーニング」・「コンピテンシー」・「探究」など聞き慣

れない用語があふれていた。県教育委員会は 2014（平成 26）年に『広島版「学びの変革」アクション・プラン～コンピテンシーの育成を目指した主体的な学びの充実～』を策定した。2015（平成 27）年から 3 年間指定校での実践研究を進め，平成 30 年から全県で「学びの変革」が展開された。これも現場の教員には衝撃的であった。従来展開してきた授業スタイルを「知識ベースの学び」・「受動的」とし，これらに加えて「主体的な学び」として「課題発見・解決学習」や「協働学習」などの実施が求められた。従来の知識スタイルを全否定しているわけではないが，明確に転換を求められた。国や県の施策に対して現場では「なんだそれは？」というのが正直な感想であった。

　本校は県の研究開発の指定校であり，筆者が赴任したのは 3 年間指定の 2 年目であった。当時は先任の研究担当の教員がいたため，最初の数年間は筆者が副担当といった役割分担であった。しかし，人事異動のため，筆者が主担当者となった。授業づくりは比較的同僚教員の理解や協力は得やすかったが，なかには「当惑」や「困難さ」を感じる教員もいた。「スクラップ・アンド・ビルド」という言葉があるが，現場の感覚では「ビルド・アンド・ビルド」であり，業務は増える一方である。しかし，「授業づくり」は避けられない研究テーマでもあった。「可能ならやりたいが，難しい」という雰囲気の中で，研究を推進していくために，「スモール・ステップ」を意識して校内での研修を推進した。すべてを一度に実施するのではなく，まずは実現可能な部分から一つひとつ動いていった。できない理由を探すのではなく，「これならできそう」という実現可能な部分を見付け，まずはそこから取りかかる。そうするとで，次第にその取り組みについて慣れてくる。この「慣れ」が取り組みを進めるうえで最も重要なものである。例えば，県教育委員会が進める「活用問題」や「ルーブリック評価」について，1 年目にはまず各教員が一つの考査から作成に取り組んでもらった。複数の考査を作問する教員も多く，いきなりすべての考査で実施するのは難しい。一人ひとりが実施可能な科目でまず実践し，慣れてきたところで順次広げていった。現在ではすべての考査で活用問題や評価ルーブリックを作成できるようになった。

（2）ICT の導入

本県では令和元年からタブレット端末などの1人1台PC の導入が行われている。本校では令和3年度入学生からの実施に向けて準備が進められた。この方針が伝達された際の職員室の雰囲気は「衝撃」というより「唖然」であった。「県教委は何がしたいんだ？」「情報（必修科目「社会と情報」）の授業の話でしょ？」といった発言があったことを覚えている。教員自身が授業でPCを使っていないのに，生徒がタブレットを持って教室に来るようになる。タブレットなどICT 機器は，黒板・チョークを使ってきた教員にとって「黒船襲来」であった。しかし，県教育委員会の方針の下，待ったなしの状態であり，筆者はタブレットを活用した授業づくりについての研修などを行った。例えば，タブレットを利用した協働学習を取り入れた研究授業の実践や学習支援ソフトなどの活用に関する研修会の実施である。しかし，研修会では必要性や効果について理解はできても，実際に「使ってみよう」というところまでは進まなかった。大半の教員が分かっていても行動ができない状態であった。同僚とタブレット型PC の導入について会話をする中で，一番の障害は教員の中にある心理的なハードルあることがわかった。未知のものに対する一種の「恐怖心」が困難さにつながっていた。このハードルを下げるための取り組みを考え，実践した。

1点目は，タブレット型PC を日常から教員の目に触れるようにすることである。具体的には，試験的に導入されていたタブレット型PC の保管場所配置を変更した。本校では令和元年度から iPad 端末が10台導入されていた。しかし，職員室の奥の倉庫に保管されており，職員の動線から離れ，目に触れることが少なかった。そこで，職員の動線上かつ筆者の席に近い場所に移した。こうすることで普段から端末自体やそれを利用した授業に取り組む筆者の姿が目に入ることになる。次第に，職員室の出入りなどの際に立ち止まってタブレットを手に取る教員が増加した。そのような同僚に対して積極的に話しかけた。「私は〜な使い方をしたよ」とか「タブレットを使ったら，○○先生の科目なら〜な授業ができるのではないかな」などタブレットを利用した授業について積極的に会話をするように心がけた。その際に，比較的イメージのもちやすい検索サイトを使った「調べ学習」以外の活用法についても提案するようにした。ま

た，筆者自身の公開授業などでは生徒がタブレットを利用する学習活動を実践し，公開した。令和2年度には新型コロナウィルス感染症にともなう臨時休業への対策として，GoogleのG suiteなどいくつかの学習支援ツールが利用できる環境が整えられた。それらを活用した授業の実践と同僚教員への情報提供なども行った。

　2点目は，比較的活用が容易な授業でのタブレットの活用を実践した。特に総合学習での活用を推進した。総合学習の中で，各クラスの担当になった教員に，生徒の調査活動や課題の作成について，タブレットや学習アプリの使用を実践してもらった。各教科・科目では各教員の従来の指導法があり，新しい取り組みにはハードルが高い。そのため，すべての教員が専門に関係なく担当する総合学習の中でタブレットの利用を推進し，タブレットや学習アプリのノウハウを習得してもらい，各教科・科目での利用の促進を図った。

(3) 総合的な探究の時間の立ち上げ

　2019（平成31／令和元）年度から総合的な探究の時間が開始された。探究を通して課題発見・解決の力を育成する学習が必要となった。本校の「総合的な学習の時間」は自己理解や進路研究を中心とし，業者が提供するワークブックに従って学習を進めていた。しかし，「総合的な探究の時間」の開始にともない，従来の内容を転換する必要が生じた。筆者を含めて教務部の有志とともに研究を進め，プロジェクト学習（以下PBLと表記）を核とする学習活動を企画した。このPBLでは，プロジェクトの実践を通して，生徒の主体性を引き出しながら，地域社会が抱える解決をはかり，社会に貢献する生徒の育成を目標とした。

　本校では「生徒の興味・関心」「社会的有用性」「実現可能性」の3つ視点を踏まえたプロジェクトを5つ設定し，2019年度から開始した。各プロジェクトでは生徒が「本気」になるプロジェクトとするため，外部機関と連携して，校内だけにとどまらず，校外で実際に課題解決のための活動を実践する学習を展開した。例えば，子育て支援や教育に関心のある生徒は，地元自治体の新児童館建設事業に関わり，市が主催する「ティーンズ検討委員会」に参加した。市が行う計画に参画し，生徒たちの探究の成果が児童館の設計や運営に盛り込ま

れた。新児童館完成後も活動は継続し、「全国に誇れる児童館にする」という目標を掲げた「児童の児童館プロジェクト」として活動している。教室での学びと実社会の動きを結びつけることで、実現可能な本物の課題発見・解決を目指す PBL を目指した。PBL が進むにつれて、生徒が自ら「こんなことができるのではないか？」と生徒発のプロジェクトを提案したり、行政側から本校生徒の力を借りたいと「依頼」を受けたりと想定した枠組み以上に新規企画が立ち上がっている。

　生徒も外部機関も積極的である一方、最大の課題は指導する教員側の意識にあった。この PBL は県教育委員会や管理職から指示ではないため、同僚教員を動かす「強制力」は弱い。また従来の「総合学習」の内容から大きく転換するものであり、教員側に指導する「ノウハウがない」「教科書がない」「経験がない」ものであった。各教科・科目と違い学習活動に「正解」がない。「どうしたらいいかわからない」という不満や戸惑いの声を受けた。戸惑う同僚の気持ちもわかるが筆者も含めて誰もが初めての経験である。このような初めて学習活動の指導は、教員も生徒と一緒に活動しながらでなければ高まらないと考えた。「わからないからできない」ではなく、試行錯誤をしながらできることから始めていくことが必要である。まずは同僚教員にも生徒と一緒に動き出してもらいたかった。そのために教員を動かす「仕掛け」を行った。

　さまざまな「仕掛け」を行ったが、特に次の 2 点が有効であった。1 点目は、行政など外部機関と学校をつなげることで、「やらなければならない状態」を生み出すことだった。可能な限り、外部と結びつけることで校内だけで完結できない環境を作った。外部とのつながりがあるため、「途中でやめられない」「無視できない」という意識が教員や生徒の中に生まれた。この意識が効果的であった。動き始める際には最も大きなエネルギーが必要となる。その部分に外部からの働きかけを利用した。その後、プロジェクトが進むにつれて生徒も動き出し、教員にも協力的な人たちが増えてきた。筆者がすべて段取りをしなくても各教員が考え、行動してくれる事例が増えた。2 点目は、進路指導など具体的に見える「結果」を示すことだった。PBL の活動内容をもとにして、3 年次の進路選択で志望理由書や活動報告書などを作成する生徒が増加した。PBL

開始以前（筆者が3学年団に所属した年度）では約200人中1名のみだったが，PBLを経験した学年では，把握している限り20名近い生徒が，受験など進路選択の際にPBLに基づいた活動報告書などを作成した。進路指導という具体的に見える「結果」につなげることで，同僚教員のPBLに対する見方に変化が生じた。進路指導部からは「来年度以降もPBLを続けて欲しい」という発言やPBLの担当ではなかったある3年生担任からは「指導に役立つから関わっておけばよかった」という発言もあった。このように少しずつ校内ではPBLに対する理解が深まっている。

5　まとめ〜成果と課題〜

（1）本校での実践を通じて学んだこと

①できることから始める

　最初から同僚教員の理解と協力の下に一致した行動はとれない。「組織的に〜」「みんなで協力して〜」という発言をよく耳にするが，最初から足並みを完全にそろえることは無理である。まずはできるところから，協力を得やすい部分から始める。例えば，意識や理念を共有できる有志と少人数のチームで進めていくなどが効果的である。

②「強引さ」も必要

　集団を引っ張る「強引さ」も必要であった。多少強引にでも周囲を巻き込みながら進めていく。その後，同僚にも共有できる「成果」を出していけば周囲の理解は後からついてくる。その学校や教員間で何が重視されるのかを見極め，それを「成果」として示すことができれば理解者や協力者は自然と増えてくる。

③外部の力も借りる

　県教育委員会の方針によるPCの導入や行政と連携したPBLなど，学校外の環境や組織の力を借りることも有効であった。学校の「内」からでは動かせないものも「外」からのアプローチで動かすことができる。特に管理職の了解や理解を得るためには外部からの依頼や要請が有効であった。外部の力を活用することで，「やらざるをえない環境」を形成した。

（2）今後の課題

> 心配なことが2つある。1つ目は，市と連携することで生徒のアイデアが
> 実現できているけど，学校の体面もあるから退けなくなる（注：やめられ
> なくなる）のではないかな。2つ目は，今は先生（注：筆者）がスーパーマ
> ンみたいにやっているけど，いつまでも先生ができるわけじゃないよね。
> 先生が転勤したり，担当を外れたりしたらできる人がいなくなってし
> まって困るのではないかな。

　これはPBLに関して協力的な同僚教員が筆者に話しかけてきたことである。
この同僚の心配事の1つ目は先述の内容とも関連し，外部の力を借りることで
教員を動かすことができた結果ともいえる。新しい学習指導要領の中でも「社
会に開かれた教育課程」として地域連携が掲げられており，本校のPBLはそ
の理念も踏まえたものとしていきたい。しかし，外部との連携を強めることで，
次第に学校と地域社会との間に意識や目的の相違などが生じる可能性がある。
学校には学校の教育的な目的があり，外部機関など地域には地域の目的や意図
がある。これらを摺り合わせながら進めていくためには，緊密な連携や学校と
の信頼関係が必要である。現在は筆者個人が外部機関との結びつきをもってい
る状態である。開始段階ではその状態が効率的であったが，今後はコミュニ
ティ・スクール（学校運営協議会制度）の枠組みを活用することなどが必要となっ
てくる。
　2つ目は公立学校ならではかもしれないが，本県では6～10年程度で人事異
動がある。筆者が担当を外れた後，PBLをどのように継続させていくのかにつ
いて，校内では議論されている。同僚との会話のなかで「仕事を振らないでく
ださいね」と冗談めかして言われることもある。現在のPBL指導体制が，筆
者個人のネットワークに依存した属人的な業務となっており，担当者の変更が
難しい状態にある。現在「マニュアル」の作成が管理職から指示されている。
誰にでも指導可能な高い汎用性は継続性につながる。しかし，マニュアル化す
ることで，学習が形式化してしまい，「魅力」や「面白さ」が薄まるのではな
いかという心配もある。いつまでも属人的な仕事では持続可能なものにはなら

ないが，マニュアル化も容易ではない。現時点で筆者は，属人的な状態のままでいいのではないかと考えている。「生徒」「教員」「地域社会」，学校を取り巻く3要素は不変ではない。生徒も教員も地域社会も変化する。その時々の環境の中で実現可能な活動を模索していくことが必要でないかと考えている。

　当初の「学校現場で同僚教員を育てる」というテーマからずれた部分もあったかもしれないが，筆者の取り組みについての報告は以上である。

【付記】
　本章の内容は2020年当時の状況に基づくものである。

第5部

教師教育者の実践事例【2】
―― 専門機関で教員集団を育てる
：教員養成機関における教師教育者 ――

第14章
市町の教育委員会の指導主事として教員を育てる
── 教育委員会指導主事の立場からの教員の資質・能力向上のための指導・支援 ──

岩渕　満

1　はじめに

　教育委員会指導主事として，多くの教員と授業についてともに学ぶ機会を多く与えられた。多くの場合は研究授業の指導助言として関わってきたが，授業者とともに学び，生徒が学ぶことの喜びを感じることができる授業を目指していこうという気持ちで臨んでいた。

　しかし，授業者の立場からすれば，教育委員会指導主事が自分の授業を見るということは多少なりともプレッシャーを感じるようである。授業を他者に開き，批判的な検討を受け，それを自らの授業改善に活かすということは大切であると認識していても，実際に行うことには勇気が必要である。筆者も逆の立場の時には同じ思いを抱いていた。

　そこで筆者が教育委員会指導主事として，研究授業の指導に当たる際に目標としていたことは「再度授業に挑戦してみよう」と授業者が思ってくれることであった。

　授業者が自らの授業を他者に開いたことに敬意を表し，そのことを通じて授業者だけでなく，その学校全体の授業改善に寄与することが教育委員会指導主事の使命である。

　しかし，実際に指導にあたる場合，新採用の教員もいれば，若手，中堅でこれから各学校において重要な立場を担うことが期待されている教員，すでにベテランとして自らのスタイルや意思といったものを自分なりに確立している教員等，立場や年齢層の異なる教員と対峙し，その都度，適切な言葉や方法を選

択し，いわゆる「やる気」を喚起していくことは筆者にとっては苦しいことの連続であった。

そこで，まず，筆者が経験した初任者研修を中心とした指導のいくつかを具体例として示しつつ，指導を行う際に感じたことを述べていきたい。

続いて，学校からの要請訪問や任意の研究団体（各自治体に多くある教員を会員とした研究会）等の研究授業に係る指導助言といった際の，初任者以外の指導について述べていきたい。

最後に双方を総括し，教育委員会指導主事が教職員の資質・能力の向上に対して果たすべき役割について言及することとする。

2　初任者教員への指導

（1）近年の教職採用状況

教職に就いたばかりといえども，大学を卒業してすぐに採用された者，非常勤講師や臨時的任用教諭の経験を重ねて採用された者，大学卒業後，他の職業に就いた後，改めて教職を志した者など，そこに至るまでのプロセスはさまざまである。教職のスタートにあたる初任者研修といえども，実は教職経験，社会人経験ということについてすでに差があるという実態があり，初々しさの中に不安と期待が入り混じった者もいれば，今までに培ってきた経験からある程度余裕をもっているものもいる。

しかし，いつも大学を卒業したばかり者の授業力が劣っているとは言えないし，いつも非常勤講師や臨時的任用教諭として経験を重ねてきた者の授業力が秀でているということでもない。

筆者が教職に就いた1990年代半ばは，バブル経済が弾け，後に失われた10年と呼ばれた時期と重なる。その頃から少子高齢化や児童生徒数の減少という予測があったことに加え，長引く不景気の影響によるものか定かではないが，教員の新規採用者数が減少の一途を辿っていた。

幸運にも教職に就くことができ安堵したことを今のことのように覚えている。当時の職場環境はいわゆる団塊の世代と言われた40代の教員が多く，30代よ

り若い世代の教員は全体の3分の1に満たない状況であった。その後も教員の新規採用は減少が続き，筆者が勤務している自治体（以下，本市）において政令市でありながら中学校社会科の新規採用者はいないといった年も多くあり，教職に就くこと自体が極めて狭き門であり，新規採用者は高倍率のなか，自ら道を切り拓き突き進んできた者たちといえた。また，当時，本市では非常勤講師の枠を拡大させ，臨時的任用教諭の採用が極端に減少したため，生活のため教員になる志を諦める者や，多少なりとも採用状況がよかった他の都道府県を受験する者を多く見てきた。筆者が本市の教育センターで初任者指導研修に関わったことがあった2002（平成14）年度の本市中学校教諭新規採用者は3名という状況であり，教職を志す者にとっては絶望すら感じる数値であったことであろう。

　しかし，ここ10年近くの間に，新規採用者の数は激増した。団塊の世代の大量退職による大量採用の時代となったのである。正式に採用されるまで差はあるものの，ある程度教職に就けるという見通しという希望がもてる状況となっており，教職について初任者にも今までとは少し違った特徴を感じるようになってきた。

（2）現状における初任者を中心とした若手教員指導上の課題

　ここ数年，筆者が初任者指導を担当した教員数は，毎年6〜7人程度で推移してきた。一時期に比べれば採用状況も大きく改善され，教職に就きたいと思えば教職に就ける可能性が高まっている。かつてのように断腸の思いで教職を諦めるといったことは少なくなっているのではなかろうか。

　しかし，このような状況であるからなのか，初任者指導にあたって新たな問題が生じている。端的に言えば，初任者教員間における学力格差である。

　筆者が担当した初任者教員のことしか経験上語ることはできないが，社会科の教員としてこちらが知っていて当然と思えることの知識がないという状況が見られ，唖然としてしまうことが何度かあった。また，主体的・対話的で深い学びの実現のためには，教員が設定する学習課題（いわゆる授業における主発問）が極めて重要であるが，教員自身の知識が乏しいため学習課題を設定すること

ができないといったケースも多く見られる。例えば教科書本文の重要語句を
（　）で空欄に，それらの語句の穴埋めに終始した授業も行われていた。生徒が，
諸資料を読み取ったり，それらをもとに意見を交流し合ったりするといった活
動が全く行われていないという事例があった。また，生徒同士に話し合いを行
わせて，何も教えずに終わるという授業が行われていて，確かめてみると教員
が教科書内容を理解していないこともあった。他にも，なぜか自分の授業に自
信をもっており，周囲の助言を聞き入れようとしない者もいた。

　一方で，大学を卒業したばかりですぐに採用になったにもかかわらず，生徒
が現代社会に通ずる見方・考え方を獲得していくような授業を展開して生徒た
ちの学びを支えている教師も多く存在する。また，初心を忘れることなく，試
行錯誤を繰り返しながら生徒に寄り添い授業改善のために自らの時間を削り研
鑽を重ねている教師も多い。筆者は，初任者教員への実地指導を行うにあたっ
て，教員が事前に学習指導案を送付してきた際，修正を強要しないとしつつも，
いくつか気になる点を指摘することにしていた。そこからわずか 1 週間程度の
期間で歴史学や経済学の専門的な学説における裏付けを取り，根本的に学習指
導案を変更し，生徒が対話をしながら課題の解決に迫っていく授業を展開し，
筆者が初任者であった頃と比較しても舌を巻いてしまった者もかなりいるので
ある。

　このように筆者の限定的な経験の中ではあるものの，生徒の学力差もさるこ
とながら，教師の学力差が激しいことの方が深刻な問題ではないかと筆者は捉
えている。つまり，初任者教員の資質・能力の二極化である。

　力量のある教師による指導を受けた生徒の方は相対的に学力が高いというよ
うな研究データが存在するかどうか承知していないが，経験則からして，「あ
の先生の授業は何をやっているのかよくわからない」といった苦情に対応した
ことは何度かあり，授業において生徒の知的好奇心が満たされることがないと，
徐々に授業は成立しなくなり，生活指導のうえでも大きな支障を来すこととな
る。

　このような状況は，教員の大量採用がもたらした現象なのか定かではない。
しかし，日常の学校現場で初任者指導を担当している教諭は総じてベテランで

あり，それらの教諭と話しをする中で，やはりここ数年に見られる現象ではないかと感じている。

(3) 初任者教員が育つための環境づくり

　筆者の多くはない経験に基づいて，初任者教員の現状について述べてきたが，教育委員会指導主事の職責は先に述べたとおり，「教員のやる気を喚起すること」である。初任者研修の実地指導後の研究協議は，筆者が実際の授業および初任者教員と生徒の関係を見取り，取り組みの評価を述べ，さらに初任者教員が「この授業を改善してもう一度挑戦したい」と思うことを目標として行っていた。時には厳しい言葉をかけなければならないこともある。

　ある時，生徒との関係が全く築けていないにもかかわらず，初任者指導を担当する教員の指導を素直に受け入れることが難しく，授業が全く変わらないまま半年以上が経過した初任者がいた。実際に授業を見てみるとねらいも定まらず，生徒は悲しいほど一人ひとりが孤立し，授業を参観していて胸が痛くなるほどであった。筆者はそのように感じたということと，再度授業を見に来るということを伝えた。そして，本市の教職員で組織されている広島市中学校教育研究会社会部会が自主的に開催している研究会への参加を促し，授業改善を志す多くの教員と交流することを勧めた。実際に本人はこの研究会に参加し，他校の教員とも交流ができたことが刺激となったようであった。また，筆者もこの研究会にオブザーバーとして参加しており，本人がいる場面で，授業研究について語ることができた。

　その後，この教員の授業を参観した際，授業のねらいが明確となっており，適切な学習課題が設定され，グループ活動とそれらを踏まえた学級全体での交流がきちんと取り入れられ，見違えるほどの進歩が見られた。授業中に黙って一人ひとりの世界に埋没していた生徒が顔をあげ，他者の意見に耳を傾けたり，自分の考えを述べたりしている姿を見て，以前見た授業では胸が痛んだが，この時は胸が熱くなったことをはっきりと覚えている。

　この体験を通じて感じたことは，初任者教員は「一人」なのではないかということである。初任者，特に大学を卒業してすぐに採用となった者にとっては，

3月31日まで学生であった立場が1日違うだけで「先生」と呼ばれる立場となり，急に何でもできることをある意味で当然と受け止められることに直面する。確かに学校では先輩教員がいて，年度当初の学級開きや初めての懇談会等の時にはさまざまなアドバイスをしてくれることがある。しかし，教科の授業は毎日，しかも1日に何回も行うものであり，教材研究と授業実践の繰り返しである。また，同じ教科の教員は他学年の授業を受け持っているケースがほとんどであることから，具体的な教科指導に関わるアドバイスを校内で受けることは意外と難しいのではないだろうか。

　大量採用の時代であるということは，それだけ「一人」を感じる初任者が多いということにつながるのかもしれない。各自治体において初任者研修の機会，初任者同士が顔見知りとなり，互いの授業について交流を始めることはあると思われるが，初任者とある程度経験があり授業改善に意欲的に取り組んでいる教員が交流する機会というのはあまり設定されていないのではなかろうか。

　初任者教員を育てるために「一人にしない」という視点は学校ごとでは意識されているかもしれないが，初任者研修の単位となる自治体や地域ごとにも重視されるべきではないかと考えている。

3　初任者教員以外の指導

(1) 授業改善に関わる課題

　初任者教員以外への指導の機会の多くは，教育委員会が指定した研究指定校に関わるもの，学校からの要請訪問指導，各自治体における教員の任意の研究団体の活動に関わるものなどである。このような機会では中堅から若手といった人たちが授業を行うことが多いが，なかにはベテランが登場することがある。

　ある程度経験年数を重ねた教員やベテランの教員は，これまでの教職生活のプロセスにおいて自分なりの「型」というものを身に付けていることが多い。これは教職に限ったことではないが，この「型」を突き破ることが場合によっては必要となる。特にベテランの教員にとっては，教職に就いた頃と異なり生徒同士の対話，探究の過程を重視した学習が求められる今日の状況は，これま

での自らの教員としてのプロセスを否定されていると感じている者も少なから
ずいるようである。ベテラン教師にとってこれまで自らが築き上げてきた授業
から脱却することは並大抵のことではなく，ある教師からは，「結局旧態依然
として授業を変えることができないんですよ」と心情を吐露されたこともある。

　また，若手から中堅に至る教師であっても，自らの学生生活の中で一斉講義
型の授業を受けてきたことから対話型の授業の展開が求められることは理解で
きても，実際にどのように授業を展開すればよいのかイメージできないという
声を聞いたことがある。

　このように授業改善の必要性は痛感していても，その具体策が見つからずも
がいている教師は多いのではなかろうか。

　そこで，以下において，ある事例を紹介し，教師として授業改善に取り組む
同志の方々に贈るエールとしたい。

（2）あるベテラン教師の事例

　ここで紹介するA教諭（50代：男性）は，学年主任として勤務校の中核をな
す役割を果たしていた。また，この勤務校は授業改善に熱心に取り組み，市教
育委員会の研究指定校であり，A教諭はその一環で校内研修会の研究授業を行
う予定になっていた。日々，多忙な業務のなか，本人も付け焼刃という状況の
学習指導案を作成して，事前に筆者のところに送付してきた。内容としては砂
漠が多く広がる西アジアや中央アジアの経済発展のためには，どのようなこと
を行えばよいか生徒が考え，提案するといったものであった。

　筆者はその指導案を見て，すぐにA教諭に連絡し，生徒たちが経済発展の方
策を考えるというが，それには科学的な根拠はなく，ただ思いついたことを列
挙するにすぎないという結果にならないかと伝えた。そうしたところ，所属校
の校長先生も，全く同じ指摘をしたということに驚かれたようすであり，多忙
ではあるが，再度指導案を検討し直すということであった。そこで，筆者は教
科書に記述されている本文とそこに掲載されている景観写真やグラフなどには，
この教科書執筆者が意図したねらいがあり，そのねらいに気づくことが指導案
改善の糸口になる旨を伝えるとともに，授業が行われるのは校内の研修会であ

ることから，検討し直した指導案は期日が迫っていることから事前に送付する
必要はなく，当日見せていただければよいことを伝えた。

　検討し直された指導案は，豊富な石油やレアメタルといった地下資源を有効
に活用してきたことに加え，アラブ首長国連邦ドバイのような近代都市を新た
に建設してきたことを例とした経済発展の事実を示し，なぜ近代都市を建設し
たのかということを探究させ，モノカルチャー経済の脆弱な面を補うための方
策として説明できるという流れの授業に大きく変化していた。

　わずか数日で根本的に指導案を変更したA教諭の底力に筆者は感嘆した。し
かし，それと同時に社会科という教科が社会諸科学を基盤にして成り立ってい
るという視点が，現場の教師には意外と意識されていないのではないかと感じ
た。

　また，いつも授業を参観していて感じていたことであるが，教科書には多く
の資料があるにもかかわらず，それと同じような資料であっても別のところか
ら転用してくることや，そもそも教科書を使用しないといった授業が多い。こ
のことをどのように捉えるべきであろうか。

　筆者は授業改善の視点から，まずは教科書の意図を教師が読み取り，読み解
こうとすることを勧めてきた。よく「教科書にはすでに答えが書いてある」と
いう意見を耳にすることがあるが，果たしてそうだろうか。

　教科書に書かれている文章と資料を結びつけ，生徒が自分自身で解釈して説
明するということは意外と困難なことであると筆者は思っている。社会科用語
は難しいとか，そもそも生徒たちに語彙力が乏しいといった声も耳にしたこと
がある。そのような状態であるからこそ，教科書をしっかりと使い，教科書に
書かれている文章と掲載されている諸資料を組み合わせて説明を試みたり，一
人ではわからないことは調べたり，グループや学級全体で考えてみたりするこ
とが重要なのではないだろうか。実際，本授業ではそのような展開がなされて
いた。つまり，教師が教科書の意図を読み解き，生徒が教科書の記述内容や掲
載資料の内容を読み取ろうとすることが，授業改善への第一歩となり得るので
はないかということである。

　また，筆者の個人的感想ではあるが，教科書の改訂が行われるたびに，教科

書の内容が面白くなってきてはいないだろうか。それは社会科の本質を探究に
あると位置づけて研究が重ねられてきたことの成果物として教科書が執筆・編
集されたものであるとともに，最新の社会諸科学の研究の成果が教科書に掲載
されているからではないだろうか。教師が読んで楽しい教科書から，きっと学
んで楽しい授業が生まれると思っている。

　教師は多忙である。だからこそ効率的で合理的な教材研究，授業準備が求め
られる。そして主体的・対話的で深い学びが求められる今日，授業の進め方に
ついて戸惑いや疑問を感じている同志も多いのではなかろうか。その際，教科
書の活用について再注目してみるというのも一つの方策として認識しておく価
値はあると思われるがいかがであろうか。

第15章
研修過程をつくる
—— 指導主事として，教員の授業力向上を支援する ——

迫　有香

1　はじめに

　本章では，筆者が勤務した広島県立教育センター（以下，教育センター）にお
いて，県内の先生方を対象に，社会科の教科指導・支援を所掌した指導主事時
代の研修について述べる。特に各種教員研修のうち，県内の教育を将来的に牽
引する役割を担う教師を対象とした教員長期研修（以下，長研）に着目し，元教
員長期研修生（以下，Z教諭とする。）との1年間の長研を主に取り上げる。
　「先生方は，指導主事個人に謝意を表されているのではなく，指導主事とい
う役割に謝意を表してくださっている」。この言葉は，指導主事として先生方
を指導・支援された先達が，指導主事になって間もない筆者にかけてくださっ
た言葉の一部である。研修を重ねる度に，先述の言葉は，筆者の中で次のよう
な問いに形を変え，研修過程を工夫するうえでの羅針盤のようなものとなった。

> Q　教科指導を指導・支援する教師教育者である指導主事の役割とは何か？
> Q　これまでに私自身が指導を請うた方々が，その時々の課題を乗り越えるた
> 　めにしてくださったことは何か？

2　教員長期研修の位置づけ

　広島県では，教員（教諭・講師，養護教諭および栄養教諭）のキャリアステージ
を「採用期」「充実期」そして「発展期」の3つに区分し，各指標に基づいた

体系的な研修計画が整備され，実施されている。本章で紹介する長研は，エキスパート系に位置づき，教育センターや大学の附属校園等で半年または1年間の研修を行い，教科指導や学校マネジメント等について研鑽を積むよう企図されている。長研の在り方は，教育現場にとって時宜に叶うよう，学習指導要領の方向性や県の施策等を基に年度毎に内容や方法が検討され，効果的な研修が目指されている。

3　教員長期研修で社会科教師の教科指導力向上をどのように支援するか？

　Z教諭は，小学校社会科授業の質的向上を目指す学びの機会として長研受講を希望した大変意欲的な教師である。筆者は，Z教諭との研修以前に，小学校教師3名の長研を担当する中で，教員研修をより俯瞰したいという思いがあった。「もともと優れた先生方だから，魅力的な授業づくりが可能なのか？」「長期の研修過程で，特にどこが先生方自身の成長の起爆剤として効果的だったのか？」「その時，私はどのように関わったのか？」等の問いが，先述の「指導主事の役割とは何か？」の問いと紐づく形で存在した。Z教諭との長研開始段階では，3名の小学校教師の傾向から，暫定的に次のように長研過程を捉えていた。各教師は，研修過程の特に授業の具体を考案する段階に入ると，教材選択の質の高さを発揮する。抽象度の高い社会的事象を児童の発達段階に即し，児童側の目線から具体的事象を教材や題材として提示する能力の高さである。学校現場を離れた空間に身を置いて自己の実践を省察する機会を得，教材研究に普段よりも時間を使い，眼前に児童はいないけれども，研修中に児童の成長を思い描きながら単元開発を行う。長研中の検証授業を前に空間的な隔たりのある児童の姿が見えるようになった瞬間に，先生方の研修内容が加速度的に深化する。この傾向から，長研の最大の山場は授業の具体化段階と検証授業前後の分析段階であり，この段階に至るまでに各先生方の問題意識や強み，そして長研機会を提供された所属校の願いをいち早く捉えたうえで，先生方を支援することが担当指導主事として重要だと体感的に解釈していた。しかしながら，概括的な傾向の解釈に留まっているに過ぎず，自己の「指導主事としての実践」

を分析し，長研を通じて社会科教師の教科指導力向上を支援するための具体的な方策をより可視化する必要性を感じていた。以下に，Z教諭との長研において，教師の支援方法として奏功したと考えられるものを3点紹介する。

(1) 教師自身の自己探究を促進する対話ツールとしてのジャーナル

　Z教諭との日々の対話を重ねる中で，Z教諭は，①「小学校社会科の学習で，『社会が分かる』ためには，社会との連携および協働が不可欠であり，『地域リソースの活用』を重視すること」，②「児童の生活経験から遠くなる学習内容を児童に近いものとすること」，そして③「小学校社会科における『指導と評価の一体化』について，これまでの自身の学習評価方法を授業改善と一体化させて検討すること」を目標に挙げていた。そこで特に③の学習評価に関連して，小学校では教科担任制や専科の授業を除くと，すべての教科指導を行う小学校教師は，教科書に準拠した業者作成の単元テストが学習評価に及ぼす影響が高い場合が多く見られることから，さまざまなテストの分析やテスト以外の学習評価方法として児童が行うリフレクションの意義を探究することを既存の授業づくりを省察するための起点の一つとした。その際，「学習評価が児童の成長を促すものとなるように」という大前提に立つならば，「教師自身が実際にリフレクションを体験し，児童側の認識や感情を共感的に捉えることができれば，授業づくりにいかすことができるのではないか」という仮説に辿り着き，任意でのジャーナル作成を提案した。その結果，Z教諭は，想像を超えて緻密な取り組みを継続し，4月から翌年3月までの全研修日の研修内容と所感を記述した。記述に対し，節目ごとに，筆者が気づき等を記述し，フィードバックを行った。Z教諭がまとめたジャーナルを基に，1年間の教員長期研修の概要を**表15.1** に示す。ジャーナルの取り組みで留意した点は，公的研修という勤務時間内に完結し，負担が少ない4・5行程度の記録や所感に留めること，長期間継続可能な形式であることである。ジャーナル作成を通じて，教師自身が長研を通じ，自己の探究過程を俯瞰するとともに，担当指導主事が適宜，具体的な支援策を講ずることに一定の効果を確認できた。このジャーナルの取り組みに関して，Z教諭は次のように述べている。

> 励みになった。自分ではなかなか気づきにくいところに気づけた。研修途中で何を改善しようとしているのか，振り返ることができた。学習評価の研究もしているので，日々の記録や，それに対するフィードバックが有効であることが実感できた。

　また，副次的な成果として，新型コロナウィルス感染症対策による安全確保のためのさまざまな判断が求められ始めた状況下にあったが，可能な限りZ教諭の日々の努力を具体的に追い，対話を行うことにも重要な機能を果たしたと考える。

（2）授業構成論や学習評価論をクリティカルフレンドとして教師に開く

　次に，Z教諭自身の関心や問題意識に即して，必要に応じて，これまでに学界で議論されてきた授業構成論や授業実践例を複数用意し，Z教諭と検討した点である。児童の主体性を念頭に，社会科教師が，授業構成論や学習評価論を選択できるように，また特定の授業構成論の押し付けとならないように工夫した。この研修過程の工夫について，Z教諭は次のように記述している。

> これまで学習指導要領や教科書を基に，やや我流で授業づくりを頑張ってきたが，さまざまな社会科の授業理論や学習評価方法論の理論や方法を知って，背骨ができたような気持ちです。今後も自分で社会科関連の文献や学習評価についての文献を読むなどして，児童のために何ができるかを考えていきたい。

（3）教員長期研修生を指導・支援する指導主事を支援する機能の重要性

　教育センターは，教師教育コミュニティの一つであり，そこでの長研は，担当指導主事一人が行うものではなく，教育行政機関として組織的に行うものである。

　長研での教師支援が奏功するためには，指導主事を支える上司や同僚の指導主事，関係部，大学等の高等教育機関との連携が重要である。筆者は，いずれにも恵まれた。所内での校種を越えた検討会等で，社会科教育研究に精通した

表15.1　1年間の教員長期研修の概要

月	主な所内等での研修内容	Z教諭と担当指導主事との主な対話や取組内容	Z教諭の探究過程
4	入所式 講座「学校組織マネジメント，カリキュラム・マネジメント」 研修計画書作成（前期・全期） 研修計画書部内検討会（前期・全期）	ジャーナル作成開始 過去の長期研修生の研修成果報告書分析 学習指導要領解説の内容整理 研修計画書作成	研修計画立案（長研での目標設定・探究課題設定）
5	講座「授業研究の進め方，教科指導における評価の在り方」 講座「キャリア教育，著作物の取扱い，人権教育」 研修経過報告書作成（前期・全期）	社会科教育学・教育方法学（学習評価）の文献研究開始 平成29年度文部科学省委託調査「学習指導と学習評価に対する意識調査報告書」・業者作成テスト整理・分析 研修計画書見直し 研究論文執筆開始	文献研究 小学校社会科における学習評価の実践上の課題等検討
6・7	研修経過報告書部内検討会（前期・全期） 講座「道徳教育，特別支援教育，生徒指導」	中高等学校での社会科・地理歴史科・公民科の学習評価の実際と小学校社会科の学習評価の実際とを比較検討 文献研究継続 他教科の学力調査問題・単元および題材配列の分析検討 教員養成段階の学部授業で活用されている社会科授業構成等のテキストレビュー 小学校の学校現場における学習指導と学習評価の実際について，他の長期研修生への意識調査質問紙作成・実施・分析 児童への意識調査（質問紙作成・実施・分析） 質問紙調査結果の整理・分析 検証授業の単元開発・指導案・学習評価問題作成開始 研究論文更新 単元の内容に関する教材研究	文献研究 意識調査・実態把握 研修成果中間発表（振り返り）・単元・評価問題開発・教材研究
8	研修成果報告会（前期・全期） 部内検討会	研修成果報告会（前期）準備 単元の「問いと知識の構造図」と評価問題（プレテスト，ミドルテスト，ポストテスト，フィードバック問題）作成 研修成果報告書更新	
9・10	研修成果中間発表 研修計画（後期・全期）部内検討会	学習指導案・評価問題熟考継続 教材研究継続 新型コロナウィルス感染症等の要因により，社会見学が実施出来ない場合に，効果的な学習とは何かについて検討 教材研究（情報収集）：地域リソースとしての県内の企業への取材	
11・12	検証授業（所属校） 研修経過報告（前期・全期）部内検討会）	検証授業準備 所属校での検証授業前のプレテスト 所属校での検証授業実践（授業，ミドルテスト，ポストテスト） 検証授業の振り返り，データ分析 所属校での検証授業後に行った分析結果を基にフィードバック問題の実施 研修経過報告内容作成	検証授業・データ分析
1・2	研究論文，成果物部内検討会	研究論文の更新 テキストマイニングに関する情報収集・分析（学習過程での児童の意識・到達度の変容を可視化するために） テキストマイニングを活用したデータ分析（児童の変容）	
3	プレゼン検討会 研究成果発表会，研修成果報告書，研究論文，成果物完成 退所式	研究論文，成果物部内検討会準備 プレゼン内容・資料作成・検討 県内の各市町で作成・活用されている社会科地域学習に関する副読本（副教材）に関する情報収集	研修成果の発信 新たな実践に向けて（長研終了以降にいかすことのできる情報収集）
		研修成果報告書，研究論文，成果物更新・提出	研修のまとめ

（出所）Z教諭のジャーナルを基に筆者作成。

上司からの，教員長期研修生へ適切なフィードバックは，長期研修生への大きな励みとなったことがＺ教諭のジャーナルにも記録されていた。この点から，一人の指導主事を支援する組織としての機能が研修効果を高めることにつながると考える。

4　おわりに

今後さらに，長研修了後の教師支援や，教師の自己探究を促進するためには，さまざまな教師教育コミュニティと接続できるようにする役割が指導主事に求められるのではないかと考える。Ｚ教諭を始め，支援をいただいた方々に感謝申し上げる。

注
1) 具体的な研修体系は，広島県教職員研修体系として示されている。「広島県教育委員会ホームページ　ホットライン広島」の「人材育成・能力開発」に詳しい。

【引用・参考文献】
広島県教育委員会「ホームページ　ホットライン広島」−「人材育成・能力開発」
　　https://www.pref.hiroshima.lg.jp/site/kyouiku/jinzai.html
広島県立教育センター「ホームページ　研究報告　教員長期研修生の研究」
　　https://www.hiroshima-c.ed.jp/research.html

第16章
指導主事や管理職を育てる
── 教職員支援機構 ──

大杉昭英

　本章では筆者が所属していた教職員支援機構（前身はつくば教員研修センター）
での教員等の研修について述べることにしたい。なお，ここでは紙幅の関係も
あり中堅教員研修を中心に取り上げることにする。

1　教員等の研修の今日的状況と筆者の立ち位置

　まず，考察対象である研修に関しては2017（平成29）年に大きな変化があった。
それは，スタンダードに基づく教育改革という世界的な潮流の中で，我が国で
は次に示したような「公立小学校等の校長及び教員の資質向上に関する指標」
（以後，「育成指標」と略記する）の策定と，それを踏まえた教員研修計画の作成・
実施が求められたことである。

○平成29年度に「育成指標」策定とそれに基づく研修計画の作成
○平成30年度より「育成指標」に基づく研修の実施
○以降，随時「育成指標」と研修計画の見直しを行う

　「育成指標」は教員等の資質能力の成長の目安であり，「学び続ける教員」像
を実質化するものである。つまり，教員等の成長像を明確化し，その支援のた
めの研修を実施するシステムが作られたのだ。
　このような変化に対応して，つくば教員研修センターは2017年4月に教職
員支援機構（以後，「機構」と略記する）へと衣替えした。大きく変わった点は，

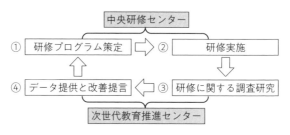

図16.1　研究と研修のサイクル

これまでの研修業務に加えて,「育成指標」や研修に関する調査研究と教育委員会に対する助言機能が備わったことである。さらに,翌2018年度に「機構」は組織再編を行い,「つくば本部」,「つくば中央研修センター」,「次世代教育推進センター」の3体制となった。財務・人事等は「つくば本部」が管轄し,研修に関しては「つくば中央研修センター」で研修プログラムを作成・実施するが,その基盤となる「育成指標」や研修に関する調査研究は「次世代教育推進センター」が担当し研修プログラムの改善を提言するという組織的な取組を行うことになった。筆者は当時「次世代教育推進センター」で調査研究とそれに基づく研修プログラムの改善提言を行っていた。筆者は「機構」という組織の中で,研修改善のためのデータとアイデア(改善提言)を提供する立ち位置にいたので,本章における研究対象は**図16.1**の③と④になる。

2　「育成指標」等の調査研究と課題

　次に,筆者の実践(調査研究)に関わってどのような課題があり,どのような考え方・理論を参考に検討を行っていったかについて述べる。

(1)「育成指標」の分析方法をどうするかという課題

　調査研究を担当する次世代教育推進センターでは,2017年度に「育成協議会と育成指標・研修計画の作成に関する調査研究プロジェクト」(以後「プロジェクト」と略記する)が立ち上がり,2018年度より本格的な活動が始まった。「プ

ロジェクト」メンバーは，学校経営の研究者である大学教員3名，高校教員・
教育行政の経験がある大学教員1名および筆者（高校教員・教育行政，教員養成
を行う大学教員の経験がある）の合計5名である。

　「プロジェクト」のミーティングにおいて，調査研究の目的は教育委員会で策
定された「育成指標」の根底にある教員等の成長像を明らかにすること，とい
う点はすぐに共有できたものの大きな課題が持ち上がった。それは，全国で策
定された膨大な量の「育成指標」から教員等が身に付けるキャリアステージご
との資質能力をどのように取り出すかという方法論に関するものである。この
課題に対しメンバーの一人から，大量の文書中に出現する単語および単語間の
関係を解析・統計処理し傾向を見出す方法として注目されているテキストマイ
ニングの手法が提案された。これを受け，全国で策定された「育成指標」を収
集し，テキストマイニングによる分析を行うことにした。[1]

　まず，「育成指標」の記述内容を整理し96,967語を取り出した。そして，各キャ
リアステージ（**図16.2**の「採用前・採用時」「初任教員」「若手・中堅教員」「ベテラ
ン教員」）と「育成指標」に出現する「単語」との関連を次の布置図（**図16.2**）に
示し分析を行った。

　キャリアステージが「初任教員」→「若手・中堅教員」→「ベテラン教員」
へと進むに従って，「育成指標」に出現する「単語」がどのステージの教員と
強く結び付いているか（キャリアステージを表す語と距離の近い単語が強い結び付
きがある）を見てゆくと，布置図からは，中堅教員からベテラン教員になるに
従って，「他の教員」「連携」「組織」「取組」「推進」「指導」「助言」などの「単
語」と結び付いていることがわかる。これらをまとめて「組織体制整備能力」，
組織的な「企画・参画・推進能力」，「指導・助言能力」とし，この3能力を分
析枠組みとして「育成指標」のさらなる研究を進めた。具体的には，3能力が中
堅教員のどのような教育活動に求められているかを分析することにした。そこ
で，「育成指標」の項目内容を「大臣指針」等を基に次に示す①から⑳に分類し，
それぞれについて「組織体制整備能力」「企画・参画・推進能力」「指導・助言
能力」がどのくらい設定されているか（設定されている＝1，設定されていない＝0）
集計を行った。

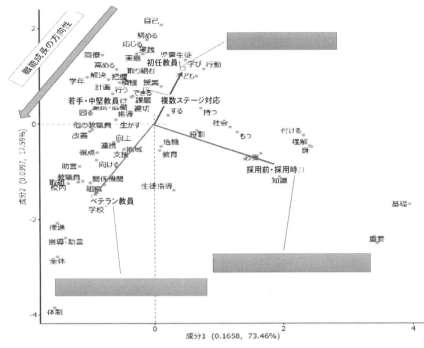

図16.2　資質・能力とステージ区分の布置図

①教育課程作成・カリキュラムマネジメント，②学習指導，③学習評価，④授業改善・主体的・対話的・深い学び，⑤ICT活用・情報機器，⑥児童生徒理解，⑦生徒指導・問題対応，⑧キャリア教育・進路指導，⑨学級経営，⑩教育相談，⑪学校運営・学年経営，⑫組織的・協働連携，⑬安全・危機管理，⑭校内研修・研修体制，⑮家庭・地域等との連携・協働力，⑯道徳教育，⑰特別な配慮を必要とする児童生徒への指導，⑱グローバル化対応，⑲人権教育，⑳地域的課題・教育委員会の独自教育課題

　その結果，2017（平成29）年度に教育委員会で策定された「育成指標」の項目内容において，「組織体制整備能力」は全体で22，「企画・参画・推進能力」は160，「指導・助言能力」は140設定されていた。また，①から⑳の項目内容の

うち中堅教員に最も多く求められていたのは,「学習指導」に関して若手教員に対する「指導・助言能力」であり 26 設定されていた。次いで「学校運営・学年経営能力」が 24,「生徒指導・問題対応」に関する「企画・参画・推進能力」が 19 設定されていた。「組織体制整備能力」に関しては,他の 2 つの能力に比べて設定が少なく,キャリア教育・進路指導,教育相談,校内研修・研修体制など 13 個の項目内容には設定されていなかった。

　以上のように中堅教員に求められる資質能力を客観的なデータで具体的に示すことができたことからテキストマイニングの方法は有効であったと考えられる。

(2)「機構」の研修目的と「育成指標」との関連を図るという課題

　次に,分析で明らかになった中堅教員に求められる 3 能力と「機構」の中央研修とはどのように関連するのか把握する必要が生じた。「機構」の研修受講者は都道府県・指定都市教育委員会から推薦された教員等であるため,教育委員会策定の「育成指標」と無関係であることはできない。そのため「機構」の研修目的と「育成指標」との関連をどう図るのかが課題となるのである。

　「機構」の研修に関しては,2000(平成 12)年頃より学校にマネジメントの発想が必要であるという声が高まり,教員研修センター時代からマネジメント研修が主流となっていた。この流れを引き継ぎ,2018(平成 30)年度における「機構」の中堅教員研修計画は,マネジメント的発想をもって業務を行うことができる人材育成を目指して,「スクール・マネジメント」「学校改善」「実践開発」の「3 領域」を研修の基本枠組みにして構成された。「スクール・マネジメント」については学校教育目標の達成のために必要となる組織や人材の開発に関するマネジメントの手法を修得することを,「学校改善」については学校の課題解決のために必要となる多様な人材との連携・協働の在り方等を,「実践開発」については教育の質向上のために必要となるカリキュラム・マネジメントや研修プログラムの開発などを学ぶことになっていた。2018(平成 30)年度の「機構」の研修計画は「プロジェクト」の調査結果がまとまる以前の 2017(平成 29 年)度に作成されていたが,期せずして概ね先の 3 能力に対応したものとなっていた。

表16.1　平成30年度　中央研修の領域・内容

領　　域	中堅教員研修内容（研修期間：2週間）
スクール・マネジメント	・教育政策の諸動向 ・学校組織マネジメント ・メンタルヘルスマネジメント ・組織作りとコーチング ・防災と安全管理 ・マネジメントの実践 ・スクールコンプライアンス
学校改善	・地域の教育活性化とスクールリーダー ・リスクマネジメント
実践開発	・カリキュラム・マネジメント ・新しい学びの推進 ・道徳教育のマネジメント ・インクルーシブ教育システムの構築 ・生徒指導のマネジメント

（3）研修効果をどのように把握するかという課題

　しかし，3能力に対応した研修が行われたとしても，その効果をどのように把握するかが課題となった。研修効果が不明だと，当然ながら研修改善を図ることは困難である。そこで，研修効果の把握方法について検討を進めたが，その際ヒントになったのが表16.2に示すカーク・パトリックの4段階評価モデルである。

　一般に，教育センター等では研修終了直後にアンケートを行うが，「参考に

表16.2　カース・パトリックの4段評価モデル

	レベル	評価内容	評価方法	
1	Reaction（反応）	受講直後の受講者の満足度	アンケート	研修の満足度
2	Learning（学習）	研修中・終了後における新たな知識，スキルの習得状況	ロールプレイテスト	研修内容習得
3	Behavior（行動）	研修後（数カ月）の日常業務における行動の変容（研修したことが行動に移せる）状況	受講者へのインタビュー　パフォーマンス評価	研修の転移
4	Results（結果）	受講者の変容により，学校に良い影響をもたらした状況	学校目標の到達度の測定（学力，生徒指導等）	

なったか」「満足だったか」といった**表 16.2** の「研修の満足度」を問うものが
多かった。

　しかし，近年，研修終了後一定期間の後に授業実践などで研修効果があった
かどうかのアンケートも行われるようになった。これは，**表 16.2** の「研修の
転移」に当たる。研修目的は「仕事現場を離れた場所で，メンバーの学習を組
織化し，個人の行動変化・現場の変化を導くこと」といったように受講者や所
属学校・機関の変化を導くことまでも含めると考えるのである。[2] ちなみに同図
の「研修内容習得」は教員の免許更新講習の試験のようなものと考えられる。

　「機構」では研修の翌年度に受講者が研修成果の活用をまとめたレポートを
提出することになっている。これは**表 16.2** の「研修の転移」の内容を報告し
たものと考えられる。そこで，研修が学校改善につながっているかなど研修効
果を把握するため，「機構」のもう一つのプロジェクトでレポートを整理・分
析することになった。[3]

　表 16.3 は，2018 年度の中堅教員研修受講者 735 人中，710 人が提出した成
果活用についてのレポートを，研修の基本枠組みである先の「3 領域」の具体

表16.3　中央研修受講者数と研修成果活用内容

研修／テーマ　　　研修者	中堅（710／735）	
	頻度	割合
学校組織マネジメント	75	10.56%
カリキュラム・マネジメント	70	9.86%
地域連携	63	8.87%
人材育成	58	8.17%
学校財務	0	0.00%
スクール・コンプライアンス	16	2.25%
危機管理	41	5.77%
業務改善	60	8.45%
授業改善	134	18.87%
生徒指導関係	61	8.59%
特別支援関係	6	0.85%
その他	126	17.75%
合計	710	100.00%

的内容に対応させて 12 に分類（学校財務は中堅教員研修では除外）したものである。成果活用で最も多いのは「授業改善」であり，続いて中堅教員研修の中心的な内容となる「学校組織マネジメント」「カリキュラム・マネジメント」等となっている。一方，「特別支援関係」「スクール・コンプライアンス」などは活用例が少なかった。

　以上のように，カーク・パトリックの評価モデル等を参考に研修効果の把握を行ったが，所属場所ごとに教育課題が異なるのか研修成果の活用が分散していること，活用例が極めて少ないものがあること，さらに，一年間の活用しか把握していないので研修効果を捉える客観的データとしては不十分であると思われた。

3　省察

　最後に，「次世代教育推進センター」の調査研究活動に関して再度振り返り，省察を行うことにしたい。

　「機構」では「プロジェクト」として調査研究を行ったので研究領域や発想の異なるメンバーが参加していた。そのこともあり，「プロジェクト」のミーティングは緊張感があり刺激的であるとともに研究の視野も広げることができた。例えば，「育成指標」に関しては，テキストマイニングによる分析という方法が提案されキャリアステージごとの教員等の資質能力が明らかにできた。また，ミーティングの中で，新たな問題として，「育成指標」は最低基準あるいは到達基準のどちらを示しているのかという疑問が出され議論となった。そして，「採用前・採用時」のステージでは最低基準だが，その後の「若手・中堅教員」や「ベテラン教員」のステージでは到達基準ではないかという仮説ができた。こうした仮説をもって 2018 年，2019 年度に全国の 3 割程度に当たる教育委員会や教育センターの訪問調査を行い，担当者に最低基準か到達基準かを問うた。「全く意識していなかった」という回答が多かったが，観点別学習評価の B 評価（概ね満足の状況）ではないかという回答もあった。これらの調査結果を持ち帰り再度議論を進め，「採用前・採用時」以降のステージにおける

「育成指標」は「概ね満足の状況」を示すという考え方が妥当だということに落ち着いた。このように「プロジェクト」による調査研究で，筆者は自分の持ち合わせている理論・考え方・調査法では解決できない課題に出会った際（今回は膨大な量の「育成指標」の分析等），異領域の研究者との連携で新たな仮説（理論・考え方・調査法）によって分析したり，訪問調査で確認したりした。このような活動は，振り返ってみると大学生の頃，授業でカール・ポパーの「客観的知識の成長」に基づく社会科授業構成について指導を受けた影響が大きい。理論は経験（観察）に先行する。理論で物事を捉えていくが，反証（批判）に耐えることができなければ理論を変更する。こうした考え方で調査研究を進めてきたと思う。また，研修効果の把握という課題については十分には解決できなかった。それは，受講者の研修終了後一定期間をおいての調査になるため，受講者の行動変容や所属場所の改善をもたらした要因が多様に考えられ，研修が要因と特定するのが困難だからである。ランダム化比較試験など精度が高く信頼性のあるデータを得る調査方法の開発が必要になると考える。さらには，身も蓋もない話だが，「教員研修が教員の質に与える因果関係はない[4]」という結論が優勢だという最近の研究もあり，新たな視点での研究を検討しなければならないと考える。

注
1) 調査内容は，『育成指標の機能と活用』教職員支援機構　平成 30 年度　教職員支援機構育成協議会の設置と育成指標・研修計画の作成に関する調査研究プロジェクト報告書 平成 31 年（2019）3 月による。なお，テキストマイニングによるデータ分析協力者は阿内春生氏（福島大学准教授），生田淳一氏（福岡教育大学教授），櫻井直輝氏（会津大学短期大学部専任講師）の 3 名である。
2) 中原淳（2014）『研修開発入門』ダイヤモンド社，および中原淳・島村公俊・鈴木英智佳・関根雅泰（2018）『研修転移の理論と実践』ダイヤモンド社を参照。
3) 調査内容は『成果活用の調査研究に基づく中央研修の改善』教職員支援機構　令和元年度　教職員支援機構教職員等中央研修の在り方に関する調査研究プロジェクト報告書　令和 2 年（2020）3 月による。
4) 中室牧子（2016）『「学力」の経済学』ディスカヴァー・トゥエンティワンを参照。

第17章
「臨機の力」を同僚的集団形成を通して育てる

霜川正幸

1　「交流人事教員（実務家教員）」として

　1987（昭和62）年「教養審答申」は，教員養成において実践的指導力の育成を重視し，1997（平成9）年「教養審答申」では，実践的指導力について「教員である以上いつの時代にあっても一般的に求められる資質能力」と示した。教員養成を担う大学には，「採用当初から学級や教科を担任しつつ，教科指導，生徒指導等の職務を著しい支障が生じることなく実践できる資質能力」の育成が求められ，山口大学でも，2001（平成13）年の「在り方懇報告」をもふまえ，養成教員像の確立，カリキュラム改革と授業改善，大学院や附属学校の活用，大学と教育委員会との連携促進等の取り組みが進められてきた。筆者は，その教員養成改革，国立教員養成系大学・学部における教員養成の質向上のうねりの中で「交流人事教員（実務家教員）」として採用された。

　2005（平成17）年，山口大学・山口県教育委員会・山口市教育委員会による連携協定（教育連携推進協議会要綱）が成立し，協議会の定期開催，協働事業推進体制の確立や教員の養成・採用・研修に関する協働事業が動き始めた。その一環として山口大学教育学部と山口県教育委員会との人事交流が実現し，2006（平成18）年4月，山口県における交流人事教員の第一号として，筆者は3年間の期限付きで着任した。教員養成の充実，教師教育の活性化に向けた両者の思惑が一致し，大学が採用する，教育委員会が送り込むという形でスタートしたが，期限満了時に，再び山口大学と山口県教育委員会との間で協議が行われ，最終日に県籍復帰と退職，翌日（年度初日）に大学採用となり現在に至っている。

2　自身のヒストリーと教師教育，教員養成や人材育成のスタンス

　筆者は，教師教育（者）について，教職課程で学ぶ学生，臨時的任用教員や正規教員等を教え，支援すること（について責任を負う者）と捉えている。そして，自身の教職・行政経験から，教師教育の具体的な姿（形）として，①直接的に指導や助言をする（知識，技能や経験を伝承する），②自分の姿ややり方を見せる（教育指導や教員としての成長のモデリングに導く），③育つための場や機会を与える

表17.1　教職の歩みと教師教育者としての認識　臨時的任用教員，初任から15年目教員まで

年齢	学校/教委/大学	立場/役職	教師教育者としての認識* (弱い) 1 ← → 5 (強い) ⑤段階	教育の対象 (その筈であった対象も含む)	①直接的に指導や助言をする─⑤段階	②自分の姿ややり方を見せる─⑤段階	③育つための場や機会を与える─⑤段階	④仕事の手助けをする─⑤段階	⑤その他 学校等組織の人間関係─⑤段階	学年・分掌─⑤段階	結果として対象が育ったであろう感─⑤段階	心がけたこと 教師教育の視点での感想等
23	中学校 臨時的任用 I市立S中	担任(2年)	①-2-3-4-5		0						2 0	全く教師教育を意識していない 知らないことばかり学ぶ一方
24	中学校 教諭 K市立K中①	担任(1年)	①-2-3-4-5		0						3 0	全く意識していない 臨任経験があることのみ唯一の気休めの生活
25	中学校 教諭 K市立K中②	担任(2年)	①-2-3-4-5	実習	0						4 0	教育実習生が来るも指導する余裕なし 先輩気取りだけで振る舞う
26	中学校 教諭 K市立K中③	担任(3年)	1-②-3-4-5	実習, 初任	1	1					2 0	実習, 研修部会での授業・学級公開に挑戦 授業〜教師主導, 板書型 生指〜管理型に終始
27	中学校 教諭 K市立K中④	担任(3年)	1-②-3-4-5	実習, 初任	2	1	1				3 1	実習, 県特活大会での授業・学級公開に挑戦 まだ同様の授業・指導スタイルを抜けない
28	中学校 教諭 K市立K中⑤	担任(3年)	1-2-3-④-5	実習, 初任	4	2	3	1	3		4 1	実習, 初任研での授業・学級公開を任される 最後まで管理型, 一斉面一の授業や指導は残存
29	中学校 教諭 K市立S中①	担任(2年)	①-2-3-4-5	実習, 初任-若手	0	1		1			1 1	生徒や学校組織の荒れへの対応で精一杯 管理型, 平板授業の限界を思い知った
30	中学校 教諭 K市立S中②	担任(3年)	1-②-3-4-5	実習, 初任-若手	1		3	2			1 1	自分の姿を見せて若手を変えようと意識した 授業・指導改善から立て直す意識が強くなった
31	中学校 教諭 K市立S中③	担任(3年)	1-2-③-4-5	実習, 初任-若手	2	1	4		3		1 2	経験や手法を紹介する, 渡すことを意識した 立て直しの為に若手を巻き込む意識が強かった
32	中学校 教諭 K市立S中④	担任(1年)	1-2-③-4-5	実習, 初任-若手	2	1	4	3	4		3 1	次第に落ち着き雰囲気もアップ, 呑み会も増やした 初任〜若手を束ねて群れる余裕が出始めた
33	中学校 教諭 K市立S中⑤	担任(2年) 研修, 人権	1-2-3-④-5	実習, 初任-若手 教職員, 分掌	3	2	4	4	4		4 2	主任業務に関わる指導や助言が増えてきた ある程度の評価が固まり, 先輩風を吹かせていた
34	中学校 教諭 K市立S中⑥	担任(3年) 学年副, 人権	1-2-3-④-5	実習, 初任-若手 教職員, 分掌	4	2	5	4	4		5 3	学年部の責任から若手への指導や助言が増加 業務上とは言え, 若手を育てる意識が出始めた
35	中学校 教諭 K市立S中⑦	担任(3年) 学年, 人権	1-2-3-④-5	実習, 初任-若手 教職員, 分掌	5	3	5	4	2		5 3	主任業務の為の指導や助言が増えてきた 後継人材を育てようという意識が強くなった
36	中学校 教諭 K市立S中⑧	生指, 特活	1-②-3-4-5	初任-中堅 教職員, 分掌	2	3	2	2	3		1 2	学年部から離れ間接的指導に変わってきた 新主任業務に忙殺され, 人材育成意識は停滞した
37	中学校 教諭 K市立S中⑨	生指, 特活	1-②-3-4-5	初任-中堅 教職員, 分掌	2	3	2	4	2		1 2	担任相手から学年担当相手に目が移ってきた 自身で全部やるか相手にさせるか変化した
38	中学校 教諭 K市立S中⑩	生指, 特活	1-2-3-④-5	初任-中堅 教職員, 分掌	4	3	5	4	3		4 3	異動間近で後継者育成が必要となった 業務や指導の任せての人材育成を重視した

※右端に縦書きで「学校ベースの教師教育」と記載。

注) 表中の*「教師教育者の認識」という概念は，科学研究費補助金（代表者：姫野完治，理論と実践の往還・融合を担う教師教育者の資質・能力の解明と質保証に関する研究，課題番号19H01708）の一環として進めている調査をもとにしている。

（気づき，省察や挑戦等，教員としての成長につながる環境を醸成する），④仕事の手助けをする（教育指導や教員業務を補助し成長を支援する）があり，それらが教員（人材）の育成意識や感覚となると整理している。なお，教員（人材）の育成には，学年・校務分掌，学校等教職員集団としての組織力，同僚性，協働性や人間関係が影響すると実感してきたことも指摘しておく。

　筆者の教師教育，教員養成や人材育成のスタンスには，自身の教職の歩み（ヒストリー）が大きく影響している。40年に及ぶ教職経験をとおして，次代の教育界を託す学生や日々の教育活動に奮闘する現職教員に育むべき，伸長すべき資質能力や伝えるべき見方考え方があると考え，教員（人材）の育成に関わってきた。

　以下，自身の教職ヒストリーを整理し概括する。

（1）臨時的任用教員，初任から15年目教員まで

　筆者の教職キャリアは臨時的任用教員（病休代替）から始まっている。大学（一般学部）在学中，大教室，多人数の教職課程の授業と2週間の教育実習（母校）以外は教育や学校に関わることはなく，教育指導や学校・教員文化にも無知であったことから，着任後は自分のことに精一杯で周囲を見渡す余裕は全く無かった。

　翌年度，中学校（社会）正規教員に採用されるが，3年目頃まではほぼ同様で，自身の教員としての業務や生活への習熟に追われていた。初任校の管理職には恵まれたと振り返る。初任者や若手教員の人材育成に高い意識と豊かな実績を有する校長と教頭であり，初任者全員が3年間，担当する全授業の学習指導案，週単位の学級経営案の作成と提出を求められた。前日までに教頭に提出していたが，翌朝，職員室の机上には数多くのコメント，アイデアや修正意見が朱書きされ返却された。<u>教育指導や教員業務の在り方や経験，先進実践を姿や形として伝え，当事者である若手教員自身に見方考え方や具体を創らせる</u>手法は，教師教育や人材育成の在り方の一つとして，今も筆者の中にあり続ける。

　初任校の3年目以降は，県・管内・市レベルの研究発表大会や研修行事での公開授業や実践発表の機会を数多く与えられた。自ら授業者や発表者に立候補

することもしたが，管理職の人材育成方針もあり，若手教員に優先的にチャンスが与えられた。授業や発表自体が「Learning by doing」として成長契機となり，研究協議や振り返り等による実践と省察の往還，学びの共有と蓄積が，教科・領域等に関する指導の充実深化，教員としての自己肯定感や有用感の向上につながると実感できた。教員の成長契機となりうる機会や場の提供とその成果の実感は，筆者の教員養成や人材育成の進め方の一手法ともなる経験となった。

　２校目は以前から生徒指導や学習指導に困難を抱えた「荒れた学校」であったが，初任校から校務分掌として生徒指導や研修を担当していたこともあり，早い段階から分掌・学年主任（研修・進路・人権教育・学年・生徒指導）を任された。この中で，教師教育，教員養成や人材育成につながった経験を記すこととする。

　一つは，「チーム」による課題解決を人材育成につなぐことである。この学校でも県・管内・市レベルの公開授業，実践発表や報告等の機会は多く，その都度，発表内容や方法等について検討する必要があった。生徒指導対応（緊急対応）を要するケースも多かった。その際，機会ごとに筆者を中心に「チーム」を特設したが，その「チーム」に初任者や若手教員を巻き込むこととした。初任者等には教科・領域や生徒指導等の研修の一貫として管理職から参加要請を行ってもらった。「チーム」内で次第にメンター・メンティーの関係が形成され，メンターチームによるタテ・ヨコの人材育成が進むとともに，同年代の協働的つながりの中で課題解決力が向上する実感があった。メンターは，ロールモデル（教員としてのモデル像），コーチング（教示，評価や省察促進による指導力向上），カウンセリング（積極的・支持的傾聴による支援），フレンドシップ（公私にわたる関与と教員としての自立支援）機能を発揮し，メンティーは，教員としての成長（信頼感，所属意識，意欲，実践的指導力等），同年代の連帯的自立（学び実践する意欲や意識形成），教員，職業人としての自立等を身につけた。「チーム」となって協働する中で，教師教育，人材育成としての実践が積み重なったと感じている。

　一つは，責任ある立場や肩書きを与え，組織的取り組みの中で教師教育，人材育成を進めることである。筆者は早い段階から分掌・学年等主任を経験させ

てもらえた。まさに「立場が人を育てる」と実感する。分掌等主任には，到達
目標の共有，プロセスの設計，チーム・ネットワークの形成や地域との連携・
協働等の力が必要となる。始めから上手くまわることは少ないが，常に分掌業
務に思いを巡らせ，人前に立ち，納得につなぐ説得を表現にし，業務をあるべ
き姿に導いていくことは容易ではない。しかし，その中で教員は成長し，新し
いフェーズに上がっていく。教師教育，教員養成や人材育成につながる経験を
積んだと振り返る。

(2) 教育委員会事務局職員，中学校教頭

　その後，山口県教育委員会事務局の専門的教育職員として8年間勤務した。
特に2回（5年）にわたる社会教育主事の経験は，筆者自身の教育観，学校や教
員に対する見方・考え方を大きく変え，結果として教職キャリアをも変えた。
　学校教員として，学校教育の枠の真ん中に立ち，学校という狭い籠の中を見
てきた筆者にとって，学校を外から見つめ，外から学校に働きかける初めての
仕事，新たな経験であった。地域（保護者や住民等）の学校に対する視点，評価
や要望，期待等を体感する中で，学社連携，学社融合の視点から，学校教育，
学校運営や教職員の在り方，「これから求められる教師像」「目指すべき教師像」
を考え直す転機となった。「学校の中のことしかわからない教員は，社会や地
域の変化に取り残される。これからの学校や教員は，学校・家庭・地域の連携・
協働をとおして，地域とともにある学校づくりを進め，学校を核とした地域づ
くりとの好循環を生み出せるものでなければならない」。教員養成や現職教員
研修等を通じて伝え続ける教師像，学校像を創りあげたのが社会教育主事に就
いていた頃である。
　3年間は市教委事務局の（派遣）指導主事として勤務した。この市教委事務局
（学校教育課）は指導主事3人体制であったが，教育長の人材育成方針により，
ジョブローテーション制が採られ，学校教育に関するすべての指導業務につい
て勤務する3年間で経験できた。学校訪問や指導助言の機会が増えるたびに，
自身も学校教育課としても学び直しと指導助言内容を再構成する必要があり，
学校運営全般に関する知識や技能も身についた。自身では与えられた業務，職

務として行うという意識であったが，実効的な人材育成，管理職養成策であったと振り返る。

　中学校教頭職にあっては，教職員の年齢・経験階層がいびつ（若手教員，臨時的任用教員が多く中堅教員が少ない）であり長年培われた教員文化の伝承に課題があったこと，小中連携教育研究指定校として地域連携，教職員研修にも力を入れる必要があったことから，これらの「圧」を好機と捉え，教師教育，教職員の質向上，人材育成に力を入れた。

表17.2　教職の歩みと教師教育者としての認識　教育委員会事務局職員，中学校教頭

				段階	対象								記述	
39	山口県教委 教育事務所①	専門職	社会教育主事	①-2-3-4-5	社教主事候補	0	1			1	0	社主候補者に対する啓発や助言が主となった 教員の資質向上は業務外意識が強かった	行政での教師教育
40	山口県教委 教育事務所①	専門職	社会教育主事	1-②-3-4-5	社教主事候補 現職教員等	2	2	1		1	0	講演や指導助言に招聘される機会が増えた 教員のあり方的な内容を意識的に盛り込んだ	
41	山口県教委 教育事務所①	専門職	社会教育主事	1-②-3-4-5	社教主事候補 現職教員等	2	2	2		1	0	管理主事補佐業務で管内人事事務を遂行した 育てるより動かす，配置する意識が優先した	
42	山口県教委 K市教委①	専門職	指導主事	1-2-③-4-5	市内教職員 初任・若手	3	3	1	2	1	2 3	研修担当となるが業務事務の域は出なかった 研修主任指導を通し育成意識が強い	
43	山口県教委 K市教委②	専門職	指導主事	1-2-3-④-5	市内教職員 初任・若手	4	2	3	2	3 2	2 3	自主研，初任研に創意工夫を加えて実効化した 研修事務業務が主の傾向はあった	
44	山口県教委 K市教委③	専門職	指導主事	1-2-3-④-5	市内教職員 初任・若手	4	2	3	2	3 2	2 3	人事担当として教員異動業務が主となった 教員の質向上を考える機会となった	
45	山口県教委 社会教育課①	専門職	社会教育主事	1-2-3-④-5	社教主事候補 現職教員等					1	1 2	講演や指導への意識改革が主となった 教員の資質向上自体は業務外意識が強かった	
46	山口県教委 社会教育課②	専門職	社会教育主事	1-2-3-④-5	社教主事候補 現職教員等	3	2	1		1	1 2	学校・家庭・地域の連携を訴えた 教員の資質向上，意識改革に圧はかけた	
47	中学校 教頭 S市立S中①	教頭 県研修副部長	1-2-3-④-5		勤務校教職員 地域教職員	5	4	3	4 4	3 3	4	若手や臨任教員が多く人材育成が必須の職場 マネジメント感覚を育て実力をあげようとした	
48	中学校 教頭 S市立S中②	教頭 県研修部長	1-2-3-4-⑤		勤務校教職員 地域教職員	5	5	4	3 4	4 3	3	小規模校特有の指導力不足を補う必要があった キャリアをデザインさせ学ぶ姿勢を付けようとした	

(3) 山口大学教育学部，教育学研究科（教職大学院）

　突然かつ予想外の異動で，教師教育，特に教員養成を主業務とする大学教員となった。自身が教員養成系大学・学部出身でなく，勤務場所も県東部が多かったことから，今まで山口大学や教育学部とは接点が無く，無知無縁の状態に戸惑った記憶がある。当時，大学，学部教員には「交流人事教員という名目で教育委員会が教員を助教授の形で送り込んできた（教員養成に介入してきた）」という意識が強かったと思われ，実際，一部研究者教員の拒否反応，排斥意識はかなり厳しいものがあった。

　しかし，「つい数日前まで中学校や教育委員会で働いていた教員，管理職が来た」という受け止めの学生からの期待は相当に高く，瞬く間に賑やかな研究室となった。教職を夢に描き，熱い眼差しで学校や教育に関する感想や疑問，思いや現場体験の要望等を投げかけてくる学生との交流は魅力的で頼もしくも

表17.3　教職の歩みと教師教育者としての認識　山口大学教育学部，教育学研究科（教職大学院）

49	大学　助教授　交流 大学①	実践C	1 ―(2)― 3 ― 4 ― 5	学部，実習 現職教員	2	2	1	1			1	2	大学文化や気配に戸惑い余裕がなかった 着任3日目に全学実習事前指導を振られ驚いた
50	大学　准教授　交流 大学②	実践C・小学C	1 ― 2 ―(3)― 4 ― 5	学部，実習 現職教員	4	3	3	3		2	1	3	ミニ教職大学院たる小学校教育コースを立ち上げた ちゃぶ台養成研修を立ち上げ学生を巻き込む
51	大学　准教授　交流 大学③	実践C・小学C	1 ― 2 ― 3 ―(4)― 5	学部，実習 現職教員	4	4	4	3		3	2	4	自授業，授業改善の実際を見せて育てようとした 教員としての理想モデルとしてありたいと考えた
52	大学　准教授 大学④	実践C・小学C	1 ― 2 ― 3 ―(4)― 5	学部・院，実習 現職教員	4	4	4	5		3	3	4	学生や教員の現場体験，現場連携を増やした 大学のベストティーチャー賞（教員養成）を貰った
53	大学　准教授 大学⑤	実践C・小学C	1 ― 2 ― 3 ― 4 ―(5)	学部・院，実習 現職教員	5	5	5	5	3	3	3	5	養成事業の拡大，カリキュラム改善を担当した 養成事業を養成・研修一体化事業に発展させた
54	大学　准教授 大学⑥	実践C・小学C	1 ― 2 ― 3 ― 4 ―(5)	学部・院，実習 現職教員	5	5	5	5	3	3	3	5	センター「現代的課題セミナー」等を立ち上げた 人権教育，学校安全の授業を新設（担当）した
55	大学　准教授 大学⑦	実践C・小学C	1 ― 2 ― 3 ―(4)― 5	学部・院，実習 現職教員	4	4	5	5	3	3	3	5	学生の学校体験を県教委と構想して立ち上げた 教育キャンプや県P連携プログラムを新設した
56	大学　教授 大学⑧	実践C・小学C	1 ― 2 ― 3 ― 4 ―(5)	学部・院，実習 現職教員	5	5	5	5	3	2	2	5	教職実践演習の制度設計，授業計画を立てた 地域教育，学外連携の授業を新設（担当）した
57	大学　教授 大学⑨	実践C・小学C	1 ― 2 ― 3 ― 4 ―(5)	学部・院，実習 現職教員	5	5	5	5	3	2	2	5	ちゃぶ台のミドルリーダー研を新設し開始した 共通枠でキャリア形成科目を新設（担当）した
58	大学　教授 大学⑩	実践C・小学C	1 ― 2 ― 3 ― 4 ―(5)	学部・院，実習 現職教員	4	5	5	5	3	2	2	4	教職大学院の制度設計，カリキュラム担当をする 現場指導が増え，実地の教師教育機会が増える
59	大学　教授 大学⑪	実践C・小学C 教職院	1 ― 2 ― 3 ―(4)― 5	学部・院，実習 現職教員	4	4	4	4	3	2	3	3	教職大学院で現職教員指導が始まった 学生～管理職までの育成に制度的に関わる
60	大学　教授 大学⑫	実践C・小学C 教職院	1 ― 2 ―(3)― 4 ― 5	学部・院，実習 現職教員	3	3	3	4	3	2	2	3	教職大学院現場指導負担が大きく余裕がない 学部運営時間が増えて本来業務が厳しくなった
61	大学　教授 大学⑬	実践C・小学C 教職院	1 ― 2 ― 3 ―(4)― 5	学部・院，実習 現職教員	4	3	4	3	3	2	2	4	中央研，NITS-Cafe，受託担当等が重なってきた 2回目のベストティーチャー賞を貰った
62	大学　教授 大学⑭	実践C・小学C 教職院・教職C	1 ― 2 ― 3 (―) 4 ― 5	学部・院，実習 現職教員	3	3	4	3	4	2	2	3	全学や学部等管理運営業務が多くなる 県教委との連携，カリキュラム開発業務が増加した
63	大学　教授 大学⑮	実践C・小学C 教職院・教職C	1 ― 2 ― 3 (―) 4 ― 5	学部・院，実習 現職教員	3	3	4	3	4	2	2	2	全学や学部等管理運営業務が多くなる 業務量の多さから人材育成が中途半端になった

教師教育機関ベースの教師教育

あったが，同時に，これまで筆者が学校や教育委員会で描いていた，予想していた教員養成，教育学部や教職志望学生の像（理想を伴うイメージ）との間に大きなギャップや戸惑いを感じたことも事実であった。次節以降，そのギャップや戸惑いの要因と考えられた学生の状況，教員養成の仕組みや人材育成の意識等と克服に向けた取り組みの一部について，本学が取り組む「ちゃぶ台」方式による協働型教職研修計画（ちゃぶ台プログラム）を中心に報告することとする。

現在，教育学部では教職科目（教職概論，教職キャリア形成ⅠⅡ，教職実践演習等），専門科目（地域教育実践演習，学校教育実践演習等）を，教職大学院では地域連携，山口県の教育課題，現代的教育課題等に関する科目を担当している。また，教育実践総合センター長として大学と学校や地域を結び，教職センター教員として全学教職課程に関わる中で，教師教育，教員養成や人材育成を進めている。これらの取り組みには，今までの自身の教職経験（今までの下線部を中心に），大学等での教育研究活動をとおして辿り着いた考えや願いを取り込んでいる。

3　教員養成に関わり始めて感じたギャップや戸惑い

(1) 学生の「自主的自発的」をどう捉えるか，課題解決力にどうつなぐか

　当時，学生が教育実習以外で学校現場とつながる活動 (学校体験，教職ボランティア等) は稀少で，個人的につながる一部教員が学生を同道し参加する程度であった。教職を目指し実践的指導力を身につけたい学生は多く，筆者の元には学校現場への依頼・派遣調整を求める学生が押し寄せた。当初，そのような自主的自発的な学生は，子どもが好き，子どもや教員との関わりが嬉しい，自身の指導力を高め「良い先生」になりたいという共通項で括られると予想していた。実際，成育の中で学校と肯定的に関わり (学校が好き)，教育的愛情，期待感，高揚感や高い意識をもって学校現場に行こうとする学生は多数存在した。

　しかし，教職への適性や現場実践に強い不安を抱える学生や，教育指導の「引き出し」を求めて「自主的自発的」に学校現場に行こうとする学生も同程度存在した。彼らは活動を始めても，体験を積めば指導力がつく，教員の指導を見れば「マニュアル」が増える，数をこなし振り返りをしさえすれば教員としての実践的指導力は身につくとの思いで継続しているように思えた。自己の振り返り，仲間との賞賛のみの振り返りの共有と蓄積に留まり，視野の狭窄や固定傾向が強い，わずかな経験による手法や考え方を絶対視しやすい危うさも見て取れた。

　子どもとの関わり，教育指導を，「自分で」考え (見取り，判断，計画，実行，記録，評価)，「自分で」振り返る (成功・失敗の分析と改善改良の試み) ことは第一歩であるが，そういう関わりをする自分を批判的・総合的に再検討し，自分にとってではなく，子どもにとっての教育的意義や価値，満足度から教育指導の在り方を見つめ直す省察 (捉え直し) に高め，課題解決的な指導力，「臨機の力」につなぐことが必要である。加えて，その省察には学生と大学教員だけでは限界があり，現職教員，保護者，地域の教育関係者，関係機関・団体や福祉・産業・地域等教育外の視点や感覚を有する多様な人材が関わる必要がある。それらの実践と省察の往還をとおして，自分で子どもとの関わりや教育指導を考えられる教員，上空はるか後方から自分を見つめ考えられる自立的省察家とし

て，個別具体的な課題の解決に自主的自発的に取り組める教員の育成を目指すこととした。

(2) 学生の「教員になったら良い子」をどう捉えるか，どう失敗を生かすか

　学校現場で教育実習生を受け入れるたび，教員を目指すような学生は，真面目で成績の良い子（学生）という評価をしていたが，着任後，新たな評価が加わった。全員とは言わないが，地方小地域のエリートとして成長，比較的豊かで恵まれた家庭環境，正直で真面目な穏やかな人柄，早い段階から学校，特に小学校教員志望，上手くいく，褒められることが多く失敗や挫折経験に乏しい成育歴，教員や大人から強い叱責や指導を受けた経験が乏しい等の感想をもつことが増えた。

　厳しい現場体験へのチャレンジ，積極果敢な挑戦の中から失敗が生まれる。その失敗から学び，原動力に変えて乗り越える経験が必要である。相互補完的で共感的・連帯的な結びつきの中で，同僚性，協働性の意識，リーダーシップやマネジメント等の力量を形成しながら，失敗から学ぶ力の育成を目指すこととした。

(3) 学生の「群れやつながり」をどう捉えるか，課題解決力にどうつなぐか

　学生が楽しそうに集団で群れる姿を目にする。しかし「本当の親友は居ない」「孤独を感じる」という学生は多い。表層的な群れやつながりを取り繕うが，真のつながり，仲間意識や連帯感は希薄化しているように見て取れる。

　山口県は近年，教員採用数は増えているが，まだ若手教員の相対的比率は低く若手教員同士の交流や研修機会も少ない。教員の年齢構成，職場内人間関係の希薄さや「真面目で頑張り屋」傾向等もあり，若手教員の孤立，職員室内関係不調や常に不安や悩みを抱えての教壇生活が指摘されている。学校が組織として動き学年や分掌等がチームとしての機能する中で，学校教育の質向上や教員一人ひとりの資質能力の向上は実現される。教職員一人ひとりのよさ，強みや得手だけでなく，弱み，困難や不得手を包み込む温かく連帯的なつながり（群れ）が必要となる。

教員の養成・研修の段階をとおして，ピア・サポートや豊かな交流体験等を盛り込み，一人ひとりが大切にされ，仲間意識と連帯感あふれる集団づくりを学ばせることとした。

(4) 大学と教育委員会の「接続の不具合」をどう捉えるか，どう手を打つか

着任当時，「大学は卒業まで，教育委員会は（正規）採用後しか面倒を見ない」印象をもっていた。学生の中には，残念ながら正規採用されず臨時的任用教員として働く者も多い。教育委員会勤務時代，教員の資質能力向上，初任者研修，経験教員研修等も担当したが，臨時的任用教員の研修機会が限られていた。しかし，彼らも正規教員と同じく学校教育において重要な役割を果たし，子ども，保護者や地域住民から正規教員同等の機能や指導力が求められる。高い期待や厳しい評価に曝されるが，臨時的任用教員に研修や交流の機会は少なく，自信の喪失や教職員集団での孤立・孤独等を見せる者もいる。それに伴い，彼らの教職に対する意欲，情熱や使命感等の低下も見られる。

学校・行政の現場を経験し，大学と教育委員会とのパイプ役である交流人事教員として，臨時的任用教員に対する研修機会提供を実現するとともに，その研修を学生や若手教員とつなぎ，教職に集う若年世代を束ねた教員養成・（採用）・研修の一体的取り組みとして開発することとした。

4　教員養成や教員研修への教師教育者としての関わり

前項 (1) ～ (4) の捉え（ギャップや戸惑い）の克服を目指し，筆者が進めてきた取り組みの一つに「ちゃぶ台プログラム」がある。その一端を紹介する。

多様化，複雑化する教育諸課題に柔軟に対応できる課題解決的な実践力を身につけるため，教員には「学び続ける教師」としての意識，自立的省察家たる姿勢と力，同僚性や協働性に溢れる連帯的教員チームを形成する構え等が必要であり，それらは教員養成の段階から育てていくべきと考えてきた。

「ちゃぶ台プログラム」は，学生と大学教員，現職教員，教育委員会指導者，保護者，地域住民や幅広い関係者が，丸く上座・下座のない「ちゃぶ台」を囲

| 教職志望学生（養成） | 臨時的任用教員（任用） | 本務者（採用・研修） | ➡ |

学生、臨時的任用教員、若手教員による研修組織「ちゃぶ台次世代コーホート」を設立し、現場での教育実践、実習や教職体験等の共有と省察、教えあい・学びあいを行うなかで、教員としての資質能力の深化、教職実践課題の解決力、省察力の醸成等を図る養成・研修の一体化プログラム。

コーホート（cohort）
「同一の性質を有する同年齢集団」
→ 教職という立場や志でつながる同年代の
　仲間たち

図17.1　ちゃぶ台次世代コーホートの構造図

みながら，それぞれの立場から，あるいは立場を越えて協働し，学生が行うさまざまな教職体験（実践）と省察の往還をとおして，課題解決能力やコミュニケーション能力等，教員に必要な資質能力であるがマニュアル化できない実践的能力（臨機の力）を向上させようとする。そのために，教職体験での課題や失敗を分析・評価し，言語化して蓄積・共有化する省察の場「ちゃぶ台ルーム」を整備し，そこでは専門性の異なる学部や学科の学生が，校種や目的を異にする多様な教職体験プログラムに集い，課題解決，成功や失敗の共有等を通して相互補完的に経験や力を結び，同僚性，協働性やリーダーシップ，マネジメントの力を形成している。

　「ちゃぶ台プログラム」は，①学校等を定期的・継続的に訪問し教職体験と省察を行う「地域協働型教職研修」，②学校教員，教育委員会や関係者・機関等との合同研修や協同活動に取り組む「地域・教育機関等と連携した協働型教職研修」，③学生個々やグループに対する「個別的支援」，④経験の共有と蓄積を図る「電子版ちゃぶ台」等の15の個別プログラムから成り立っている。

　その②「地域・教育機関等と連携した協働型教職研修」の中に，学生・臨時的任用教員・若手教員を束ね，教員養成と研修をつないだ「ちゃぶ台次世代コーホート」がある。2007（平成19）年度に開始したプログラムであるが，毎年100人前後の現職教員や学生が，山口県を中心に中国・四国・九州から参加する。2014（平成26）年度には，発展型としてミドルリーダー養成「同　Advanced course」も始め，山口県教育委員会とともに教職キャリア形成支援を行っている。

　筆者も，自身のヒストリー，「教え・教えられ，育て・育てられ」た経験，子ども，学校，学校教育や人材育成に対する課題意識，次代の教員に対する思いや期待等を元に，教師教育者としての歩みを重ねていきたいと願うものである。

第**6**部

日本における教師教育とセルフスタディ
── 展望と可能性 ──

第18章
教師教育者の専門性開発としての
セルフスタディ
── その理論的背景と日本における受容と再構成 ──

齋藤眞宏・大坂　遊・渡邉　巧・草原和博

1　問題の所在 ── self-study の伝播

　新しい学問ないしは方法論は，いかにして各国の学界で受容され定着していくのだろうか。教師教育者が自己の実践や心性を探究する self-study は，後述するように 1994 年にアメリカ教育学会（AERA）で研究部会が設置されるとともに，2004 年には国際的なハンドブックが刊行されることで，学問としての制度化・体系化をみた。その意味で，self-study は，成熟して 30 年程度が経過した壮年期にある学問領域ないしは方法論といえるだろう。

　欧米を中心に確立されてきた学問が他の地域に波及していくとき，地域的な格差や学問的・文化的な抵抗は避けられない。トーマスとグズヨーンズドッティル（Thomas & Guðjónsdóttir, 2020）は，この現象を「言語と文化を越える」（p.1323）と表現した。なお，self-study の新版国際ハンドブックでは，この現象を独立パートを立てて論じている。このような論点設定には，self-study の伝播自体がチャレンジングであり，その過程をみること自体が self-study の特性を浮かび上がらせること，そして各国研究者の格闘を支援する場になるとの編者らの捉えが，基盤にあると解される。

　注目すべきは，21 世紀以降に急速に広がりを見せた self-study は，各国での導入過程が明瞭に記録に残されており，現時点でその過程を遡ることができる点である。以下，伝播に際して言語的な障害が大きかった非英語圏を中心に，経過を見ていきたい。

　非英語圏で比較的初期に self-study が確立したのは，アイスランドだった。

米国留学中のグズヨーンズドッティルはアクションリサーチを行っていたが，
1999 年の AERA の大会で self-study に出会い，その意義と可能性を実感した。
彼女は帰国後にアイスランド教育大学でアクションリサーチや self-study の
コースを開設した。self-study が学術的に認知されたのは，グズヨーンズソン
が 2002 年に学位論文「教師の学びと言語」を提出して以降だという。その後
も英語で作られた self-study の概念体系を地元の言語に文脈化する試みが続い
たが，それは容易ではなかったという (Lunenberg et al., 2020)。

　オランダでは，教師教育者の研究能力を高めるという文脈で，self-study が
導入された。2007 年，ルーネンベルクらによる研究プロジェクト「教師教育者
の自分自身の実践に関する研究」の立ち上げを契機に，教員養成機関に勤める
教師教育者間に横のつながりができた。同時にブロンコストらは，教師から教
師教育者への「移行」の (非) 連続性を解明する研究を活性化させたという。オ
ランダでは「教師教育者の役割を拡張し，研究者という新しい役割を探究する」
点で self-study に寄せられる期待は大きかった。一方で，個人の経験を公表す
る作法には，戸惑いが大きかったようである (Lunenberg et al., 2020)。

　カナダ・ケベック州の self-study は，2007 年にトーマスが AERA の大会で
self-study を知ったことが導入のきっかけとなった。フランス語圏では英語圏
の研究動向が認知されておらず，フランス語で self-study を論文投稿しても認
められないし，英語の論文の読み書きに自信がない／違和感を抱く研究者も多
く，self-study の定着には時間を要したという。その後，トーマスらは大学教
育と教育工学の接合を図る研究グループで self-study を広めるも，必ずしも順
風満帆ではなかった。特に教師教育者が自己の教育力への疑問を開示するのは，
自分の専門能力を貶める恥ずべき行為である，大学の研究者が行うには「低レ
ベル」で正当性に疑問のある方法論である，と揶揄されたという (Thomas,
2020)。

　チリでは，2010 年が self-study の画期となった。チリでは長く教育実習の改
善が政策的課題となっており，その点をめぐって助言を受けるためにラッセル
が招聘された。後に教員養成大学の学部長を務めるフエンテアルバは長く実習
校と大学との連携構築に努めており，ラッセルとの出会いを通じて，さらに見

識を深めた。彼はラッセルの物理教授法の講義を定期的に参観し，クリティカルフレンドになるほどの関係になったという。2016 年にはイルマスが *Studying Teacher Education* 誌の 11 の主要論文から編んだ翻訳書を出版した。チリでは，これらの複合的な動きを通して self-study の認知度が上がっていった (Fuentealba, Hirmas & Russell, 2020)。

　アジアでは韓国での導入が早い。全南大学のイム氏が 2012 年に米国を訪問した際，アメリカン大学に勤務するヘー・ヤン・シンを介して self-study に接したという。帰国後，2013 年には，早々に，サマラスとフリース の *Self-Study of Teaching Practices* (2006) の翻訳・出版を試みる。その後，全南大学の課程・教学研究所を拠点に同僚と勉強会を重ね，教師教育者の授業改善を図った。さらに 2015 年からは地元の全羅南道の教育委員会と連携して 43 名の現職教師に対してワークショップを行い，報告書をまとめ上げたという (Shin & Im, 2020)。

　これらの諸報告からわかるのは，非英語圏への self-study の伝播には，仲介者が存在すること，また仲介者とその関係者による研究の組織化と論文・翻訳書の出版を通した学術コミュニティへの訴求が，共通に見られることである。しかし，各国のプロセスには固有の文脈が影響しており，研究者の養成，教師教育者の研究力向上や実践改善，実習指導の見直し，現場教員の専門性開発など，それぞれの状況下で異なる目的が追求されていた。

　上述のような国際的状況との比較において，日本において self-study はどのように受容されたのであろうか。この点については西田の速報がある (Nishida, 2020)。しかし (アイスランドにおける) 西田個人の受容史の語りが大半を占め，日本の学術動向を十分には描き出すには至っていない。そこで本章では，まず self-study の理論的背景について日本の研究者の視点から再構成を試みたい。さらに欧米起源の self-study が日本で受容される構図を再構成し，それが個々の研究者・実践者によっていかに意味づけられてきたのか，そのパノラマ図を描き出したい。本章を通して非英語圏における self-study 導入に伴う課題を提示するとともに，self-study の伝播に内在する学術的課題の示唆を企図したい。

2　研究の方法

本論文では，文献研究とインタビューを併用した。第一に，欧米における self-study を概括した（第 3 節 1）。第二に欧米における self-study の研究史と日本における self-study の受容について，書籍・学術論文や関連資料を手がかりに検討した（第 3 節 2, 3）。第三に，self-study が日本の教師教育者の中でどのように認知・受容されていったのかを明らかにするために，インタビューを行った（第 4 節）。

インタビュー調査の研究参加者は，2020 年 10 月から 2021 年 5 月に広島大学教育ヴィジョン研究センター（EVRI）において，筆者らが主催したオンラインの連続セミナー「教師教育者のための self-study」に参加した 6 名の教師教育者である。6 名のプロフィールを，**表 18.1** に示す。

表18.1　研究参加者のプロフィール

	性別	職名	教員経験年数	専門分野
A	男性	大学教員	25-30	社会科教育
B	男性	大学教員	15-20	体育科教育
C	女性	中等学校教員	35-40	社会科教育
D	男性	大学教員	15-20	教育方法
E	女性	大学教員	30-35	幼児教育・保育
F	女性	初等学校教員	15-20	音楽科教育

（教員経験年数は，初等中等教育機関および高等教育機関での勤務年数を合算している。インタビューに基づいて筆者ら作成）

インタビューの実施時点で 4 名は大学教員であり 2 名は初等・中等学校の教員であった。4 名の大学教員は，全員が初等・中等教育機関での教員経験があり，教師教育（教員養成・研修等）に従事している。self-study に関心をもっており，インタビューへの回答が得られると推察された参加者について，男女比や職名，専門分野等を考慮し，意図的にサンプリングした。研究参加者の 6 名は，本研究の実施以前より筆者らと繋がりをもっている。

インタビューは，2021 年 2 月から 3 月にオンラインウェブ会議システム（Zoom）を使用して，6 名それぞれに対して約 60 分の半構造化インタビューを

1回ずつ実施した。インタビューでは，self-study の目的，self-study に関心を寄せたきっかけ，self-study に期待すること，などについて尋ねた。プロトコルは，インタビュアーを担当した筆者らの内1名が Nvivo® を用いてコーディングを行い，その結果を他の筆者らと共同で吟味し妥当性を検証した。

　本研究は，広島大学大学院人間社会科学研究科教育学系プログラム倫理審査合同委員会の承認を得ている。研究参加者には，研究の目的や研究方法，個人情報の保護および研究参加と撤回等について説明し，同意書に署名を得た。

3　self-study の研究動向

(1) self-study について

　self-study は教育哲学者のジョン・デューイの研究から大きな影響を受けている。デューイの民主主義，省察的思考はまさに self-study の理論的基盤である。またドナルド・ショーンの reflection-in-action と reflection-on-action（Schön, 1983, 1987）もまた重要である（齋藤，2021）。クラークとエリクソン（Clarke & Erickson, 2004）によれば，80 年代に教師のもつ知が着目され，「教師とともに」行う研究が注目されるようになった。そして 90 年代には教師が研究の主体となり，教師による研究（teacher research）が行われるようになる（pp.59-60）。この流れは教師の教師，つまり大学や学校で教員養成を行う教師教育者の省察につながった。

　クロウ（Crowe, 2010）は self-study の特徴として以下の3点を挙げる。まず自身の実践を研究し，他者と協働してその改善に努めていくための教師と教育研究者のコミュニティである（pp.3-4）。self-study のコミュニティは，同じ興味・関心をもつ人たちのグループでも，学校や学部・学科における同僚集団とも異なる。専門職として互いに支え合う学術性をもったコミュニティなのだ。第二に教育を研究するための一つのジャンルであるとする（p.4）。self-study は実践から知を生む。また，それは異なる文脈における実践においても使われうる。さらにそのような知を集積していくことによって教師と教師教育者のコミュニティの発展に資するからである。最後に教育実践の複雑さと向かい合いより理

解をしていくための，自己と実践の関係性の探究であるとして「研究者が同時に研究対象者」(p.6) だとする。

　なお，self-study は当事者研究，なかでも実践者探究（もしくは研究）に位置づけられてきた (Cochran-Smith & Lytle, 2004)。そしてよくアクションリサーチや教師による研究と混同される。それらは必ずしも自己の経験や価値観，生き方を考察するとは限らないが，self-study はその実践を行う教師としての自己を多様な観点から考察する (Feldman, Paugh & Mills, 2004, pp.970-971)。

(2) 欧米諸国における研究動向

　self-study が始まった直接的なきっかけは 1992 年のアメリカ教育学会の分科会であるという。ロックラン (Loughran, 2004a) によれば，ハミルトンやピネガー，ラッセルら5名の教師教育者の実践研究発表に対し，参加者の一人で同じ教師教育者のコルトハーヘンが自身のリフレクションの研究成果を踏まえた鋭い指摘をした。それに対して彼女たちは，教師教育を実践する過程で生じた教師教育者，さらには個人としての葛藤やジレンマを正直に明かした。当時ハミルトンやピネガーらはまだ若手であり，期限つきの大学教員だった。教師教育実践の奥深さに興味をもったものの，大学ではそのテーマの研究は必ずしも高く評価されない。一方でラッセルはすでに研究者としてその地位は確立されていたものの，教師教育をしていくうえで「あたりまえ」(taken-for-granted assumptions) の問い直しの重要性を感じていた。立場は大きく違っても，教師教育者として共通の課題を抱えていること，それゆえにリフレクションを協働で行うことが重要であることが注目されるようになる (p.14)。

　そして 1994 年にはアメリカ教育学会において教師教育実践における self-study (Self-Study of Teacher Education Practice, 以下 S-STEP) が正式な分科会として発足した。そして 1996 年にはイングランドの東サセックスにあるハーストモンスー城のクイーンズ大学国際研究センターで S-STEP の国際学会である Castle Conference が開催された。[1)]

　2004 年にはこれまでの成果を収録した *International Handbook of Self-Study of Teaching and Teacher Education Practice* が出版された。同書では 38 本の論

文が収録されているが，主に 4 つの研究テーマに分けられている。まず self-study の特徴とその歴史である（例えば Loughran, 2004a; 2004b; Tidwell & Fitzgerald, 2004; Bullough & Pinnegar, 2004）。次に self-study を通じた，教えることについての専門的知の基盤づくり（例えば Hamilton, 2004; Korthagen & Lunenberg, 2004; Cochran-Smith & Lytle, 2004），そして教育研究と実践における self-study の意義（例えば LaBoskey, 2004; Whitehead, 2004; Guilfoyle, Hamilton, Pinnegar & Placier, 2004），教師教育を中心に教えることを探究していくうえで self-study のもつ意義（例えば Russell, 2004; Austin & Senese, 2004; Beck, Freese & Kosnick, 2004; Berry, 2004）である。

　2005 年には，self-study の学術誌 *Studying Teacher Education* が年 2 回（2010 年からは年 3 回）刊行されてきた。そしてそれらの研究の蓄積を踏まえて 2020 年にはハンドブック第 2 版が出版された。そこでは教師教育者の self-study（S-STEP）というよりも，教えることに関わる専門職すべてに向けた self-study（Self-Study of Teaching and Teacher Education Practices ［S-STTEP］）が提唱されている（例えば Berry, 2020; Pinnegar, Hutchinson, & Hamilton, 2020; Vanassche & Berry, 2020）。また self-study と社会正義（例えば，Taylor & Diamond, 2020; Martin & Kitchen, 2020; Óskarsdóttir, Guðjónsdóttir & Tidwell, 2020），self-study と各教科の教育実践（例えば Edge & Olan, 2020; Schuck & Brandenburg, 2020; Fletcher & Ovens, 2020; Bullock, 2020; Crowe, Levicky & Mooney, 2020）のようにより広い研究分野で self-study が用いられるようになった。さらに韓国（Shin & Im, 2020）やチリ（Fuentealba, Hirmas & Russell, 2020），アイルランドやアイスランド，オランダといったヨーロッパ諸国（Lunenberg et al., 2020），南アフリカ（Chisanga & Meyiwa, 2020），そして日本（Nishida, 2020）での事例が報告されている。

　以上のように self-study は学校教師をはじめとする教育者全般を対象にするとともに，社会正義や教科教育などの分野に広がっている。また，アメリカやカナダ，オーストラリアや英国といった英語圏を超えて拡大していった。

（3）日本の教師教育者による self-study 研究の受容と動向

　日本において，self-study は教師教育者の専門性開発の文脈から始まり，教師の専門性開発へ広がりを見せている。横溝（2004）は，日本語教師教育の文脈で，「日本語教師を育成する『日本語教師教育者』のあり方についての議論は，これまであまりされてこなった」（p.41）と指摘した。この状況は，教育全般において同様であったといえる（小柳，2016；Kusahara & Iwata，2021）。

　2010 年代になると，教師教育者の専門性開発へ学術的に注目が集まり，国内外の動向や理論の紹介（坂田，2010；武田，2012；大坂・渡邉，2018 など），教師教育者のアイデンティティや資質・能力に関する調査研究（岩田ら，2018；岡田ら，2018；姫野ら，2019；木原ら，2021 など），さらにはプログラムの開発（米沢・中井，2019 など）も展開している。「教員養成を担う大学教員の養成」をめざした教育プログラムも実施された（丸山ら，2019）。教育工学や教育方法学，教科教育学（社会科教育，体育科教育）の分野での蓄積もみられる。なお，これらの経緯については Kusahara & Iwata（2021）に詳しい。

　こうした教師教育者の専門性開発をめぐる研究動向の中で，2016 年 2 月に広島大学学習システム促進研究センター（RIDLS）（代表・池野範男）が，国際シンポジウム「教師教育者に求められる専門性とは何か」を開催した。[2]基調講演者として，アメリカ教育学会（AERA）の研究部会「Self-Study of Teacher Education Practices（S-STEP）」で活躍していたケント州立大学のアリシア・R. クロウとアムステルダム自由大学のミーケ・ルーネンベルクを招聘し，self-study の目的や方法が説明された。その際に招聘担当者であった広島大学の草原和博が，2015 年度に広島大学大学院教育学研究科の授業科目で，社会科教育のセルフスタディに関する文献（Crowe, 2010）の講読を行う等，準備が進められた。

　2017 年 2 月には，日本教師教育学会課題研究第 II 部会と広島大学 RIDLS が共催し，武蔵大学の武田信子と広島大学の草原和博を中心に，オーストラリア・モナシュ大学のジョン・ロックランを招聘し，self-study および理科教師教育に関する講演会を開催した。[3]ロックランの来日に際して，武蔵大学の武田信子を中心として読書会が組織され，その成果をもとに，ロックランの教師教育やセルフスタディに関する論文や書籍の解説本が日本語で出版された（ロックラン

ら, 2019)。本書は, 2019 年以降の self-study 研究で多く参照されており, 日本への self-study の受容へ大きな影響を与えている。2019 年には, 広島大学教育ヴィジョン研究センター (EVRI) (代表・草原和博) が, アイスランド大学のハフディス・グズヨーンズドッティルと西田めぐみを招聘している[4]。西田の側からみた日本の self-study との出会いは, Nishida (2020) に詳しい。

　日本国内では, self-study 研究の国際動向が論文等で言及・紹介されている。例えば, 小柳 (2018, 2019) や渡邉 (2017a), 渡邉・渡邊 (2021) がある。福井 (2020) では, 福井がハワイ大学のマカイアウらと行った「教育研究者」としての self-study (Makaiau et al., 2015) の取り組みが日本語で紹介された。この他に大学院生や教師による self-study も報告されている (金・弘胤, 2018；Kim, 2020；川向・片山, 2021)。

　2021 年 11 月までに, 日本の教育研究機関に所属する教師教育者によって発表された self-study 研究の文献・口頭発表の一覧を**表 18.2** に示した。本章の研究目的を踏まえて, 教師教育者の self-study に限定している。

表 18.2　self-study 実践研究の学術論文・口頭発表の一覧

著者名	タイトル
粟谷 (2017)	附属学校教員が自己の実習指導を分析する意味 ―― 実習指導の改善をめざして ――
渡邉 (2017b)	博士課程大学院生が TA を経験する意味 ―― 新任大学教員によるセルフスタディ ――
大坂・斉藤・村井・渡邉 (2018)	教師教育者の専門性開発とセルフスタディ ―― 社会科教育学の研究成果と課題を踏まえて ――
大坂 (2019)	駆け出し教師教育者は自らの実践をどのように形作っていくのか ――「理論的根拠」の形成に注目した実践原理の探究 ――
Saito (2019)	Social Justice and Teacher Education Practices: The Possibilities of Self-Study of Teacher Education Practices[S-STEP]
渡邉・大坂 (2019)	教員養成で「自律的・協働的にカリキュラムをつくる」ことは教えられるのか ―― 生活科の講義における「私 (たち)」のセルフスタディ ――
齋藤・大坂・渡邉 (2020)	教師教育者が学生に期待する主体性 ―― 協働的なセルフスタディを通した批判的考察 ――

山内・大西（2020）	教師教育者としての山内は，セルフスタディをとおしてどのように変容したのか？ ── 教師教育者コミュニティの意味 ──
渡邉・大坂（2021）	新しい専門領域への移行に挑戦するテニュアトラック教員としてのセルフスタディ ── なぜ私は，小学校生活科の教師教育者であることにこだわるのか ──
内田・齋藤（2021）	「多文化保育・教育」がわかる保育者を養成する教員には何が必要かを考え"続ける"
齋藤・大坂・渡邉・草原（2021）	なぜ私はセルフスタディにはまったか・取り組んだか・惹きつけられたか？
大村（2021）	「教師教育者の『行為の意図と省察』の開示」及び「学習者の『授業中の感覚のメタ認知』」を埋め込んだ授業実践が両者に与える影響についての事例的考察 ── 教師教育者のセルフスタディとして ──
栫井（2021）	実務家教員が教師教育者としての成長に資するセルフスタディの検討 ── ダブル・ループ学習に着目して ──
濱本（2021）	剣道を専門種目とする初任教師教育者のセルフスタディ ── アスリートアイデンティティと教育者アイデンティティの連関 ──

（下線は学術論文）

　2020 年 10 月から 2021 年 5 月に，筆者ら 4 名が広島大学 EVRI の支援を受けて，self-study の国内普及を目的とし，連続セミナー「教師教育者のためのself-study」を開催してきた[5]。本セミナーでは，国外の研究動向の紹介と日本での実践研究の報告が行われた。**表 18.2** には，その成果が含まれている。学術論文になったものは限定的であり，日本国内で論文として発表することの困難さがあるとも推察できる。

4　日本における self-study の受容

　インタビューを実施した教師教育者 6 名の語りの概要を**表 18.3** に示す。表では，第 2 節に示したコーディングの結果を，① self-study を知り実践することになったきっかけ，② self-study の目的・意義・魅力，③ self-study を行ううえでの葛藤や困難，の 3 点に再構成している。以下，6 名の語りを引用しながら，①から③の観点から，日本における self-study の受容のされ方を捉える。

表18.3 6名の教師教育者のself-studyに対する考えの概要

仮名	きっかけ	目的・意義・魅力	困難・葛藤
A氏	・自分の経験知の限界を認識して ・教師教育者のコミュニティから学んで	・みんなで共通理解を作ることができる ・自分のこだわりに気づくことができる ・文脈から解放されることができる ・自律的に学び続ける教員や組織を作り，現場を変化させることができる ・教師の行う実践の記録の取り方や研究のあり方を変えることができる	・既存の研究コミュニティとの関係性が難しい） ・具体的な改善策に関心が向いてしまい，本来のセルフスタディの趣旨を見失う ・独りよがりになってしまう
B氏	・海外でセルフスタディという言葉を認知して ・海外の教師教育者にセルフスタディについて聞いて ・自身でセルフスタディに取り組んで ・セルフスタディのコミュニティを作って ・レッスンスタディとの相違について考えて ・指導学生のセルフスタディに参加して	・自己の成長に気づくことができる（自己承認） ・自分の成長を見取る方法として活用できる ・自身が行ってきたことを活字化できる ・自分自身を知ることができる ・自分の実践（教科の指導法）を変えることができる ・日本の教師教育者のコミュニティを作ることができる ・教師教育のコミュニティが拡張してつながりが生まれる	・セルフスタディを伝える相手や場所が難しい ・教師が意味を感じるものになるか ・セルフスタディが教員評価へ利用されることへの懸念
C氏	・悩みや目標を相談，共有できない職場環境・学校文化に疑問を抱いて ・大学院進学前後に指導教員に薦められて	・自身の教師教育を客観視できる ・教育実習指導を改善していくための目的が明確になる ・教師教育者として省察の重要性に気づくことができる	・教員・組織全体にセルフスタディの重要性を意識させていくことが難しい ・一人でできない，クリティカルフレンドが見つからない ・研究のプロセスや方法がわからない ・公表時の自己開示が難しい

D氏	・大学教員になった直後にロックランの著書と出会って ・学校における研究への不満を感じて ・教師教育者として困難や葛藤を伝える方法への手応えを感じて ・教師が自身の行為の難しさを研究対象とすることの可能性を感じて	・学校で行う研究が学術的な研究として認められる ・学校文化に風穴を開け，取り繕わない研究が広がる ・教師教育者として言行一致を追究できる ・教師教育者として自身の行為の難しさを研究・言語化できる	・セルフスタディとは何か，自分がセルフスタディできているのかがわからない ・セルフスタディの特質をどのように教師に説明すればいいのかわからない
E氏	・指導教員に大学院の授業の課題としてセルフスタディに取り組むことを要求されて	・教育者として苦しんでいる者同士で「しんどさ」を共有できる	・どのような意図でセルフスタディを取り入れようとしてるのかというメッセージの出し方が難しい ・クリティカルフレンドとどのように出会うかがわからない（相性や偶然性に左右される） ・研究のプロセスや規範がわかりにくい ・やっていてしんどい，ストレスが大きい
F氏	・知り合いの教育関係者からセルフスタディ関連書籍の読書会に誘われて	・教師として自分自身を研究することができる ・実践を行う自分の意識が変わり，変化がクリアになる ・実践の見え方が変わり，実践を見る場所や精度が高まる ・目に見えない学校文化や不文律や集合意識を変革できる	・学校教師が研究としてセルフスタディを行うのはハードルが高い ・公表時にプライバシーの問題をどうクリアするのか ・研究のアプローチ（データの分析や解釈の方法）がわからない

（NVivoを用いたコーディングによって抽出されたコードの一部を再構成した。）

（1）self-study を知ったきっかけ

　分析を通して，6名が self-study を認知したり修得したりした経路は，大きく分けて4つ存在することがわかった。

　第一に，諸外国に在住する self-study 研究者から学んだ経路である。この経路には，B 氏が該当する。B 氏は，欧州やアジアの self-study 研究者から情報を得て，自身でも self-study に取り組んだ経験を語っていた。

　第二に，日本国内の self-study に知見のある同僚や指導教員から学んだ経路である。この経路には，A 氏，C 氏，F 氏が該当する。例えば，A 氏は自身が行う教師教育を研究したいと考えていたタイミングで，学会で self-study の発表をしていた専門領域の近い研究者と交流して，self-study を理解していった経験を語っていた。A 氏は次のように語る。

　　（…）そこでああっと思って自分もやってみようと思って，で，お誘いいただいたんじゃないですか。まさにそれだと。（…）嫌だったら引っ掛からないはずですよね。（…）

　他にも，C 氏は，大学院博士課程に進学するタイミングで，指導教員から自身の担当する教育実習を対象として self-study をしてみてはどうかと提案され，実践した経験を語っていた。彼らは共通して，B 氏のように外国の self-study 研究者から直接的に情報を得た人物を経由して，日本語で self-study の情報を得ていた。

　第三に，英語などの外国語で書かれた self-study の文献を日本語に翻訳した書籍などを通して，間接的に self-study を学んだ経路である。この経路には，D 氏が該当する。D 氏は，小学校教員から大学教員へとキャリアを転換したタイミングで，教師教育についての研究や実践に強く関心が湧き，著名な self-study 研究者であるジョン・ロックランの邦訳書籍に出会った経験を語っていた。

　第四に，諸外国に在住する self-study 研究者から直接 self-study を学んだ経路である。この経路には，E 氏が該当する。E 氏は，自身が進学した海外の大学院で，研究方法論の授業のコースワークとして self-study をすることを要求され，取り組んだ経験を語っていた。

（2）self-studyの目的・意義・魅力

　self-studyを行う目的について，6名が明確に語ることは少なかった。一方で，self-studyに感じる意義や魅力については多く語られた。それらは，以下の6つに整理することができる。

　第一に，教師教育実践の改善である。教師教育者として自身の行為の難しさを研究・言語化できるという趣旨の語りが，6名中5名（E氏以外）からなされた。例えば，D氏は次のように語る。

　　（…）僕が授業やってること自体で感じてる，この90分の中で感じてる，省察とか判断とか葛藤とか自体をリアルタイムで開示したりとか。次の時間に開示したりすることが，学生にどういう影響を及ぼすかっていうことを研究してる感じなんですよね。（…）

　第二に，教師教育者の専門性開発である。self-studyを行うことで，教師教育を行う自己の信念への気づき，自己認識の変容，寛容さの促進などがなされるという趣旨の語りが，6名中4名（D氏，E氏以外）からなされた。

　第三に，実践（的）研究の方法論の発展可能性である。学校教師を中心とした"実践家"が行う研究には目的や手続き上の制約があり，克服できるのではないか，という趣旨の語りが，6名中3名（A氏，D氏，F氏）からなされた。

　第四に，組織文化や学校文化の変革である。self-studyが浸透することで，自身が所属する学校組織，あるいは教員文化そのものが抱えている課題が解決できる，という趣旨の語りが，6名中2名（A氏，D氏）からなされた。

　第五に，子どもの学びや発達の促進である。self-studyが学校教師の間で浸透することで，教師が自身の実践を省察・改善できるようになり，それが結果的に子どものより良い成長につながる，という趣旨の語りが，6名中2名（E氏，F氏）からなされた。E氏は次のように語る。

　　（…）でも，あの，そこにいて，影響は絶対与えてるから，あの，自分がどうあるかっていうのが，この子たちにどう教えてるかと直結してるってい

う。(…)

　第六に，地域や社会の文脈からの解放である。自身の所属する組織，サーク
ル，教科へのこだわりやしがらみがあり，自身の葛藤や悩みを打ち明けること
ができない状況が，self-studyによって改善される，という趣旨の語りが，6名中
1名（A氏）からなされた。

(3) self-study を学び，実践する困難

　6名は（元）教師・保育士でもあり教師教育者でもあるという性質上，その語
りには自身がself-studyを行ううえでの困難さの課題と，日本でself-studyが
展開されていく際に直面する課題という，次元の異なる2つの困難さが登場し
た。その中でも，6名の多くに共通している語りとは，self-studyを行ううえで，
日本の社会的・学術的な文脈と，その文脈がもたらす影響が障害になっている
という点である。

　1つ目は，閉鎖的な社会や学校の風土である。6名は，自分自身の抱えている
困難や葛藤を，オープンに話すことが認められていない，あるいは話すことが
脅威になると感じていた。この状況は，self-studyを行ううえで必要なクリティ
カルフレンドなどのパートナーを見つけることを困難にしていたし，self-study
を行って他者に自身のことを発表すること自体をためらってしまう要因にもつ
ながっていた。以下は，B氏の語りである。

　　（…）日本の文脈はやっぱり沈黙は金なりという，何ていったらいいですか
　　ね，謙遜とか謙虚とか遠慮するって日本の特有の美徳があるので，自分の
　　ことをこう，語ることが第三者には，何，偉そうに自分のこと語ってるのっ
　　ていう目で見られる危険性もある（…）

　2つ目は，新しい学問あるいは方法論としてのself-studyの曖昧さである。現
時点では，セルフスタディの研究や実践のあり方について，日本語で体系的に
まとめられた著作が出版されていない。その中で，6名は見聞きしたやり方で試

行錯誤しながら自分なりにself-studyを実践しようとしていた。その結果，以下のC氏（上）やD氏（下）の語りに見られるように，やり方がわからない，自分のやっていることがself-studyとして“正しい”のかどうかわからない，という葛藤を生み出していた。

　　（…）やり方がわからない。研究ノートとかっていうのを書くとかってあるじゃないですか。何を書いていいのか，私は全くわからないまま，何月何日に誰の授業を見たとか，誰と話したとかそんな事実ばっかりを書いてました。もう全く意味がなかったですね。（…）

　　（…）こっから外れたらセルフスタディじゃないんじゃないか，みたいなものっていうのが知りたいとか規定されてほしいっていう思いがあるんですよね。どうしても。（…）

　もちろん，6名の語りにはこれらの共通して語られた困難さだけでなく，6名それぞれに固有の困難さも登場している。例えばA氏は，日本ではself-studyが自身の実践の改善にばかりに還元されてしまい，学校文化を変革するためのself-studyの目的が見失われてしまうことを懸念していた。また，B氏は，教育行政的な視点から，self-studyが人事評価の材料に使われてしまうことを懸念していた。

（4）小括

　6名の教師教育者のインタビューから見えてくる，日本の教師教育者のself-studyの受容の特質と課題は次のようにまとめることができる。

　共通する特質は，6名の教師教育者にはいずれもself-studyの“紹介者”がいたことである。もちろん大学院の演習においてself-studyを経験したり，学会で同僚から話を聞いたり，本屋で翻訳書をたまたま見つけた，までその「紹介」の程度はさまざまである。また全員，専門職としての職能発展を意図しているものの，個人的興味・関心を基盤に自分の周囲の人間関係という限られた空間

にとどまっていることも共通点である。一方で self-study を行ううえで6名の
教師教育者の社会的文脈（例えば専門職としての職歴，特に教師教育者としての教
育歴と研究歴）が大きな影響を与えていた。自らを協働的にふりかえり，自己開
示をすることから得られる学びの多寡が self-study に対する期待値の違いに
なっているといえる。

　一方で，self-study を日本に導入するにあたっての課題も見えてきた。

　第一に，言語の壁とそれに伴う「核となる仲介者」の存在が必要とされるこ
とである。先述の通り，self-study はアメリカやカナダ，英国やオーストラリ
アなど基本的に英語圏で発展してきた。そのため日本への導入には教育研究者
そして実践者としての専門性とともに英語力も必要とされている。その際には
他国の研究者と英語で議論するとともに，原書を読み理解できる英語力が必要
とされる。同時に仲介者の self-study の導入の仕方が，教師教育者間における
self-study という方法論への理解を左右する。つまり彼らが日本における self-
study の「門番」ともいえる。

　第二に，学校文化と社会規範の問題である。授業を始め公的な場で自身を語
ることは，肯定的には評価されにくい。韓国における「公式の語りの文化」(Shin
& Im, 2020, p.1346) は，日本においても self-study の受容に大きな壁となってい
ることが推察される。

5　今後の課題

　日本において self-study はどのように受容されているのであろうか。他の非
英語圏と比較してどのような特質や課題が見られるのだろうか。本研究の成果
をふまえてリサーチクエスチョンに答えるならば，以下のように答えられるだ
ろう。

(1) 言語的仲介者に依存する非英語圏の教師教育者

　self-study では，実践者の個人として，さらには教師教育者という専門職と
しての主体性が重要になる。しかし多くの日本の教師教育者は self-study を研

究していくうえで主要な言語となる英語でコミュニケーションをとること，文献を読み解くことに困難さを抱えている。そのような言語の障壁ゆえに仲介者を頼らなければならない。主体性が大事であるにもかかわらず他者に依存しなければならないというアンビバレントな構造が存在する。これは日本が非英語圏であるがゆえの問題であろう。今後は，仲介者がいなくても個々の実践者が自ら学んでいけるような環境を作らなければならない。そのためには self-study についての文献，self-study 辞典やハンドブック，大学の教職課程でも使用できるテキストを出版するとともに，それらの批判的な活用を推奨していくことが肝要であろう。

(2) 非英語圏・非西欧の教師教育者からの成果発信

　self-study を推進してきた教育者は，アメリカやカナダ，オーストラリア，英国など英語圏が中心である。さらにそれが定着してきている国々は，オランダやアイスランド，カナダ（仏語圏），ノルウェー，スウェーデンなどの非英語圏であっても西洋諸国が多い。ゆえに英語圏と非英語圏，西欧諸国と非西欧諸国における self-study 導入の課題は，引き続き文脈の違いは考慮されるべきだろう。これまでにも日本の教育学は他国における思想や実践を「輸入」してきたが，self-study においても教育借用（Phillips & Ochs, 2003）と同様の事態が生じている。この状況は，「学術的植民地主義」（Mignolo, 1993）の視点から批判的に考察されてもよい。

　実際に self-study の背景にある英語圏における教育観や教師観は，日本のそれとは必ずしも一致しない。日本の教師や学校，コミュニティにそなわる社会的・文化的な文脈，専門職としての教師コミュニティや社会正義の考え方は，必ずしも西欧諸国のそれとは同じではないだろう。

　今後は，日本をはじめとした非英語圏・非西欧諸国の教師教育者は，それぞれの文脈を踏まえた self-study の成果を発信し，既存の成果との対話を促進していく必要がある。その際には，チリや韓国，カナダのケベックなど self-study の定着において比較的に「新しい」とされる国・地域の教師教育者との戦略的ネットワークづくりも求められるのではないか。

(3) 教師教育者の方法論から対人専門職の方法論へ

self-study は，これまで教師教育者の文化と研究に深く根差した方法論であった。特に社会科教育や理科教育などの教科教育学や教育方法学，教育工学の分野での教員養成，また大学の学部運営で活用されるなど一定の広がりを見せている。このような状況に鑑み，self-study は，今後以下2つの次元で広がっていくことが予見される。

第一に，教師教育者だけではなく，対人専門職（保育者，看護師や医師，社会福祉士，臨床心理士や法曹など）を養成・研修する教育者一般の専門性開発の方法論へ拡張していく可能性である。これらの対人専門職の養成・研修に関わる教育者もまた，自らの専門性を高める責任があるのはいうまでもない。彼ら彼女らが，self-study を通して専門職に求められる知識や技術を伝える技法を研究するだけでなく，その核となる専門職としての哲学を省察したり，養成の課題を批判的に考察していくことには，一定の意義があるだろう。

第二に，対人専門職者（＝実践者）自身の研修の方法論として拡張していく可能性である。対人専門職が，目の前の子どもや学生，患者，相談者やクライエントのためによりよい実践をしていくために，self-study を通して実践を改善したり，その実践を支えている哲学を人生で培ってきた人間観や社会観を含めて省察していくことは意義があるだろう。

self-study が日本においてどのように展開していくかは，現在の self-study の実践者がその研究を通してこの方法論にどのような可能性を見出していくかにかかっている。

注

1) 以来，2年に1回同地で開催されている。2020年7月には第13回大会が新型コロナウィルスの蔓延の影響からオンライン開催された。
2) 詳細は，当日の配布資料による。池野範男 (2016)『国際シンポジウム 教師教育者に求められる専門性とは何か』RIDLS講演会シリーズ No.14。また，草原 (2017) に記録が掲載されている。
3) 詳細は，当日の配布資料による。池野範男 (2017)『オーストラリア・モナシュ大学 Dr. Loughran 教師教育を語る at 広島大学』RIDLS講演会シリーズ No.19，およ

び日本教師教育学会課題研究第Ⅱ部会（2017）『教師から教師教育者へ・研究者から教師教育者へ』。

4) 詳細は，広島大学教育ヴィジョン研究センター HP を参照。https://evri.hiroshima-u.ac.jp/wp-content/uploads/2019/06/EVRI-Letter-no.53.pptxmac-2.pdf （2021年11月30日閲覧）

5) 連続セミナー「教師教育者のためのセルフスタディ―研究の歴史・思想から実際まで―」の詳細は，広島大学教育ヴィジョン研究センター HP を参照。https://evri.hiroshima-u.ac.jp/17674（2021年11月30日閲覧）

謝辞

多忙にもかかわらず，本研究のインタビューに快く協力してくれた6名の教師教育者に心から感謝を申し上げたい。

【引用・参考文献】

粟谷好子（2017）「附属学校教員が自己の実習指導を分析する意味」『広島大学大学院教育学研究科紀要．第二部．文化教育開発領域』第66号，67-74。

池野範男（2016）『国際シンポジウム 教師教育者に求められる専門性とは何か』RIDLS講演会シリーズ，No.14。

池野範男（2017）『オーストラリア・モナシュ大学 Dr. Loughran 教師教育を語る at 広島大学』RIDLS講演会シリーズ，No.19。

岩田昌太郎・草原和博・川口広美（2018）「教師教育者の成長過程に関する質的研究―TAの経験はアイデンティティ形成にどのように影響を与えるか―」『日本教科教育学会誌』第41巻第1号，35-46。

内田千春・齋藤眞宏（2021）「『多文化保育・教育』がわかる保育者を養成する教員には何が必要かを考え"続ける"」第73回定例セミナー，教師教育者のためのセルフスタディ―研究の歴史・思想から実際まで―（4），広島大学教育ヴィジョン研究センター（EVRI）。https://evri.hiroshima-u.ac.jp/15429（2021年12月1日閲覧）

大坂遊（2019）「駆け出し教師教育者は自らの実践をどのように形作っていくのか―「理論的根拠」の形成に注目した実践原理の探究―」中国四国教育学会『教育学研究紀要（CD-ROM版）』第65巻，7-12。

大坂遊・斉藤仁一朗・村井大介・渡邉巧（2018）「教師教育者の専門性開発とセルフスタディ―社会科教育学の研究成果と課題を踏まえて―」教師教育の実践と研究（2）―教科の視点から教師の力量形成を考える―，日本教師教育学会（研究推進・若手交流支援企画），岡山大学。https://researchmap.jp/yuosaka/presentations/6976393（2021年12月1日閲覧）

大坂遊・渡邉巧（2018）「社会科教師教育者は駆け出し教師の成長をいかに支援しうる

か―米国社会科における『Rationale Development』研究に注目して―」『徳山大学論叢』第87号, 97-110。

大村龍太郎（2021）「「教師教育者の『行為の意図と省察』の開示」及び「学習者の『授業中の感覚のメタ認知』」を埋め込んだ授業実践が両者に与える影響についての事例的考察―教師教育者のself-studyとして―」『日本教師教育学会第31回研究大会　発表旨集録』136-137。

岡田了祐・堀田諭・村井大介・渡邉巧・田口紘子（2018）「米国の教師教育者にみるprofessional identityの多様性―社会科教育を事例とした教科観と教師教育者観に着目して―」『岐阜大学教育学部研究報告　教育実践研究・教師教育研究』第20巻, 55-65。

小柳和喜雄（2016）「教員養成における教師教育者のアイデンティティに関する基礎研究」奈良教育大学次世代教員養成センター『次世代教員養成センター研究紀要』第2号, 27-35。

小柳和喜雄（2018）「教師教育者のアイデンティティと専門意識の関係考察―Self-study, Professional Capital, Resilient Teacherの視点から―」『奈良教育大学教職大学院研究紀要　学校教育実践研究』第10号, 1-10。

小柳和喜雄（2019）「教職大学院の目的と役割を遂行していく際の悩みに関する研究」奈良教育大学次世代教員養成センター『次世代教員養成センター研究紀要』第5号, 9-19。

栫井大輔（2021）「実務家教員が教師教育者としての成長に資するself-studyの検討―ダブル・ループ学習に着目して―」『桃山学院教育大学研究紀要』第3号, 19-31。

川向雄大・片山元裕（2021）「初任者教師による協働的成長過程の解明―『洗い流し』を乗り越える「私たち」のセルフ・スタディ―」『社会認識教育学研究　別冊　第69回全国社会科教育学会・第37回鳴門社会科教育学会　合同全国研究大会要旨集録』p.65。http://doi.org/10.24727/00028966（2021年12月1日閲覧）

木原俊行・小柳和喜雄・野中陽一（2021）「教職大学院実務家教員による教育実践研究の実態―教師教育者としての取り組みに注目して―」『日本教育工学会論文誌』45巻2号, 235-245。

金鍾成, 弘胤佑（2018）「社会科教育学と歴史学におけるコラボレーションの意義と可能性―2人の大学院生による授業改善のセルフ・スタディ―」『日本教科教育学会誌』第40巻第4号, 13-24。

草原和博（2017）「教師教育者をテーマとした RIDLS 国際会議の成果と意義」『学習システム研究』第5号, 103-112。

齋藤眞宏（2021）「教師教育におけるセルフスタディ―日本の学校教育におけるその意味の考察―」,『旭川大学経済学部紀要』第79・80合併号, 147-163。

齋藤眞宏・大坂遊・渡邉巧（2020）「教師教育者が学生に期待する主体性―協働的なセルフスタディを通した批判的考察―」『日本教師教育学会第30回研究大会 発表要旨集録』131-132。

齋藤眞宏・大坂遊・渡邉巧・草原和博 (2021)「なぜ私は self-study にはまったか・取り組んだか・惹きつけられたか？」第76回定例セミナー，教師教育者のためのセルフスタディ—研究の歴史・思想から実際まで—(5)，広島大学教育ヴィジョン研究センター (EVRI)。https://evri.hiroshima-u.ac.jp/17674 (2021年12月1日閲覧)

坂田哲人 (2010)「教師教育者に関する研究動向」『武蔵大学総合研究所紀要』第20巻，123-132。

武田信子 (2012)「教師教育実践への問い—教師教育者の専門性開発促進のために—」『日本教師教育学会年報』第21巻，8-18。

日本教師教育学会課題研究第Ⅱ部会 (2017)『教師から教師教育者へ・研究者から教師教育者へ』。

濱本想子 (2021)「剣道を専門種目とする初任教師教育者のセルフスタディ—アスリートアイデンティティと教育者アイデンティティの連関—」『名桜大学紀要』第26号，59-70。

姫野完治・長谷川哲也・益子典文 (2019)「研究者教員と実務家教員の大学における役割と教師発達観」『教師学研究』第22巻第1号，25-35。

福井駿 (2020)「私たちはどのように協力して実践を内省していくか—多様な他者と共に行うセルフスタディ—」学校教育研究会他編『多様化時代の社会科授業デザイン』晃洋書房，206-215。

丸山恭司・尾川満宏・森下真実編 (2019)『教員養成を担う—「先生の先生になる」ための学びとキャリア』渓水社。

山内敏男・大西慎也 (2020)「教師教育者としての山内は，セルフスタディをとおしてどのように変容したのか？—教師教育者コミュニティの意味—」第58回定例セミナー，教師教育者のためのセルフスタディ研究の歴史・思想から実際まで—(2)，広島大学教育ヴィジョン研究センター (EVRI)。https://evri.hiroshima-u.ac.jp/14154 (2021年12月1日閲覧)

横溝紳一郎 (2004)「日本語教師教育者の資質としてのコミュニケーション能力—メンタリングの観点から—」『広島大学日本語教育研究』第14号，41-49。

米沢崇・中井悠加 (2019)「教員研修における企画・運営力の向上を目指した教師教育者育成プログラムモデルの開発—大学院授業科目での試行を通して—」『学校教育実践学研究』第25巻，119-126。

ロックラン, J. 監修・原著，武田信子監修・解説，小田郁予編集代表，齋藤眞宏・佐々木弘記編集 (2019)『J. ロックランに学ぶ教師教育とセルフスタディ—教師を教育する人のために—』学文社。

渡邉巧 (2017a)「日米における社会科教師教育研究の発展と課題—研究対象として教師教育を捉える—」『社会科教育論叢』第50集，91-100。

渡邉巧 (2017b)「博士課程大学院生が TA を経験する意味—新任大学教員によるセルフスタディ」シンポジウム・教師教育者の専門性開発，学習システム促進研究センター (RIDLS)，広島大学。https://www.hiroshima-u.ac.jp/news/36623 (2021年12月1日

閲覧）

渡邉巧・大坂遊（2019）「教員養成で『自律的・協働的にカリキュラムをつくる』こと
は教えられるのか―生活科の講義における『私（たち）』のセルフスタディ」『全国社
会科教育学会第68回全国研究大会発表要旨集録』p.126。

渡邉巧・大坂遊（2021）「新しい専門領域への移行に挑戦するテニュアトラック教員と
してのself-studyなぜ私は, 小学校生活科の教師教育者であることにこだわるのか―」
第69回定例セミナー, 教師教育者のためのセルフスタディ―研究の歴史・思想から
実際まで―（3）, 広島大学教育ヴィジョン研究センター（EVRI）。https://evri.hiro-
shima-u.ac.jp/15463

渡邉巧・渡邊大貴（2021）「米国における初等社会科教員養成の研究動向―2011年から
2020年の文献レビュー―」『社会科教育論叢』第51集, 83-92。

Austin, T., & Sense, J.C. (2004). Self-study in school teaching: teacher's perspectives.
In J. J. Loughran, M. L. Hamilton, V. K. LaBoskey, & T. Russell(Eds.), *International
handbook of self-study of teaching and teacher education practices*(pp.1231-1258).
New York: Springer.

Beck, C., Freese, A., & Kosnick, C. (2004). The preservice practicum: Learning
through self-study in a professional setting. In J. J. Loughran, M. L. Hamilton, V. K.
LaBoskey, & T. Russell, *International handbook of self-study of teaching and teach-
er education practices*(pp.1259-1293). New York: Springer.

Berry, A. (2004). Self-study in teaching about teaching. In J. J. Loughran, M. L. Ham-
ilton, V. K. LaBoskey, & T. Russell(Eds.), *International handbook of self-study of
teaching and teacher education practices*(pp.1295-1232). New York: Springer.

Berry, A. (2020). S-STTEP: Standing on a threshold of opportunity. In J. Kitchen, A.
Berry, H. Guðjónsdóttir, S. Bullock, M. Taylor, & A. Crowe(Eds.), *2nd International
handbook of self-study of teaching and teacher education practices*(pp.3-14). Singa-
pore: Springer.

Bullock, S.M. (2020). Self-study of science teaching and science teacher education
practices. In J. Kitchen, A. Berry, H. Guðjónsdóttir, S. Bullock, M. Taylor, & A.
Crowe(Eds.), *2nd International handbook of self-study of teaching and teacher edu-
cation practices*(pp.933-954). Singapore: Springer.

Bullough, R.V. & Pinnegar, S.E. (2004). Thinking about the thinking about self-study:
An analysis of eight chapters. In J. J. Loughran, M. L. Hamilton, V. K. LaBoskey, &
T. Russell(Eds.), *International handbook of self-study of teaching and teacher edu-
cation practices*(pp.313-342). New York: Springer.

Chisanga, T. & Meyiwa, T. (2020). Reflexive ubuntu, co-learning, and transforming
higher education at a rural university in south africa. In J. Kitchen, A. Berry, H.
Guðjónsdóttir, S. Bullock, M. Taylor, & A. Crowe(Eds.), *2nd International hand-
book of self-study of teaching and teacher education practices*(pp.1491-1520). Singa-

pore: Springer.

Clarke, A., & Erickson, G. (2004). The nature of teaching, and learning in self-study. In J. J. Loughran, M. L. Hamilton, V. K. LaBoskey, & T. Russell(Eds.), *International handbook of self-study of teaching and teacher education practices*(pp.41–67). New York: Springer.

Cochran-Smith, M., & Lytle, S. L. (2004). Practitioner inquiry, knowledge, and university culture. In J. J. Loughran, M. L. Hamilton, V. K. LaBoskey, & T. Russell(Eds.), *International handbook of self-study of teaching and teacher education practices* (pp.601-649). New York: Springer.

Crowe, A.R.(Eds.). (2010). *Advancing social studies education through self-study methodology: The power, promise, and use of self-study in social studies education* (Vol. 10). Dordrecht: Springer.

Crowe, A.R., Levicky, M., & Mooney, E. (2020). Self-study in social studies education. In J. Kitchen, A. Berry, H. Guðjónsdóttir, S. Bullock, M. Taylor, & A. Crowe(Eds.), *2nd International handbook of self-study of teaching and teacher education practices* (pp.955-984). Singapore: Springer.

Edge, C. U., Olan, E. L. (2020). Reading, literacy, and English language arts teacher education. In J. Kitchen, A. Berry, H. Guðjónsdóttir, S. Bullock, M. Taylor, & A. Crowe(Eds.), *2nd International handbook of self-study of teaching and teacher education practices*(pp.779-821). Singapore: Springer.

Feldman, A., Paugh, P., & Mills, G. (2004). Self-study through action research. In J. J. Loughran, M. L. Hamilton, V. K. LaBoskey, & T. Russell(Eds.), *International handbook of self-study of teaching and teacher education practices*(pp.943-977). New York: Springer.

Fletcher, T., & Ovens, A. (2020). S-STEP in physical education teacher education. In J. Kitchen, A. Berry, H. Guðjónsdóttir, S. Bullock, M. Taylor, & A. Crowe(Eds.), *2nd International handbook of self-study of teaching and teacher education practices* (pp.899-931). Singapore: Springer.

Fuentealba, R., Hirmas, C., & Russell, T. (2020) Introducing self-study of teacher education practices into another culture: The experience in Chile. In J. Kitchen, A. Berry, H. Guðjónsdóttir, S. Bullock, M. Taylor, & A. Crowe(Eds.), *2nd International handbook of self-study of teaching and teacher education practices*(pp.1355-1371). Singapore: Springer.

Guilfoyle, K., Hamilton, M. L., Pinnegar, S., & Placier, P.(2004). The epistmological dimensions and dynamics of professional dialogue in self-study. In J. J. Loughran, M. L. Hamilton, V. K. LaBoskey, & T. Russell(Eds.), *International handbook of self-study of teaching and teacher education practices*(pp.1109-1167). New York: Springer.

Hamilton, M.L. (2004). Professional knowledge, and self-study teacher education. In J. J. Loughran, M. L. Hamilton, V. K. LaBoskey, & T. Russell(Eds.), *International handbook of self-study of teaching and teacher education practices*(pp.375-419). New York: Springer.

Kim, J. (2020)A Korean stranger in a Japanese classroom: Developing as a teacher in a foreign country. In Crutchley, Nahaboo & Rao(Eds.), *Early career teachers in higher education*(pp.17-26). London: Bloomsbury Academic.

Korthagen, F., & Lunenberg, M.(2004). Links between self-study and teacher education reform. In J. J. Loughran, M. L. Hamilton, V. K. LaBoskey, & T. Russell(Eds.), *International handbook of self-study of teaching and teacher education practices* (pp.421-449). New York: Springer.

Kusahara, K., & Iwata, S. (2021). Teacher educators' professional development in Japan: Context and challenges. *Teacher educators and their professional development: learning from the past, looking to the future*(pp.82−91). London: Routledge.

LaBoskey, V. K. (2004). The methodology of self-study and its theoretical underpinning. In J. J. Loughran, M. L. Hamilton, V. K. LaBoskey, & T. Russell(Eds.), *International handbook of self-study of teaching and teacher education practices*(pp.817-869). New York: Springer.

Loughran, J. J. (2004a). A history and context of self-study of teaching and teacher education practices. In J. J. Loughran, M. L. Hamilton, V. K. LaBoskey, & T. Russell (Eds.), *International handbook of self-study of teaching and teacher education practices*(pp.7-39). New York: Springer.

Loughran, J. J. (2004b). Learning through self-study: the influence of purpose, participants and context. In J. J. Loughran, M. L. Hamilton, V. K. LaBoskey, & T. Russell (Eds.), *International handbook of self-study of teaching and teacher education practices*(pp.1109-1167). New York: Springer.

Lunenberg, M., MacPhail, A., White, E., Jarvis, J., O'Sullivan, M., & Guðjónsdóttir, H.(2020) Self-study methodology: An emerging approach for practitioner research in Europe. In J. Kitchen, A. Berry, H. Guðjónsdóttir, S. Bullock, M. Taylor, & A. Crowe(Eds.), *2nd International handbook of self-study of teaching and teacher education practices*(pp.1373-1401). Singapore: Springer.

Makaiau, Amber Strong, Leng, Lu & Fukui, Suguru (2015). Journaling and self-study in an international research collective, *Studying Teacher Education, 11*(1), 64-80, DOI: 10.1080/17425964.2015.1013025

Martin, A.D., & Kitchen, J.(2020). LGBTQ Themes in the self-study of teacher educators. In J. Kitchen, A. Berry, H. Guðjónsdóttir, S. Bullock, M. Taylor, & A. Crowe (Eds.), *2nd International handbook of self-study of teaching and teacher education practices*(pp.589-610). Singapore: Springer.

Mignolo, W. D. (1993). Colonial and postcolonial discourse: cultural critique or academic colonialism?. *Latin American Research Review, 28*(3), 120-134.

Nishida, M. (2020). At the dawn of revolution in teaching: a hybrid educator's prospect of self-study in Japan. In J. Kitchen, A. Berry, H. Guðjónsdóttir, S. Bullock, M. Taylor, & A. Crowe(Eds.), *2nd International handbook of self-study of teaching and teacher education practices*(pp.1521-1534). Singapore: Springer.

Óskarsdóttir, E., Guðjónsdóttir, H., & Tidwell, D. L. (2020). Inclusive teacher education pedagogy. In J. Kitchen, A. Berry, H. Guðjónsdóttir, S. Bullock, M. Taylor, & A. Crowe(Eds.), *2nd International handbook of self-study of teaching and teacher education practices*(pp.611-635). Springer: Singapore.

Pinnegar, S., Hutchinson, D. A., & Hamilton, M. L.(2020). Role of positioning, identity and stance in becoming S-STTEP researchers. In J. Kitchen, A. Berry, H. Guðjónsdóttir, S. Bullock, M. Taylor, & A. Crowe(Eds.), *2nd International handbook of self-study of teaching and teacher education practices*(pp.97-133). Singapore: Springer.

Phillips, D., & Ochs, K.(2003). Processes of policy borrowing in education: some explanatory and analytical devices. *Comparative Education, 39*(4), 451-461.

Russell, T.(2004). Tracking the development of self-study in teacher education research and practice. In J. J. Loughran, M. L. Hamilton, V. K. LaBoskey, & T. Russell, *International handbook of self-study of teaching and teacher education practices* (pp.1191-1210). New York: Springer.

Saito, M. (2019). Social justice and teacher education practices: the possibility of self-study of teacher education practices [S-STEP]. 44th Annual Conference of the Association for Teacher Education in Europe. Bath Spa University, England. DOI: 10.13140/RG.2.2.15486.92489

Samaras, A., & Freese, A. (2006). *Self-study of teaching practices.* New York:Peter Lang.

Schuck, S., & Brandenburg, R. (2020). Self-study in mathmatics teacher education. In J. Kitchen, A. Berry, H. Guðjónsdóttir, S. Bullock, M. Taylor, & A. Crowe(Eds.), *2nd International handbook of self-study of teaching and teacher education practices* (pp.869-897). Singapore: Springer.

Schön, D. (1983). *The reflective practitioner: How professionals think in action,* New York: Basic Books.

Schön, D. (1987). *Educating the reflective practitioner,* San Francisco, CA: Jossey-Bass.

Shin, H.Y., & Im, C. (2020). Self-study in Korea. In J. Kitchen, A. Berry, H. Guðjónsdóttir, S. Bullock, M. Taylor, & A. Crowe (Eds.), *2nd International handbook of self-study of teaching and teacher education practices*(pp.1339-1354). Springer: Singapore.

Taylor, M. & Diamond, M. (2020). The role of self-study in teaching and teacher education for social justice. In J. Kitchen, A. Berry, H. Guðjónsdóttir, S. Bullock, M. Taylor, & A. Crowe(Eds.), *2nd International handbook of self-study of teaching and teacher education practices*(pp.509-543). Singapore: Springer.

Thomas L., & Guðjónsdóttir, H. (2020). Self-study across languages and cultures. In J. Kitchen, A. Berry, H. Guðjónsdóttir, S. Bullock, M. Taylor, & A. Crowe(Eds.), *2nd International handbook of self-study of teaching and teacher education practice* (pp.1325-1337). Singapore: Springer.

Thomas, L. (2020) Introducing self-study in Quebec: The challenges of promoting S-STEP in the French language. In J. Kitchen, A. Berry, H. Guðjónsdóttir, S. Bullock, M. Taylor, & A. Crowe(Eds.), *2nd International handbook of self-study of teaching and teacher education practices*(pp.1403-1417). Singapore: Springer.

Tidwell, D., & Fitzgerald, L. (2004). Self-study as teaching. In J. J. Loughran, M. L. Hamilton, V. K. LaBoskey, & T. Russell(Eds.), *International handbook of self-study of teaching and teacher education practices*(pp.69-102). New York: Springer.

Vanassche, E., & Berry, A. (2020). Teacher educator knowledge, practice, and S-STTEP Research. In J. Kitchen, A. Berry, H. Guðjónsdóttir, S. Bullock, M. Taylor, & A. Crowe.(Eds.), *2nd International handbook of self-study of teaching and teacher education practices*(pp.177-213). Singapore: Springer.

Whitehead, J. (2004). What counts as evidence in self-studies of teacher education practices?. In J. J. Loughran, M. L. Hamilton, V. K. LaBoskey, & T. Russell(Eds.), *International handbook of self-study of teaching and teacher education practices* (pp.871-903). New York: Springer.

第19章

日本の教師教育の発展のために
——セルフスタディの可能性——

齋藤眞宏

1 本書の刊行の意義

　欧米においては90年代から教師教育者を中心に，「セルフスタディ（Self-Study）」と呼ばれる研究方法論が発展してきた。それは「教育実践には教育者の人生とそこから導かれた信念が投影されている」(Tidwell & Fitzgerald, 2004, p.71) という構築主義的視点を基盤に，教育現場におけるジレンマや葛藤から教育実践とその実践を行う自己を協働的に探究する学術研究である (Samaras, 2011)。この研究を進めていくプロセスが，個々の教師教育者の専門性開発そのものである。同時に，その成果を学会や論文等で発信することは教師教育コミュニティ作りとなる。さらに個々の教師教育者の直面する課題を通じて，大学や学校，社会における構造的問題や課題が明らかになる。

　日本では武田信子（一般社団法人ジェイス）が監修した『J. ロックランに学ぶ教師教育とセルフスタディ』によってセルフスタディが紹介された。また本書の発刊にも関わった草原和博（広島大学）を中心に広島大学教育ヴィジョン研究センター（以下EVRI）において，これまでセルフスタディの研究会が数多く開催されてきた（これら国内外の動向については第18章において詳細に述べられているので参照していただきたい）。さらに世界的な第一人者であるアナスタシア・サマラスのセルフスタディの方法論を詳細に記した著作が，武田を中心にした研究者・実践者有志の手で近々翻訳・刊行される。

　日本においてセルフスタディは少しずつ教師教育者から注目を集めつつあり，徐々に受容されてきている。しかし，セルフスタディを行うための具体的な研

究過程についてはまだ十分に認知されておらず，実践事例の蓄積も乏しい。これまで EVRI で開催されてきたオンラインセミナーにおいても，「どのようなやり方が良いのかよくわからない」「クリティカルフレンドとは何か」といった質問も珍しくはない。そこでセルフスタディの研究・実践を始めている教師教育者有志で，日本初の教師教育におけるセルフスタディの研究書として本書を刊行することにした。

2　日本の教師教育におけるセルフスタディの可能性： 本書における提言から

　それでは日本の教師教育におけるセルフスタディの可能性とは何か。本書の論文を概括すると，日本の教師教育においてセルフスタディは (1) 個々の教師教育者の不安感やジレンマの解消，(2) 個々の教師教育実践の変容と拡大，(3) 個々の教師教育者の教育観や教師教育観の変容，(4) 教師教育者の協働を目的としたコミュニティづくり，という4点の可能性をもつと考えられる。

　本書では日本の教師教育者のセルフスタディ実践・研究の6本の論文が収録されている。第2部の大坂らの論文では，経験が短い教師教育者がセルフスタディを通じて，教育実践における技術的ノウハウやアイディアの獲得にとどまらず，立場と専門領域が近い教師教育者のつながりを生み出したことが報告されている。山内・大西論文では逆に教職経験の豊かな教師教育者が，教職大学院において院生の目指す目標の多様性を尊重しながら指導とのバランスを取っていく教育実践のあり方が提案されている。内田・齋藤論文では多文化教育をテーマにした教師教育実践の中で，教師教育者もまた授業者としてのペダゴジーとその背景にある理念や，教室における教師——学生の権力関係，そして自己のライフヒストリーの問い直しの重要性を指摘している。

　第3部は EVRI における PD 講座の成果を収めた。最初の岡村らの論文では，セルフスタディの手法を用いて高校教員の異動が多様な教育的価値観に触れ，各教師の教育観の問い直しになっていることが明らかにされている。次に宮本らの論文では，学校における教師教育者が共同で教育実習指導実践を探究していく場の大事さを指摘し，教育実習指導研修を行うことの重要性が提言されて

いる。最後に大坂らの論文では行政を基盤とする教師教育者の交流と協働，相互支援の必要性が明らかにされている。

さらに第 4 部と第 5 部ではセルフスタディという枠を超えて，学校をはじめとするさまざまな組織における教師教育実践について，それぞれ 4 論文を掲載した。著者らには本書の出版意図は示したものの，どのように書いて欲しいとは伝えなかった。しかし結果として浮かび上がったキーワードは同僚性をもとにした協働であった。粟谷論文では教育実習における実習指導教員と実習生の協働から多様な実践が生まれることが報告されている。服部論文では新任教員も含めた教員の個々の教育観を生かしたチームとしての協働することが，より豊かな教育実践に繋がったことが報告されている。上園論文では教科の専門性を高める方策とともに，多様な場における若手教師の成長が提案されている。清水論文でも同僚性をもとにしたアクティブ・ラーニングとともに総合的な探究の時間の研究開発や実践の重要性を取り上げている。続いて岩渕論文と迫論文は，指導主事の立場からの論考である。両論文からは初任教師であっても，ベテラン教師であっても，さらには指導主事のような立場に立つ教員にとっても，その専門性の発展のためには同僚性が不可欠であることが報告されている。また大杉論文では教職員支援機構のプロジェクトメンバーとしての中堅教員研修の省察について報告されている。最後の霜川論文は，現場教員から教育委員会，管理職を経て大学教員としてのキャリアのふりかえりである。

日本の教師教育の現況を考えれば，教師教育者のコミュニティづくりは重要な観点であろう。学校における教員同士の連携は，昨今の学校における多岐にわたる課題を解決していくために必須であるという認識は定着しつつある。しかし教師を送り出す大学においてはどうだろうか。大学において教師教育に関わる教員が，協働しながら学生たちの成長に関わる。そしてその実践を学校や社会に開示することは，学校教育をよりよいものにして行くうえで大きな意味がある。セルフスタディを通じて，協働的に実践を高めていくコミュニティづくりが，教師教育者にも今まさに必要なのではなかろうか。

3　日本の教師教育の発展のためにセルフスタディができること

2023年4月から8月まで，EVRIにおいて月1回の定例オンラインセミナー「金曜に夜更かし―セルフスタディを語り合う―」が実施された。8月25日に行われた最終回では日本にセルフスタディを導入した立役者である武田と草原の対談であった。両氏からは教師教育者もまた自己の実践を研究対象にすることの意義が繰り返し語られた。武田の「大学教員にとって大学の授業は現場である」という指摘，さらに草原のヨーロッパの教師教育系の学会における「リフレクションを一緒にやっていきましょう」という雰囲気を感じたという経験は，特に大学において教員養成に関わっている教員が意識するべきであろう。リフレクションはさせる／させられるものではなく，「するもの」である。主体的なリフレクションを通じて，個々の教師教育者や，学校教員を取り巻く大学・学校，そして社会環境も課題として視野に入ってくるのではなかろうか。

後半は司会の大坂（周南公立大学，EVRI研究員）の提案した「なぜセルフスタディを行うのか？の見取り図（案）」（**図19.1**）を参照しながら，自身の教育（・研究）実践の改善と克服と同時に，学校教育に関わるコミュニティの形成と組織・制度の改革の双方を意識することの重要性と困難さが語られた。草原の「私たち自身を変える」とともに「私たちの実践を変えるための状況を変える」とい

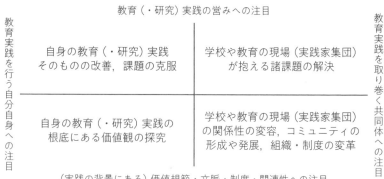

図19.1　なぜセルフスタディを行うのか？の見取り図（案）

（出所）大坂（2023）

う指摘は，今後の日本の教師教育において重要な観点であろう。

　これらの議論を踏まえて同セミナー報告書では，セルフスタディが教師や教師教育者をはじめとする対人支援者の専門性開発の方略としても，共同体の実践・制度・価値規範の省察と改善を通した社会変革に向けた方法論としても有効であることが確認された。さらに行政・大学・学会・出版社等が，日本におけるセルフスタディの普及に向けて (1) 対人支援職者の専門性開発の方法として，例えば教職大学院の授業科目や課題研究，教員長期研修などにセルフスタディをとり入れることが望ましい，(2) セルフスタディに関する日本語書籍の充実（諸外国のセルフスタディ専門書籍の翻訳書や，日本国内における実践事例集など），(3) 教師教育に限らず，対人支援専門職者によるセルフスタディのコミュニティづくり（大学や学会が主体となった読書会やミーティングやクリティカルフレンドのデータベースの構築など）という 3 点が提案されている[1]。

　セルフスタディは教師や教師教育者をはじめとする対人専門職のよりよい実践を協働的に創造していくとともに，それらの実践の研究を通じて私たちの社会をよりよく変革していくための一つの方略である。「教師教育」という言葉から，このセルフスタディに対する批判もある。ただ，教育とは相互性を基盤にしており，教師教育者や教師の主体性に焦点を当てるということは，同時に学生や子どもたちの主体性に焦点を当てるということでもある。だから「教師教育」という言葉が一人歩きし，教師を管理し，そして子どもを管理するという意味合いに転嫁しないように教師教育コミュニティにおいて意識すべきである。

　現在海外におけるセルフスタディでは研究者が記憶を元に描く絵や写真，詩や川柳といったアートベースの研究方法が加えられ，その実践の背景と文脈がより豊かに表現されるようになった (Nishida, 2022; Pillay et al., 2017; Pithouse-Morgan et al., 2019)。また日本の研究者も自分たちの実践を国際的に発信していく必要があるだろう（例えば，Saito, et al., 2023）。今後も海外のセルフスタディコミュニティと連携しながら，より自由かつ豊かな手法を通じて自らの実践とその背景を探究し，日本の学校教育，教師教育をよりよいものにしていくことは，日本の教師教育者の重要な社会的責任であろう。

最後になったが，日々教育・研究活動で多忙にもかかわらず本書のために原稿を執筆してくださった諸先生方に心からの感謝を申し上げたい。本書を媒介に一人でも多くの仲間を得られることを心から願ってやまない。

注

1) 詳細は広島大学教育ヴィジョン研究センター（https://evri.hiroshima-u.ac.jp/26840）を参照。

【引用・参考文献】

大坂遊（2023）「なぜセルフスタディを行うのか？の見取り図（案）」広島大学教育ヴィジョン研究センター「定例オンラインセミナー講演会 No.149. 金曜に夜更かし―セルフスタディを語り合う―(5)日本のセルフスタディの教育学領域におけるセルフスタディの見取り図」 https://evri.hiroshima-u.ac.jp/26840

Nishida, M.(2022). Sparking reflection in future educators: Haiku self-study. *Studying Teacher Education, 18*(3), 223-239. https://doi.org/10.1080/17425964.2022.2079625

Pillay, D., Pithouse-Morgan, K., & Naicker, I.(Eds.). (2017). *Object medleys*. Rotterdam: Sense.

Pithouse-Morgan, K., Pillay, D., & Mitchell, C.(Eds.). (2019). *Memory mosaics: Researching teacher professional learning through artful memory-work*. Cham, Switzerland: Springer.

Saito, M., Osaka, Y., & Watanabe, T. (2023). Our Search for shutaisei: Self-study of three university-based teacher educators. *Studying Teacher Education, 19*(2), 128-146. https://doi.org/10.1080/17425964.2022.2137668

Samaras, A.P.(2011). *Self-study teacher research: Improving your practice through collaborative inquiry*. Thausand Oaks, CA: Sage.

Tidwell, D., & Fitzgerald, L.(2004). Self-study as teaching. In J. J. Loughran, M.L. Hamilton, V.K. LaBoskey, & T. Russell(Eds.), *International handbook of self-study of teaching and teacher education practices*(pp.69-102). New York: Springer.

あとがき

　教師や教師教育者の共通の願いは，児童・生徒・学生がよりよく成長・発展していくことである。しかし教育実践はジレンマや葛藤に満ちている。

　以下は個人的な経験である。私は米国の大学院に留学し，修了後に近くの，いわゆる貧困地域の小学校で教職を経験した。九九を学ぶことを「あたりまえ」と思う私に，子どもたちは「そんなことをやったって……」と答えた。私たちは生まれる場所を選べない。頑張れば希望があると思える社会環境に生まれ育った私と，頑張ってもなかなか希望をもてない社会環境に生まれ育った子どもたちの間には大きなギャップがあった。教師として子どもに関わることは，自己を問い直すとともに社会の矛盾や不正義に向き合い，子どもたちが希望をもてる社会環境の創造の模索でもある。教師の仕事の無限性，無境界性に気づいた。

　約20年前に，教職課程担当として大学に就職した。これまで関わった児童・生徒たち，そして私の想いや願いを意識すればするほど，授業は学生たちと乖離した。今でも常にモヤモヤを抱えながら授業している。

　このようなジレンマや葛藤は，教師や教師教育者にとって珍しくはない。その使命と職務を誠実に果たそうとすればするほど悩み苦しむ。だからこそセルフスタディが必要なのではないか。セルフスタディの特性は協働的エンパワーメントである。共感的かつ批判的に関わってくれるクリティカルフレンドの一言から，前に進めるときがある。実践をめぐるモヤモヤを整理できる。個々の実践知が理論知につながることもある。

　さらに教師教育者や教師のセルフスタディは，より民主的な学校文化の創造にもつながる。筆者はよく学生たちと学校現場に通う機会がある。その際に，子どもたちの喜びや悩みに触れれば触れるほど，対話を基盤にした協働の必要性を意識する。子どもたちも学校生活で抱えている悩み，ジレンマや個々の弱

さを開示し，それを受け止めてもらえる場が必要である。子どもたちが，いろいろな壁にぶつかりながらもそれぞれの凸凹を生かしながら，新しいものを創造していく。このような経験を積める教室，そして学校は民主的社会のゆりかごになる。教師教育者の専門性開発のための本書ではあるが，子ども中心の学校文化の創造にわずかながらでも寄与できると信じている。

　2020年の2月から国内に蔓延した新型コロナウィルスのために，国内外の学会はオンライン開催となり，研究者間の情報交流は限られたものになった。また海外学会における日本のセルフスタディについての情報発信や海外ゲストを招聘した国内でのワークショップや講演会を行うことも十分にはできなかった。そのためセルフスタディについての知見が浅いままで止まることを危惧していた。しかし広島大学教育ヴィジョン研究センター（EVRI）の多大なご助力によって，連続オンラインセミナーを2020年10月から2021年5月と2023年4月から8月にかけて計10回も開催することができた。これは日本の教師教育者のコミュニティづくりにおいて非常に有益なものだった。このセミナーの参加者の皆さんの熱い議論が本書の根幹となったことは言うまでもない。EVRIの皆様には篤く御礼を申し上げたい。

　最後になったが多忙にもかかわらず，多くの玉稿を提供してくださった先生方に心から感謝を申し上げたい。本書には国内外の41名が名を連ねている。彼らの教育への想いが詰まった貴重な実践事例をもとに教師教育や学校教育における議論がより深まり，広がることを願ってやまない。ただ本書の企画から出版まで3年もかけてしまった。多くのご心配をおかけした。この場を借りて心から陳謝したい。さらに学文社の編集担当者である落合絵理氏には，多大な貴重かつ親身なアドバイスをいただいた。篤く感謝申し上げたい。

　なお本書は日本学術振興会の基盤研究（C）「先生の先生はいかに自己成長をするか：教師教育者の専門性開発の体系化に向けて」（21K02472：研究代表者　齋藤眞宏）の研究成果の一部をまとめたものである。

　2024年3月

編著者を代表して　齋藤　眞宏

初出一覧

第4章
大坂遊・渡邉巧・岡田了祐・斉藤仁一朗・村井大介（2022）「教師経験の乏しい教師教育者はどのように教師を育てることと向き合うのか―初任期にセルフスタディに取り組んだことの意味―」『周南公立大学論叢』第1号，23-46。

第6章
内田千春・齋藤眞宏（2023）「セルフスタディによる教師教育者の専門性探究―多文化保育・教師の授業者としての葛藤の分析―」『東洋大学教職センター紀要』第5号，5-13。

第7章
岡村美由規・祝迫直子・前元功太郎・山本佳代子・河原洸亮（2022）「高校教員にとって異動という経験がもつ意味―自己を研究対象にするセルフスタディを用いた探索的研究―」『学校教育実践学研究』第28巻，93-104。

第8章
宮本勇一・粟谷好子・石川照子・西村豊・深見智一両角遼平（2022）「学校ベースの教師教育者は教育実習指導経験をいかに意味づけているのか―4名の教師への相互インタビューを通して―」『学校教育実践学研究』第28巻，57-68。

第9章
大坂遊・泉村靖治・櫻井良種・田中雅子・八島恵美・河村真由美（2022）「教師教育者のアイデンティティの獲得プロセス―指導主事や特別支援教育コーディネーターへの移行にともなう転機や困難に注目して―」『学校教育実践学研究』第28巻，81-91。

第12章
上園悦史（2021）「教師の指導力向上への方策とその課題：教師の専門性の育成と小中連携教育の実践」『東京学芸大学附属竹早中学校研究紀要』第59号，19-26。

第18章
齋藤眞宏・大坂遊・渡邉巧・草原和博（2022）「教師教育者の専門性開発としてのself-study（セルフスタディ）―その理論的背景と日本における受容と再構成―」『学校教育実践学研究』第28巻，105-120。

上記以外は書き下ろし。

索　引

【執筆者一覧】
（執筆順）

ジョン・ロックラン　モナシュ大学（オーストラリア）名誉教授　（巻頭言）

武田　信子　一般社団法人ジェイス代表理事　（刊行によせて）

＊

草原　和博 ［編者］（序章，第1，18章）

齋藤　眞宏 ［編者］（第1，3，6，18，19章）

大坂　遊 ［編者］（第1，4章，第3部序，第9，18章）

渡邉　巧 ［編者］（第1，4，18章）

＊

西田めぐみ　Leikskóli Hjalli（幼稚園），アイスランド大学大学院博士課程　（第2章）

Katheleen Pithouse-Morgan
　　School of Education, University of Nottingham, United Kingdom　（第3章）

Khulekani Luthuli
　　School of Education, University of KwaZulu-Natal, South Africa　（第3章）

Ntokozo Mkhize-Mthembu
　　School of Education, University of KwaZulu- Natal, South Africa　（第3章）

S'phiwe Madondo
　　School of Education, University of KwaZulu-Natal, South Africa　（第3章）

Nontuthuko Phewa
　　School of Education, University of KwaZulu-Natal, South Africa　（第3章）

岡田　了祐　富山大学教育学部　（第4章）

斉藤仁一朗　東海大学ティーチングクオリフィケーションセンター　（第4章）

村井　大介　静岡大学教育学部　（第4章）

山内　敏男　兵庫教育大学大学院学校教育研究科　（第5章）

大西　慎也　京都ノートルダム女子大学 現代人間学部　（第5章）

内田　千春　東洋大学福祉社会デザイン学部　（第6章）

岡村美由規　広島大学大学院人間社会科学研究科　（第7章）

祝迫　直子　広島県立芦品まなび学園高等学校　（第7章）

前元功太郎　広島県立広島叡智学園中学校・高等学校　（第7章）

山本佳代子　広島県立呉宮原高等学校　（第7章）

河原　洸亮　広島大学附属中学校・高等学校　（第7章）

宮本　勇一　岡山大学大学院教育学研究科　（第8章）

粟谷　好子　群馬大学共同教育学部　（第8章，第10章）

石川　照子　三重大学教育学部　（第8章）

西村　　豊　広島文教大学教育学部　（第8章）

深見　智一　釧路町立遠矢小学校　（第8章）

両角　遼平　広島大学大学院教育学研究科博士課程後期（大学院生）　（第8章）

泉村　靖治　兵庫県立大学附属中学校・高等学校　（第9章）

櫻井　良種　茨城県教育庁学校教育部高校教育課　（第9章）

田中　雅子　北海道教育大学釧路校　（第9章）

八島　恵美　広島女学院大学非常勤　（第9章）

河村真由美　大分大学教育学部　（第9章）

服部　　太　大阪青山大学子ども教育学部　（第11章）

上園　悦史　東京学芸大学附属竹早中学校　（第12章）

清水　智貴　広島県立三原高等学校　（第13章）

岩渕　　満　広島市立落合中学校　（第14章）

迫　　有香　広島大学大学院人間社会科学研究科博士課程後期（大学院生）　（第15章）

大杉　昭英　元独立行政法人教職員支援機構次世代教育推進センター　（第16章）

霜川　正幸　山口大学教育学部・大学院教育学研究科　（第17章）

【編著者紹介】

齋藤 眞宏（さいとう まさひろ）
旭川市立大学経済学部教授（教職課程担当）。子どもたちひとりひとりを尊重し，共に探究するとともに，子どもたちの声を聴き，子どもたちから学べる教師の育成を目指している。さらにより民主的な学校，そして社会の創造を意識して日々の教師教育実践を行っている。主要論文は "Our search for shutaisei: Self-study of three university-based teacher educators"（共著，*Studying Teacher Education, 19*(2), 2023），「教師教育実践から社会共創へ─セルフスタディを通した探究─」（『異文化間教育』55, 2022年）。

大坂 遊（おおさか ゆう）
周南公立大学経済学部准教授（教職課程担当）。教員養成や教師教育に携わりながら，社会科教師・教師志望学生の力量形成を支援する養成・研修プログラムや，教師教育者の専門性開発のあり方を考えている。広島大学教育ヴィジョン研究センターで，2021年より履修証明プログラム「教師教育者のためのプロフェッショナル・ディベロップメント講座」の運営に関わる。主要論文に，「学生の実態から社会科教員養成を考える」（『教科専門性をはぐくむ教師教育』東信堂，2022年）。

渡邉 巧（わたなべ たくみ）
広島大学大学院人間社会科学研究科准教授。生活科教育，社会科教育，総合的学習，幼小連携・接続，市民性教育，教師教育を専門にしている。主要論文に，"Curriculum making and learning instruction about the local community at the lower-elementary level: A case study of 'living environment studies' teachers in western Japan"（共著，*Education*, 3-13, 2023），「小学校低学年の市民性教育における「文化の普遍性」を視点にした単元デザイン」（『社会系教科の評価をめぐる理論と実践』風間書房，2023年）。

草原 和博（くさはら かずひろ）
広島大学大学院人間社会科学研究科教授。社会科教育，市民性教育，平和教育，教科教育学の理論と方法論，教師教育者の専門性開発等に関心を寄せる。広島大学教育ヴィジョン研究センターで，2021年より履修証明プログラム「教師教育者のためのプロフェッショナル・ディベロップメント講座」を運営する。主要論文に，「教師教育者の専門性開発の理念と方法─教師教育の質を高める3つのアプローチ例─」（『社会系教科教育学研究のブレイクスルー理論と実践の往還をめざして─』風間書房，2019年）。

セルフスタディを実践する
　　―教師教育者による研究と専門性開発のために

2024年3月25日　　第一版第一刷発行

編著者　　齋藤　眞宏
　　　　　大坂　　遊
　　　　　渡邉　　巧
　　　　　草原　和博

発行者　　田中　千津子　　　〒153-0064　東京都目黒区下目黒3-6-1
　　　　　　　　　　　　　　　電話　03（3715）1501 ㈹
発行所　　株式会社 学 文 社　　FAX　03（3715）2012
　　　　　　　　　　　　　　　https://www.gakubunsha.com

ISBN978-4-7620-3290-5